教育部人文社会科学研究一般项目（17YJC710047）

中国传统器物德育功能及其现代性转化和应用研究

ZHONGGUO CHUANTONG QIWU DEYU GONGNENG JIQI
XIANDAIXING ZHUANHUA HE YINGYONG YANJIU

刘红娜 著

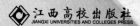

江西高校出版社
JIANGXI UNIVERSITIES AND COLLEGES PRESS

图书在版编目（ＣＩＰ）数据

中国传统器物德育功能及其现代性转化和应用研
究/刘红娜著.--南昌:江西高校出版社,2023.11（2025.1重印）
ISBN 978-7-5762-4314-7

Ⅰ.①中…　Ⅱ.①刘…　Ⅲ.①古器物—研究—
中国　Ⅳ.①K875.04

中国国家版本馆 CIP 数据核字（2023）第 213244 号

出 版 发 行	江西高校出版社
社　　　址	江西省南昌市洪都北大道96号
总编室电话	(0791)88504319
销 售 电 话	(0791)88522516
网　　　址	www.juacp.com
印　　　刷	三河市京兰印务有限公司
经　　　销	全国新华书店
开　　　本	700mm×1000mm　1/16
印　　　张	15.75
字　　　数	226 千字
版　　　次	2023 年 11 月第 1 版 2025 年 1 月第 2 次印刷
书　　　号	ISBN 978-7-5762-4314-7
定　　　价	68.00 元

赣版权登字 -07-2023-811

目录 CONTENTS

绪　　论

一、问题缘起与研究意义

文化是民族的血脉,是一个民族的灵魂。文化兴则国运兴。中华民族在漫长辉煌的历史进程中,留下了丰厚的文化遗产,其中就包括器物文化遗产。器物是文化的载体和组成部分,不仅在文化体系建构中有重要的作用,扮演了不可替代的角色,同时也是文化体系的重要组成部分,其中"器以载道""道器合一""圣人制器"等均体现了器物与文化的密切关系。

文化对民族和个体均有深刻的影响。2014 年,习近平总书记在与北京大学师生座谈时指出:"中华优秀传统文化已经成为中华民族的基因,植根在中国人内心,潜移默化影响着中国人的思想方式和行为方式。"①在中华民族走向伟大复兴的历史时期,文化扮演着越来越重要的角色。中国优秀传统文化的丰富哲学思想、人文精神、教化思想、道德理念等等,可以为人们认识和改造世界提供有益启迪,可以为治国理政提供有益启示,还可以为道德建设提供启发。教化功能是中国文化体系的重要功能之一,也是国家治理和意识形态功能的体现。器物作为文化的载体和重要组成部分,在中国传统教化体系中也具有不可替代的作用。

(一)问题缘起

在实现中华民族伟大复兴的重要历史机遇期,在互联网媒体高速发展的当下社会,思想政治教育和道德教育也在发生诸多新的变化,显性教育功能和隐形教育功能具有同等重要的意义。2021 年中共中央、国务院印发的《关于新时代加强和改进思想政治工作的意见》中指出:"深化拓展群众性主题实践,充分利用重要传统节日、重大节庆日纪念日,发挥礼仪制度的教化作用,丰富道德实践活动,推动形成适应新时代要求的思想观念、精神面貌、文明风尚、行为规范。更加注重以文化人以文育人,深入实施文艺作品质量提升工程,深入实施中华

---

① 习近平.青年要自觉践行社会主义核心价值观:在北京大学师生座谈会上的讲话(2014 年 5 月 4 日)[N].人民日报,2014 - 05 - 05(2).

优秀传统文化传承发展工程,推进城乡公共文化服务体系一体建设,更好满足人民精神文化生活新期待。"①器物作为教化体系的载体,在中国传统道德体系建构和道德教化中发挥着不可替代的作用。我们可以通过对中国传统器物教化体系的认识和了解,发掘其在思想政治教育和德育教化中的功能和作用。研究的缘起包括以下几个方面:

第一,器物是中华传统文化的重要组成部分,体现和折射着中华优秀传统文化。近年来,随着物质文化研究的兴起,学术界从不同视角对器物文化进行研究,论述了器物所承载的文化作用。消费主义兴起的背后是人与物关系的变化与调整。在消费中,人们盲目追求新奇和实用性,满足于器物所带来的即时性享乐,将物质消费作为个人追求的最高目标,削减了对精神的追求,也忽视了器物所拥有的多重功能。

第二,器物是人类创造能力的重要体现,器物的实用功能和表意功能昭示了器物的社会象征功能。"圣人制器""器以载道""道器合一""君子不器"等论述均表明了器物的重要意义和作用。"唯器与名,不可以假人,君之所司也。名以出信,信以守器,器以藏礼,礼以行义,义以生利,利以平民,政之大节也。"②这也就意味着,器物从最初满足了基本的实用功能以后,就具备了社会礼仪和教化的功能,体现了先民对社会、文化、身份、地位以及精神的追求。正是由于器物所蕴含的功能多重而复杂,器物的功能如何设定,围绕功能如何进行设计和制作,制作过程中如何实现目标等,早在中华文化源头之初,先民们就根据实际探索了独特的造物体系。通过对中国传统造物体系以及其蕴含的深刻社会内涵的解读与分析,能够厘清器物的多重含义与价值,传承创新中华优秀传统文化。

第三,器物德育功能是中国传统教化体系的重要组成部分,在中国传统价值理念和道德体系中具有不可替代的作用。器物在人类生存和发展演变过程中扮演着重要的角色。《易经·系辞》记述了圣人在器物制作中的作用:"包牺

---

① 新华社. 中共中央　国务院印发《关于新时代加强和改进思想政治工作的意见》[EB/OL]. (2021-07-12)[2023-03-01]. https://www.gov.cn/zhengce/2021-07/12/content_5624392.htm.

② 杨伯峻. 春秋左传注[M]. 北京:中华书局,2009:788.

氏没,神农氏作,斫木为耜,揉木为耒,耒耨之利,以教天下。"①"神农氏没,黄帝、尧、舜氏作,通其变,使民不倦,神而化之,使民宜之。"②从上述具有传说彩色的关于中国器物起源的描述中,我们也可以认知和了解圣人的精神财富贡献是建立在器物制造基础之上的。正是借由各种类型的器物产品作为载体,才推动了人类文明的快速发展。在后来中国传统文明发展历程中,以礼器、日用器等器型、装饰、使用方式体现的教化功能,对民众教化具有重要的意义。尽管不同时期、不同朝代的器物风格会随教化功能的转化而改变,但器物在教化体系中扮演的角色并没有发生变化。通过对中国传统器物教化体系的分析和了解,我们能够认知器物教化在中国传统社会中扮演的角色。

第四,器物教化所具有的综合性和潜移默化的特征,适合现代社会文化语境下的意识形态建设的需要。思想道德教育和国家意识形态包括多种形式、不同特征的宣传载体和模式,也有各自不同的功能。但传统器物教化潜移默化的特征,使其能够在更广范围、更大共识内实现认同,发挥着隐形熏陶的效果。作为中华传统文化的重要组成部分,器物文化的教化功能在新的历史语境下依旧有其社会意义和价值。尤其是近年来,随着消费文化的兴起,器物对个人生活产生了重要影响,器物作为人们生活的必需品,具有不可替代的作用。"物的世界除了对人性和人类生活形成外在压迫之外,还以空前亲密的方式深入人的内在空间。物不仅对人形成压迫,还与人形成亲密的纠缠。在很多情况下这种亲密已经到了物人不分的地步。"③无论是带来舒适便利还是带来不便,器物已经成为人生活的重要组成部分,给人的生活带来方方面面的影响。近年来,学术界对器物文化研究逐步深入,但较少从教化功能视角进行系统、全面的研究。为此,课题组从这一视角进行分析,以期思考传统器物教化体系的现代意义。

第五,传统器物德育体系现代性转换和创新发展的需要。在几千年的发展历程中,器物教化体系作为中国传统教化体系的组成部分,在传统教化的过程中扮演了重要角色,是中国优秀传统文化的重要组成部分。但在新的历史语境下,器物教化体系发生了新的变化。一方面,承载传统社会方式、生活习惯以及价值体系等的器物在当下社会中需要转变;另一方面,随着造物技艺和社会的

---

① 吴怡.人与经典·易经系辞传[M].石家庄:花山文艺出版社,2022:200.

② 吴怡.人与经典·易经系辞传[M].石家庄:花山文艺出版社,2022:201.

③ 孟悦,罗钢.物质文化读本[M].北京:北京大学出版社,2008:前言2.

快速发展,各类新式器物的出现,对传统器物体系带来了较大的冲击和影响。在新的历史语境下,总结传统器物教化体系的历史价值和现实意义,进而思考其在现代化语境下扮演的角色,也是课题组思考和研究的问题。

(二)研究意义

1. 研究的理论意义

(1)有助于深化对中国传统器物德育体系的全方位认识和了解,拓展对"器物教化"内涵的理解。器物教化有两个层面的含义:一个层面是器物作为载体所具有的德育功能,是具象化的教化实践;另一个层面是作为教化体系组成部分的器物教化观念,即系统性、体系性的器物德育理论。通过对中国传统器物教化体系的深入分析,探究其理论价值和意义,是本课题研究的理论价值。

(2)有助于为中国传统器物德育体系的现代性转换提供理论支撑。在悠久的中华文明发展史中,中华民族留下了大量优秀的传统文化,这是中华民族厚重历史的象征,也是新时期的宝贵财富。2019年10月,中共中央办公厅、国务院办公厅印发的《新时代公民道德建设实施纲要》提出:"中华传统美德是中华文化精髓,是道德建设的不竭源泉。要以礼敬自豪的态度对待中华优秀传统文化,充分发掘文化经典、历史遗存、文物古迹承载的丰厚道德资源,弘扬古圣先贤、民族英雄、志士仁人的嘉言懿行,让中华文化基因更好植根于人们的思想意识和道德观念。"①在新的历史机遇期,要对中国优秀传统文化进行辩证分析、进行创造性转化和创新性发展。通过对中国传统器物教化体系的转化发展,能够折射中国优秀传统文化,同时对现代化转换路径进行思想上的探索,为中国优秀传统文化的现代性转换提供理论借鉴。

2. 研究的现实意义

(1)有助于丰富我国现有的思想政治教育体系和德育体系,扩展新时期教化体系的辐射范围,提升中华文化的影响力。经济全球化在给中国经济带来高速发展的同时,也带来了历史虚无主义和其他各种西方的思潮,这给我们思想教育体系带来了挑战。在当前的思想教化体系中,社会主义核心价值观在文化建设中发挥着主流作用,决定着文化的发展方向。由于各种层次的精神需求的客观存在,器物教化体系的隐形功能使其能够发挥其自身作用和价值,服务于

---

① 新华社. 中共中央 国务院印发《新时代公民道德建设实施纲要》[EB/OL]. (2019 – 10 – 27)[2023 – 03 – 01]. https://www.gov.cn/zhengce/2019 – 10/27/content_5445556. htm.

国家主流意识形态和文化软实力建设,助力中国特色社会主义文化事业发展。

（2）有助于提升人民的精神文化素养,发挥器物的德育功能。社会进步在给人类发展带来巨大便利的同时,也带来了文化方面的危机,在一定程度上也产生了精神信仰空虚化、物质主义盛行和消费主义至上等不良现象。面对新时期由于物质消费带来的精神信仰危机,可以从中国传统器物教化体系中汲取力量,充分挖掘器物所蕴含的功能和价值,寻求解决当前文化精神困境的突破口。

二、国内外研究现状

1. 中国古代教化思想的研究

近年来,随着对中国传统文化的重视,对中国古代教化思想的研究也越来越多,涉及社会学、教育学和思想政治教育等学科,取得了丰硕的研究成果,主要包括对中国传统教化思想的认识、中国传统教化思想的代表人物、中国传统教化政策和教化模式等。

教化是一个内涵与外延非常丰富的概念,许多学者从不同视角进行了解读和分析。费孝通认为中国传统乡土社会是一个人情社会,"礼是社会公认合式的行为规范"[①]。依照传统维系礼的运作,是中国传统社会的代表性特征。"礼并不是靠一个外在的权力来推行的,而是从教化中养成了个人的敬畏之感,使人服膺……礼是合式的路子,是经教化过程而成为主动性的服膺于传统的习惯。"[②]在费孝通先生看来,这一教化包括中国传统乡土社会一代代相传的经验,也包括道德和社会舆论的约束,也就是通过教育感化形式实现礼仪的维系,是教化权力的体现和彰显。张光博等认为,教化就是运用各种政治的、道德的、礼仪的、教育的手段,来影响人们道德心理的形成,从而建立稳固的统治秩序。朱克良认为,从商周时期开始,中国传统教化活动便与政治活动结合在一起,其目的是为了巩固和加强政治统治。在对中国传统教化体系研究的过程中,有学者从通史的角度对其进行研究。张惠芬主编的《中国古代教化史》,论述了从先秦到明清整个中国传统社会的教化模式、教化人物以及实践活动等,是较早研究中国古代教化思想的代表性著作。

中国传统教化模式与特征是学术界关注的重要问题。黄书光通过对儒家、墨家、法家、道家等各家思想中蕴含的教化理论进行诠释,揭示了中国传统社会

---

① 费孝通.乡土中国·生育制度·乡土重建[M].北京:商务印书馆,2011:53.
② 费孝通.乡土中国·生育制度·乡土重建[M].北京:商务印书馆,2011:55.

教化体系的运作模式与实践意义。黄书光认为儒家思想在中国传统教化体系中具有重要的地位和作用。① 张锡勤提出重教化是儒家理论思想的重要内容，也是其政治经济思想的组成部分。乐教、神道设教等形式是儒家进行教化的重要形式，为了使教化取得实效，教化者的身教非常重要。② 詹世友提出中国古代道德教化的主调由周公奠定，其建构的家国一体、宗子维城的政治制度，利用血缘关系扩展社会关系和政治关系，血缘情感被确立为最高准则。③ 龙佳解提出了历史上儒家民众道德教化的五种类型，认为德治是民众教化的基本形式，孝悌观是道德教育的核心。④ 刘铁芳提出传统道德教化向现代转化的模式，认为传统道德教化是以个体对既定伦理目标的接受、认同、贯彻为目的，以威权性、灌输性为基本特征的独白性教化，是以一元道德价值设定为基础，但随着传统教化体系的解体，现代教化呈现为基于平等、自由、个性的对话式追求，对话性成为现代性道德教化策略的基本标示。⑤ 陈延斌等分析了儒家传统家训的作用，指出家训通过家庭聚会、因果劝喻、福报等形式，引导和规范民众取用有度、爱物惜命、顺从自然、乐善好施，实现伦理教化功能。⑥ 胡静从儒家思想的特征出发，分析了儒家伦理教化活动。⑦ 关健英的《文化传统视野下的中国古代德治主义》认为，中国古代的血缘型社会、农耕文明和宗法制度等对中国德治社会产生了重要影响，正是中国传统社会形成的独特文化特征，才造成了中国古代重视德治的因素。⑧ 德国社会学家马克思·韦伯认为中国高度重视人文教化作用，他认为正是因为中国重视对人内在道德修养的过程，才形成了不同于西方宗教精神的民族风格。⑨ 日本石川英昭的《中国古代礼法思想的研究》一书，对

---

① 黄书光. 中国社会教化的传统与变革[M]. 济南：山东教育出版社,2005.

② 张锡勤. 试论儒家的"教化"思想[J]. 齐鲁学刊,1998(2):72－78.

③ 詹世友. 先秦儒家道德教化的不同范型之分析[J]. 哲学研究,2008(2):42－47,105.

④ 龙佳解. 历史上儒家关于民众道德教化方式的省察[J]. 湖南大学学报（社会科学版）,2004(1):14－17.

⑤ 刘铁芳. 从独白到对话：传统道德教化的现代性转向[J]. 北京大学教育评论,2004,2(1):77－83.

⑥ 陈延斌,孟凡拼. 儒家传统家训中的生态伦理教化研究[J]. 东南大学学报（哲学社会科学版）,2010(2):14－18.

⑦ 胡静. 儒家道德教化现象之分析[J]. 江汉论坛,2004(5):57－60.

⑧ 关健英. 文化传统视野下的中国古代德治主义[J]. 道德与文明,2011(1):95－98.

⑨ 马克思·韦伯. 中国的宗教：儒教与道教[M]. 康乐,简惠美,译. 桂林：广西师范大学出版社,2010.

中国古代礼法思想进行了系统性的分析和考察,并重点对孔子等提出的"礼",韩非子提出的"社会统治论",董仲舒的礼法思想等进行了研究,提出了对中国古代教化体系有代表性的观点。① 美国汉学家列文森在《儒教中国及其现代命运》中指出,儒教是中国社会的精神动力,可以通过社会教化,把各类道德理念传递给民众,建构其自身社会规范体系。

近年来,相关硕博论文对中国传统教化思想从多个方面进行了研究。王司瑜在《中国古代教化思想及方式研究》②一文中指出,教化是中国传统社会治理的重要手段,其目的是移风易俗、导人向善、维持社会和谐有序。官方主导是中国传统教化的主要形式,在社会道德治理中发挥着重要作用。官方利用天命、鬼神之道对百姓进行教化,宣传统治权力来源的合法性、神圣性和权威性。传统道德教化采用多种载体施行社会教化以实现教化目的,包括书院、社学、家训、圣谕等形式。中国传统教化思想与中国传统伦理精神基本一致,蕴含着浓厚的人文关怀,也形成了一套行之有效的成功经验,对当下有一定的借鉴意义。刘华荣的《儒家教化思想研究》③从儒家教化思想的缘起开始,通过将儒家教化思想与西方教化理论以及当下中国思想政治教育进行横向对比分析,得出了儒家教化思想的独特历史作用和价值。韩云忠的《先秦儒家礼乐文化的德育价值研究》④,系统性地对先秦儒家礼乐文化进行了梳理和分析,探究其历史意义和现实价值。礼乐作为反映中国传统文化价值观的核心范畴,几千年来以自己独特的教化育人功能规范和引导着古代中国人的政治生活、社会生活及精神生活。通过礼与乐的紧密联系而构成的礼乐典章制度和独特文化传统,不仅使人们在潜移默化中得到熏陶和教化,而且将传统中国社会的制度规范和内在精神生活融为一体,铸成了中华文化的重要象征。礼乐所构成的文化内核培育了中国人的理性精神、和合精神、仁爱精神与审美情趣。先秦儒家礼乐文化是指孔子、孟子、荀子等儒家群体为使社会各阶层的和谐共处,以"礼乐"为核心在政治层面、社会层面和人生层面所阐发的价值目标、政治秩序、社会理想、人格追求、行为准则等思想的综合。先秦儒家礼乐文化作为一种典型的道德教化性文化,

① 石川英昭. 中国古代礼法思想的研究[M]. 东京:创文社,2003.
② 王司瑜. 中国古代教化思想及方式研究[D]. 哈尔滨:黑龙江大学,2013.
③ 刘华荣. 儒家教化思想研究[D]. 兰州:兰州大学,2014.
④ 韩云忠. 先秦儒家礼乐文化的德育价值研究[D]. 济南:山东师范大学,2015.

蕴含了丰富的、有价值的德育资源,对中华民族的伦理道德观念和行为方式产生广泛而又深远的影响。宋新雅的《圣人之教——先秦儒家道德教化范式及其现代价值》①对先秦儒家道德教化进行了系统的分析和解读。上篇通过对"伦理政治""道德教化"等概念进行界定和分析,并对孔子的"有教无类"教育模式进行分析,指出孔子及其后学所建立的先秦儒家教化体系,从根本上讲是以"圣人"为榜样的教化模式;中篇对先秦儒家教化范式进行分析,指出儒家教化的核心是实现天下伦理政治的和谐与稳定,儒家教化实现了政治与教化理念的契合,使道德主动介入政治实践;下篇对传统社会的传承发展及近现代儒家教化范式的现代性转化进行分析。儒家教化的权力化与制度化使儒家思想成为官方认可的主流意识形态,这一思想体系通过宗族网络向民间渗透,起到了思想引领、凝聚人心等作用。刘婧的《中国古代教化思想现代价值转换研究》②一文,通过对中国古代教化思想的形成进行研究,阐述了古代教化具有意识形态的工具性价值和促进个体人格完善的目的性价值,进而分析中国传统教化的机制。在此基础上,刘婧指出中国传统教化思想作为中国优秀传统文化的组成部分,承载了当时中国社会主流意识形态建设和人的培养的职责,在当下的语境中依旧有其意义和价值,为此要因时、因势进行转变,发挥其应有的作用和实效。焦成举的《论我国古代思想道德教化方法及其现代启示》③一文,通过对中国古代教化基本形式和基础进行分析,指出中国传统教化思想在当下思想政治教育过程中依旧有重要的意义和价值。姜竹青的《中国汉代思想政治教育的教化形态研究》④一文指出汉代是中国历史上第一个在全国范围内实施教化的朝代,开教化之先河。汉代教化的主要内容包括以孝治为核心的伦理价值观教化、政治伦理教化、思想道德教化以及全民教化等,具有鲜明的政治教化目的。其主要方法包括上教下化、正面灌输、树立榜样、化民成俗、自我修养等,通过家庭、学校和社会等进行推行,实现教化目的。

---

① 宋新雅.圣人之教:先秦儒家道德教化范式及其现代价值[D].西安:陕西师范大学,2016.

② 刘婧.中国古代教化思想现代价值转换研究[D].长春:东北师范大学,2020.

③ 焦成举.论我国古代思想道德教化方法及其现代启示[D].重庆:西南大学,2007.

④ 姜竹青.中国汉代思想政治教育的教化形态研究[D].长春:东北师范大学,2019.

2. 物质文化研究

"物"是文化的载体和组成部分,是促进人类社会发展的重要因素。国内外学术界从多个视角围绕多重关系进行了研究,取得了丰硕的成果。从学科视角来分析,器物文化研究涉及考古学、社会学、历史学、艺术学、哲学和文化传播学等多个学科,这些专门性学科的学者也从各自的视角进行了研究和梳理;从研究内容来看,器物文化包括造物智慧、器物蕴含的文化价值和社会意义、物质文化研究理论、中外文化交流中的器物作用等。大体而论,学术界对器物文化和物质文化研究主要从以下几个方面进行了系统性的研究和梳理。

一是对中国古代典籍中相关论述的梳理。《考工记》是关于中国古代造物理念和制作规范的专书,详细地从材质、功能、结构等视角论述传统造物理念与社会制度的融合,说明器物从一开始就被赋予了制度、等级和社会规范的意义。此外《礼记》《髹饰录》等均有关于中国古代青铜器和玉器作为"礼器"的描述。明清时期,物质文化生产和消费达到了鼎盛时期,这一时期出现了大量关于物质文化的书籍,如《天工开物》《长物志》《燕闲清赏笺》《扬州画舫录》等,均描述了传统中国高超的造物技艺和用器制度,也从一个侧面证实了器物在中国古代的历史地位和巨大影响力。近代以来,面对洋货的冲击,出现了两种对待外来器物产品的观点:保守派坚决抵制"奇技淫巧"的西洋器物,以管同的《禁用洋货议》为代表;革新派主张吸收外洋器物的优势,进而实现中国的富强,郑观应的《盛世危言》,薛福成的《振百工说》和康有为的《请励工艺奖创新折》《物质救国论》等均提出了近代中国器物改良的路径。在实际层面,大量外来器物着实对中国人的生活方式产生了重要影响。随后,孙中山在《建国方略》中也提出了希望借鉴外来先进器物制造理念推动中国的发展。

二是物质文化和器物文化研究的相关理论以及个案分析。器物是文化载体,器物文化研究离不开对物质文化研究的梳理和借鉴。与中国古代典籍论述的器物文化一样,对造物理念和技艺的研究也很早就出现在其他的文明体系中,但真正对器物文化进行系统化研究始于19世纪以来的社会学和人类学的研究学者。在进化论的影响下,部分欧美学者在对非洲和美洲地区传统文化的系统研究过程中,基于"物"的角度认知文化的生成和传播,进行物质文化的系统研究,早期相关研究主要集中在博物馆学和社会学研究领域,研究器物类型涉及艺术品、生活日用品、宗教祭祀品等。总体而言,这一时期的研究还停留在初级层面,但即便如此,前期社会学的研究开启了对物的重视。博厄斯对北美印第安人"夸富宴"(potlatch)的研究,是从物质文化研究的重要视角,论证了物质文化在人类社会生活中的重要作用和影响。以此为发端,社会学家对物的研究就成了研究的重点。马塞尔·莫斯的《礼物:古式社会中交换的形式与理由》,从波利尼西亚独特的礼物交换模式入手,提出了人与物密不可分的观点。"这些物品可以成为负荷道德和情感内容的礼品,也可以以非商品的方式交流保存。"①马林诺夫斯基的《西太平洋上的航海者》,发现了礼物交换和馈赠中的互惠关系。莫里斯·古德利尔的《礼物之谜》,论述了礼物在不同社会结构和社会关系中的作用和意义。罗杰·桑斯的《艺术、人类学和礼物》运用多学科交叉的方法,论述了艺术品作为礼物的独特性,扩展了礼物研究的范畴。列维 – 斯特劳斯从结构主义视角论证了物的背后是一种复杂的社会机制,提出要从更深层次的社会结构视角去解读和认知。"在经济社会里,交往总是在三个层面上完成:妇女的交往、商品和服务的交往、信息的交往。"②马克思在《资本论》第一卷中通过对资本主义社会商品拜物教的分析,论述了资本主义社会外化为"物与物之间关系"的商品经济中,掩盖了资本主义剥削的本质,从一个新的角度解读了资本主义社会中独特的社会关系,其中,对"物"的全新解释也开启了在经济体系中的物所起到的重要作用和所扮演的重要角色。随后,对"物"的研究一直是各方关注的重点。英国社会学家格雷戈里的《礼物与商品》,将礼物和商品作为一个整体来看待,认为从商品交换领域中走出的物品在礼物体系中也形成了互惠的社会关系,构成了整个物的交换的全部过程。

在众多研究基础上,年鉴学派大师费尔南·布罗代尔从长时段的角度论述了"物质生活"和"物的交换"在资本主义发展中所扮演的重要角色。在《十五至十八世纪的物质文明、经济和资本主义》一书中,费尔南·布罗代尔论述了形形色色的各类层次的交换在商品世界和人类社会发展中所起到的重要作用。也正因为如此,物质生活在人们社会活动中扮演了重要的角色。法国年鉴学派从关注宏大的历史叙事转向对日常生活的社会文化史的关注,在对微观日常生活进行研究的基础上,开启了物质文化研究的新视角。但真正将物质文化作为整体进行系统性研究是近年来的事情。1967 年,法国哲学家鲍德里亚完成了对

① 孟悦,罗钢.物质文化读本[M].北京:北京大学出版社,2008:前言 2.

② 列维 – 斯特劳斯.结构人类学[M].俞宣梦,等,译.上海:上海译文出版社,1995:32.

物质文化研究代表性的著作《物体系》,其中,作者将"物"分为功能性或客观论述、非功能性系统或主观论述、元功能及功能失调体系,以及物品与消费社会四个方面,详细论述了被"物"所包围的人类世界。正是基于前述研究思考,他完成了《消费社会》这部具有代表性的著作。在他看来,"物质文化是一种非人的、无生命的、无情感的、无人性的,因而富于压迫性的物质环境"①。不同于鲍德里亚的观点,1974 年,E. M. 弗莱明在《人造物品:一种建议模式》中提出了"蒙哥马利鉴赏原则",即从人造器物中提取文化内涵,通过器物蕴含的文化论证其在社会发展中的意义和价值。1975 年在温特图尔博物馆召开的物质文化研讨会,昭示着物质文化研究进入新阶段,物质文化研究也逐步走出了考古学和艺术学的领域,向更广的人文社科领域发展。1995 年,詹姆士·G. 凯瑞厄出版专著《礼物和商品:1700 后的交换和西方资本主义》论述了礼物和商品在消费领域的意义。丹尼尔·米勒在《物质文化与大众消费》《物质文化:为何物重要》等专著中,强调了物的重要意义和地位。② 进入 21 世纪后,相关研究向深度和广度拓展,出现了从具体物的视角入手,阐释物质文化研究新的范式和路径。西敏司在《甜与权力:糖在近代历史上的地位》③一书中,详细论述了社会性的糖在资本主义原始积累阶段中所扮演的重要角色,以及其从奢侈品向工业化生产产品转换背后的消费和权力,进而揭示其旧有象征意义被新的样态所取代的过程。在他的研究中,糖成为社会关系和权力的缩影,折射出各方面的发展和演变。与此研究有异曲同工之妙的是刘禾的《燃烧镜底下的真实:笛福、"真瓷"与 18 世纪以来的跨文化书写》④,将作为全球性商品的中国瓷器在笛福笔下的描述与欧洲瓷器生产现实结合起来,展示了工业文明发展领先阶段欧洲人的傲慢。安·杜西尔的《染料和玩具娃娃:跨文化的芭比和差异销售规则》,论述了芭比娃娃绝非一个普通的玩具,它承载了独特的价值和意识形态功能。这些玩具不仅在儿童成长中起到了引领和被模仿的作用,还在跨文化交流中,展示了

---

① 孟悦,罗钢. 物质文化读本[M]. 北京:北京大学出版社,2008:前言 2.

② 韩启群. 物质文化研究:当代西方文化研究的"物质转向"[J]. 江苏社会科学,2015(3):73 - 81.

③ 西敏司. 甜与权力:糖在近代历史上的地位[M]. 王超,朱建刚,译. 北京:商务印书馆,2010.

④ 刘禾. 燃烧镜底下的真实:笛福、"真瓷"与 18 世纪以来的跨文化书写[M]//孟悦,罗钢. 物质文化读本. 北京:北京大学出版社,2008:362 - 387.

白人文化霸权和社会文化的男权意识。

作为一门新型学科,中国相关研究受到欧美研究路径的影响,并结合自身的文化模式,进行了大胆的开拓和尝试。大体而论,中国的物质文化研究包括以下几个方面:

第一,翻译和引入了关于物质文化研究的书籍和理论。随着物质文化研究的深入进行和学术交流的日益频繁,国外关于物质文化研究的论著被介绍到国内,推动了中国物质文化研究的深入。在这些引入的理论著作中,关于中国的研究尤为受到关注。高罗佩从新文化史的视角,对中国器物文化进行了系统研究,受到中国学者的关注。其相关研究如《米海岳砚史考》等很早就被引入中国,成为该研究领域的模板。巫鸿的《武梁祠——中国古代画像艺术的思想性》①等著作,将对中国传统造物艺术的研究置于思想文化视阈之下,思考器物背后的文化和生活方式,对中国古代艺术研究产生了较大的影响。罗伯特·芬雷的《青花瓷的故事》,在中国出版后,对中国陶瓷文化领域相关研究起到了推动作用。雷德侯的《万物:中国艺术中的模件化和规模化生产》,论述了体系化生产对中国造物理念的影响。此外,大量关于物质文化研究的理论也引起了学术界的重视。彭淑生的《物质文化与日常生活的辩证》,分析了欧美和中国台湾地区物质文化研究的发展历程,包括相关的学术专著、论文和研讨会,尤其侧重对明清物质文化研究的论述。在众多研究学者中,孟悦和罗钢等的贡献甚大,他们翻译的《物质文化读本》,将相关物质文化研究成果引入中国。

第二,关于物质文化研究的成果。黄应贵主编的《物与物质文化》是一本物质文化研究学者成果的论文集,研究者多从服饰、艾灸、食物等物的视角入手,分析少数民族地区的社会生活方式、交换和象征性沟通系统等。王玉哲的《中国古代物质文化》②,依照历时性发展历程,论述了从远古至明清时期中国古代高超的造物技艺和器物种类,内容包罗万象,有服饰、饮食、器具、住宅、交通工具、生产工具等,这也是国内较早以"物质文化"为主题的论著。其研究视角和方法不同于欧美学者,开创了国内相关研究先河。在相关通史性研究中,孙机

---

① 巫鸿.武梁祠:中国古代画像艺术的思想性[M].杨柳,岑河,译.上海:生活·读书·新知三联书店,2006.

② 王玉哲.中国古代物质文化[M].北京:高等教育出版社,1990.

的《中国古代物质文化》①,按照类别详细分析了中国古代物质文化的类型和演变,依照十个类别进行分析和研究,论述了中国古代造物的历程。

第三,关于传统器物和时尚文化的研究也受到了学术界的关注。国内学者多从瓷器、茶叶和丝绸的中外文化交流视角,思考器物在中西文化交流中所扮演的角色。东南大学凌继尧曾主持"中国器物文化走出去内涵与路径研究"课题,从瓷器等传统器物文化交流视角,论述了中国文化走出去战略。他认为如果中国能够生产出承载文化意义的产品,中国文化就会伴随着产品走向世界,进而推动全世界对中国文化的认知和了解。此外,该课题组相关研究成果也从中外文化交流中"器物"扮演作用的视角对中国器物文化进行了研究和论述。

第四,器物的象征作用以及与文化之间的关系。器物的象征意义和人文价值也是学术界关注的热点。陶思炎从作为文化象征的镇物和祥物的视角入手,把象征符号与实用生活结合起来,分析了镇物和祥物在艺术学、考古学和社会学等研究中的意义和价值。作者从"物"的视角入手进行文学方面的研究,开辟了文学研究新的路径。闫月珍的《作为仪式的器物——以中国早期文学为中心》和《物:中国文学研究的新途径》是这方面代表性的研究成果。作者通过对早期文学作品中乐舞仪式里的器物进行研究,论证了器物的文化功能,进而发现和总结了隐藏于器物背后的社会意识形态和历史叙事范式。对礼器的研究也是学术界关注的重点之一,张辛的《礼与礼器——中国古代礼器研究札记之一》详细论述了礼器在中国古代社会规范建构中的地位和影响力。② 此外,大量关于玉器、丝绸和青铜器的研究也从多个视角论证了器物的社会意义和文化象征意义。叶舒宪的《物的叙事:中华文明探源的四重证据法》③,从器物视角反作用于文献再解读,进而形成多重证据来思考中华文明的起源和发展。肖清风的《制器尚象——中国古代的造物方式》④,对中国古代造物理念进行研究,从"物象""意象""道象"三个层次解读中国造物方式的文化内涵和设计价值。

第五,"礼物"在人类社会发展与社会关系构建中的地位和作用。阎云祥的

---

① 孙机.中国古代物质文化[M].北京:中华书局,2014.

② 张辛.礼与礼器:中国古代礼器研究札记之一[M]//北京大学考古文博学院.考古学研究(五).北京:科学出版社,2003.

③ 叶舒宪.物的叙事:中华文明探源的四重证据法[J].兰州大学学报(社会科学版),2011,38(6):1-8.

④ 肖清风.制器尚象:中国古代的造物方式[J].湖北美术学院学报,2013(4):93-95.

《礼物的流动：一个中国村庄中的互惠原则与社会网络》①，通过对下岬村一个村庄随礼现象的跟踪和实践考察，推论在中国农村语境中，礼物不但是可以让渡的，而且是必须被让渡的。任何违反这种模式的个体，就要承受巨大的压力。也正因为如此，才形成了中国复杂的礼物互换关系。杨美惠基于中国独特的社会结构和政治运行模式，从礼物与关系学的视角入手，论述了关系学中的民间话语和国家话语，进而分析和研究中国根茎式的关系网。② 在众多相关研究中，赵旭东从土地集体所有制的视角，论述了中国乡村礼物经济与关系运作问题。他认为中国礼物盛行的原因并非完全基于商品交换的原因，而是一种以集体人格为依托而实现的责任约束。③

第六，作为哲学范畴的"物"的概念及其相关研究成果。对物的研究也是哲学领域关注的问题之一，许多研究人员也进行了深入系统的研究。马克思在进行政治经济学研究的过程中，非常重视"物"在资本主义社会运作体系中所扮演的重要角色。在提出商品概念的同时，他指出生产资料在人类社会发展中有着重要的地位和作用："为了生活，首先就需要吃喝住穿以及其他一些东西，因此第一个历史活动就是生产满足这些需要的资料，即生产物质生活本身。"④海德格尔曾在《艺术作品的本源》《物》《物的追问——康德先验原理的学说》等论著中对哲学上的"物"进行思考。在《艺术作品的本源》中，他把"物"定义为一种不依赖于任何社会和历史关系的载体特性。在后来的论述中，他又重新将物定义为既有联系又有条件的反映世界本身的东西。⑤ 尽管上述关于"物"的描述，是存在论上抽象的观念，但依旧反映出物在社会发展中所存在的意义和价值。马克思主义理论家卢卡奇在马克思关于资本主义商品拜物教理论基础上，提出了"物化理论"，认为"人自己的活动，人自己的劳动，作为某种客观的东西，某种

① 阎云祥.礼物的流动：一个中国村庄中的互惠原则与社会网络[M].李放春,刘瑜,译.上海：上海人民出版社,2000.

② 杨美惠.礼物、关系学与国家：中国人际关系与主体建构[M].赵旭东,孙珉,译.南京：江苏人民出版社,2009.

③ 赵旭东.礼物与商品：以中国乡村土地集体占有为例[J].安徽师范大学学报（人文社会科学版）,2007(4):395-404.

④ 中共中央马克思恩格斯列宁斯大林著作编译局.马克思恩格斯选集：第1卷[M].北京：人民出版社,1972:79.

⑤ 康加恩,刘黎.马克思与海德格尔思想中的"物"、"事物"和"物化"[J].南京社会科学,2015(9):52-58.

不依赖于人的东西,某种异于人的自律性来控制人的东西,同人相对立"①。

第七,近代中国器物形象以及洋货对中国影响的相关研究。近代以来,在大工业生产模式的推动下,器物种类和数量迅速增加。中国传统造物体系在新式工业化造物模式冲击下陷入困境,外来器物的融入也重构了中国的生活方式,进而对中国社会、政治、经济产生了深刻的影响,诸多学者从上述视角,进行了系统研究。熊月之认为近代工业革命以来的器物在一定程度上改变了人们原有的生活习惯和轨道。随后,他从交通工具、照明工具等视角进行研究,提出器物文化的研究能够弥补近代中国历史研究中的不足,能推动历史研究的深入进行。李长莉系统研究了晚清中国被迫开放以后,大批洋货进入中国市场,引起的中国人消费观念的变革——从最初视为有害道德的炫耀型风气到逐步接受洋货,洋货成为中国人生活方式的代表和象征。大体而论,洋货进入中国分为初销、流行和普及三个时期。② 同样基于消费观念视角对洋货进行研究的还有郭立珍,她认为洋货数量和种类在中国的不断增加,不但改变了中国人的消费观念,也影响了中国的经济基础,在二者的相互影响和变迁中,中国的社会形态进行了重构。洋货广告引发的生活方式的改变和消费理念的迁移也是近代器物消费的组成部分,其中对《良友》画报广告的研究也是部分学者切入近代洋货消费的独特视角。钟建珊通过研究认为,广告分为"物质神话"营造阶段、拟态环境营造阶段、意识形态阶段,通过洋货广告,可以透析出近代上海社会的变迁。③ 洋货的流入对中国传统手工业生产带来了巨大的破坏和影响,在近代中国独特的社会背景下,商会、学生等主导了多次的抵制洋货运动,成为外来器物进入中国市场后的重要反映和体现。一般而言,抵制洋货多与各国列强对中国不平等的待遇有关。抵制洋货的各方出于各种因素加入这一独特的运动之中,抵制洋货的过程也是近代中华民族危机的反映,各方抵制活动加速了现代中国的形成过程。④

第八,在对近代器物研究历程中,博览会是一个非常重要的视角。近代博

① 卢卡奇.历史与阶级意识:关于马克思主义辩证法的研究[M].杜章智,任立,燕宏远,译.北京:商务印书馆,1999:150.

② 李长莉.晚清"洋货流行"与消费风气演变[J].历史教学,2014(1):3-11.

③ 钟建珊.《良友》画报洋货广告与上海市民文化变迁(1926—1945)[D].南宁:广西大学,2014.

④ 吴志国.近代中国抵制洋货运动研究(1905—1937)[D].武汉:华中师范大学,2009.

览会的诞生标志着全球性技术和贸易系统的形成,许多国家通过博览会上的器物展示或证实自身大国地位和形象。在逐步认知和了解世界发展以后,中国也通过博览会展示自身的国家形象。学者古伟瀛是较早关注博览会的学者,他通过中国参加博览会的历程,将其总结为从最初的"炫奇"和"赛珍"到"交流"和"商战"的过程,认为这既是中国不断融入世界的历程,也是中国自身造物体系衰退的过程。赵祐志从与国际交往的视角分析了清政府参与近代博览会的情况,论述了清政府对近代博览会认知的变化。在器物方面,中国在博览会上展示的依旧是以丝绸、瓷器和茶叶为代表的手工艺品。作为近代世界诸强炫耀国力的"竞技场",中国的表现也从器物层面表明了当时中国的国际地位。马敏从近代中国参加博览会的历程透视出对博览会看法的改变。大体而言,对博览会的认识是逐步加深的过程。在最初阶段,清政府官员对博览会多采取抵制心态,认为博览会上的商品会给商人偷税提供机会,也担心家底暴露,被列强觊觎。甲午海战的失败,让多数中国人清醒起来,认知到自身落后以后,开始进入对赛会鼓励的阶段,地方大员也以参加和举办赛会标榜自身。这一时期,商人参加博览会的积极性大为提升。1905 年,清政府商部颁行《出洋赛会通行章程》,支持商人出国参加万国博览会。① 洪振强将博览会与晚清中国国家形象塑造联系起来,通过博览会上中国展示的器物种类,分析晚清"国"的意识的形成以及对外关系的形成。据相关研究,晚清博览会上中国产品多为农渔牧及其副产品、矿产品及初级制品、手工制品、文房和古玩等文化用品、体现中国风俗人情的物品等类别。其中,依旧以丝绸、茶、瓷器、玉器、竹器为主,得大奖的依旧是这些传统产品,几乎没有新式机器制品。也正是基于器物在博览会上展示的古老、不变的国家形象,中国成为被西方国家歧视和侮辱的对象,为此,先进中国人开始以"国权"意识主导的抗争,在一定程度上促使了建设近代中国步伐的加快。②

3. 器物文化德育教育功能的相关研究

器物是文化的载体和重要组成部分,在人类文明进程和文化交流传播中,器物扮演了非常重要的角色。"器以藏礼""纳礼与器""道器合一"等都反映了器物所承载的文化功能。在漫长的中国历史进程中,器物所承载的礼的功能和

---

① 马敏. 中国近代博览会事业与科技、文化传播[J]. 历史研究,2004(2):102.
② 洪振强. 国际博览会与晚清中国"国家"之形塑[J]. 历史研究,2011(6):6 – 20,190.

社会教化功能具有非常重要的意义和价值。

中国古代经典文献中有大量以器喻人的论述。《论语·雍也》有"觚不觚，觚哉！觚哉！"①的记述，孔子对盛酒器"觚"的随意使用表达了不满，认为这是社会秩序混乱的体现。《公冶长》也有关于器物的记述："子贡问曰：'赐也何如？'子曰：'女，器也'。曰：'何器也？'曰：'瑚琏也。'"②《礼记·礼器》有专门对礼器的描述："礼器是故大备。大备，盛德也。礼释回，增美质，措则正，施则行。"③对于礼器，在不同场合、不同时间有不同的规定，有以多为贵者、有以少为贵者、有以大为贵者、有以小为贵者、有以高为贵者、有以下为贵者等，器物在不同语境下发挥不同的作用，彰显其教化功能和作用。《左传·成公二年》中也有关于器与名的论述："唯器与名，不可以假人，君之所司也。名以出信，信以守器，器以藏礼，礼以行义，义以生利，利以平民，政之大节也。"④由于礼器的独特表意作用，彰显了器物的意义和价值。此外，中国传统文学作品，如《红楼梦》《三国演义》等均有大量关于器物象征意义的表述。

器物在社会象征意义和人格塑造方面具有重要的作用，学术界从礼器、器物的象征性特征和器物的教化功能等视角进行了相关的研究。礼器是学者关注的研究对象。杨向奎的《宗周社会与礼乐文明》⑤一书，对西周时期的政治、经济、文化、礼乐和儒家思想进行了系统的研究。在礼乐部分的论述中，杨向奎对器物在中国传统文明体系中的作用进行了描述。李玉洁的《中国古代的礼器组合制度》⑥一文，从殷、周两大文化系统对礼器组合制度进行研究：殷商文化系统中礼器组合形式为鼎、豆、簋等的组合，皆呈偶数形式，体现出殷商追求对称美以及对女性的尊重；周朝的礼器组合形式鼎为奇数，簋、豆、筑等为偶数与奇数的组合，可以突出"居中""中央""太极"的地位，然后组成对称形式，体现了周天子至高地位的形成，也反映出了阴阳观念。秦大树老师的《宋代陶瓷礼器的生产和生产机构》⑦指出，宋代修内司官窑和礼制局在陶瓷礼器生产中起

① 刘兆伟. 论语[M]. 北京：人民教育出版社，2015：121.
② 刘兆伟. 论语[M]. 北京：人民教育出版社，2015：78.
③ 叶绍钧. 礼记[M]. 王延模，校订. 北京：商务印书馆，2018：64.
④ 杨伯峻. 春秋左传注[M]. 北京：中华书局，2009：788.
⑤ 杨向奎. 宗周社会与礼乐文明[M]. 北京：人民出版社，1992.
⑥ 李玉洁. 中国古代的礼器组合制度[J]. 华夏考古，2006（4）：45－53.
⑦ 秦大树. 宋代陶瓷礼器的生产和生产机构[J]. 文物，2005（5）：64－73，95.

到了比较关键的作用,推动了宋代陶瓷生产技术的发展。王琴的《中国器物:传统伦理及礼制的投影》①一文,认为儒家"礼"的规范对器物制作产生了直接影响,伦理化器物体现了"礼"对器物的种种限定,以器物为媒介,人们在使用器物过程中规范自己的言行,强化对礼的认识。李兴华、韩建磊的《论传统器物的教化功能》②一文指出,器物教化的主体表面上是"物",实际上是"人",器物只是教化的中介或工具。器物教化是道德教化的一种辅助形式,为当前道德教化提供了新的思路。器物教化主要通过启发、引导和惩戒的形式实现其教化目标。刘康德的《论中国哲学中的"器物"与"道理"》③一文指出,中国古代哲学家的万物一体、物我同道的思想,达到以器喻道和借物明理的目标,这是中国文化不同于西方的差别所在。

相关学位论文对器物的教化功能研究进行了有益的尝试。兰娟的《先秦制器思想研究》④一文,从制器者的社会身份及其对器物的设计与制作、使用者对器物的使用及评价、器物形制纹饰与构造以及思想家对器物的评述与批判视角,研究与探讨了先秦制器思想。具体来说,不同历史时期器物所承载的社会功能与意义有不同。王雅萌的《人文的"物律"——器物对人的塑造性影响》⑤一文重点对晚明社会进行了系统性研究,从"观物""用物""体物"等视角,指出器物在古代中国社会是古人认识世界的视角,也塑造了古人的世界观和方法论。刘红娜的《中国传统器物文化的德育功能研究》⑥一文指出,器物是制度、观念和社会风俗的载体,是社会发展的依托物,通过器物蕴含的传统文化揭示器物的审美功能、教化功能、伦理功能等,有助于从新的视角理解器物的意义和价值。

学术界对中国传统教化功能、物质文化等进行了系统的研究,取得了丰硕的研究成果,但从器物视角进行教化功能的研究成果还不多,有待进一步提升。

---

① 王琴. 中国器物:传统伦理及礼制的投影[J]. 艺术百家,2007(5):146-148,151.

② 李兴华,韩建磊. 论传统器物的教化功能[J]. 南昌大学学报(人文社会科学版),2014(5):44-49.

③ 刘康德. 论中国哲学中的"器物"与"道理"[J]. 复旦学报(社会科学版),2006(6):100-104.

④ 兰娟. 先秦制器思想研究[D]. 天津:南开大学,2014.

⑤ 王雅萌. 人文的"物律":器物对人的塑造性影响[D]. 北京:中国艺术研究院,2019.

⑥ 刘红娜. 中国传统器物文化的德育功能研究[D]. 景德镇:景德镇陶瓷学院,2012.

课题组选取这一视角进行研究,从器物视角探究其蕴含的德育功能和象征意义。

三、研究思路、研究方法、研究内容和主要观点

(一)研究思路

本课题紧紧围绕"中国传统器物德育教化体系的现代性转换"这一主题,以挖掘器物所蕴含的德育教育功能为主要研究内容,进而思考其现代意义和价值。课题研究以器物为切入点,从历时性视角,深度挖掘器物在不同历史时期的社会教化中扮演的角色。课题研究重点梳理造物过程中的制度、规范等,进而思考器物制作中的各种规范;分析器物使用过程中所遵循的形制规范以及器物造型、装饰在器物使用过程中所起到的潜移默化的作用。

本课题首先对中国传统器物德育教育功能进行系统性梳理,厘清中国传统器物教化的模式、中国传统器物教化的实践路径以及中国传统器物教化的传承与演变。在此基础上,我们对中国传统器物德育教育体系的作用和价值进行分析,把握中国传统器物教化发展脉络;结合当下社会多元发展情况以及新时期德育教化需要,研究现实语境下中国传统器物德育教育体系的现实意义,思考其现实转化的可能性和实现方式,进而寻求中国传统器物教化体系的现实意义和实践价值;在对传统器物教化以及现实转换路径分析梳理的基础上,探讨器物德育教育功能现实转化的实践策略。

(二)研究方法

1.文献研究法。研究了先秦至明清不同历史时期,中国传统礼器、日用器等制作过程中所遵守的规则、制作理念等相关史料。通过对中国古代各种礼器史料、日用器史料等进行分析,寻找和思考能够支撑课题研究的相关资料,以期对前提性问题进行掌握和了解。

2.历时性与共时性相结合的研究方法。运用历时性的研究方法,分析不同历史时期中国传统器物教化的特征及其传承与演变,进而总结其演变的历史意义和价值;从共时性的视角出发,分析同一时期、不同类别、不同材质的器物所蕴含的不同的教化功能。通过对中国传统器物教化体系的分析,思考其历史传承与转化。

3.比较研究法。通过对传统社会和现代社会的社会背景、道德体系进行对比,思考传统社会器物教化体系现代性转换过程中的有利条件、面临问题以及

需要突破之处等。通过对这些因素的对比分析,思考其转变的路径。

(三)研究内容

器物是文化的载体和重要组成部分,是文化的物化载体。在中国传统教化体系中,器物扮演了不可替代的角色,实现了教化的目的和意义。课题组基于历时性和共时性的研究视角,分析不同历史时期器物在中国传统教化体系中的作用和地位。

本书共分为六个部分内容。第一部分为绪论,在对中国传统教化体系、物质文化和器物教化功能等相关前期研究成果综述的基础上,提出课题研究的目的、意义和主要方法等。第一章基于历时性的研究方法,梳理中国传统器物教化体系的发展与演变。整体而论,中国传统器物教化体系经历了形成期、发展演变期和重构期三个历史时期,不同历史时期的器物教化有不同特点。秦汉时期,随着造物技艺的提升,多样化的器物类别赋予了不同器物不同的社会功能和价值;汉唐至明清时期,中国造物技艺不断提升,不同类别的器物在人们生活中有着不同的作用,也承载了不同的社会功能,具有不同的教化意义。第二章在前述基础上,总结归纳中国传统器物教化体系的内涵与特征。器物教化体系是中国传统教化体系的组成部分,通过器物承载中国传统教化的功能,具有象征性和潜移默化的作用和效果。也就是说,器物教化体系的内涵就是中国传统教化体系的作用。器物教化体系具有直接性、隐蔽性和多样性的特征,正是器物教化体系的这种特征,才使其具有独特的意义和价值。第三章重点论述中国传统器物教化体系的内容,包括礼器、各类仪式上的器物以及日用器所承载的教化功能。第四章重点论述器物通过各类仪式、生活中的教化以及其他多种形式来体现和彰显其教化功能,体现器物教化的意义和价值。第五章论述中国传统器物教化体系的现代性转换,在总结梳理中国传统器物教化体系的基础上,结合当下的社会环境,提炼出适应当下的器物教化功能,为当下思想政治教育提供借鉴和参考。

(四)主要观点

1.器物德育教化体系是中国传统教化体系的载体和组成部分,是通过器物体现和表达中国传统教化功能。课题研究通过器物的微观视角,思考造物理念、器物风格等蕴含的德育教化功能,并在此基础上从器物教化和中国传统教化体系的关系入手,思考器物所承载的教化功能。

2. 器物德育教化功能是中国传统教化体系的"物化"载体,具有直观性、隐蔽性的特点,发挥了不可替代的潜移默化的教化效果。不同于其他教化模式所具有的差异性效果,器物所承载的各种教化功能有着共通性一面,让器物教化体系有了更广泛的社会认可度。这是其他教化模式无法取代的优势,也是器物教化体系的独有价值和意义。

3. 中国传统器物教化体系的现代性转化的历史意义和价值。通过系统梳理中国传统器物教化体系的模式、路径等,结合当下中国社会环境,思考其现代性转化的路径、方法,探究其意义和现实价值。

第一章　中国传统器物德育教育体系的形成与演变

器物是文化的载体,是以物质形态表征的人类文化存在,彰显了人类的精神特质和价值追求。"圣人制器"的说法也证实了器物在人类文明进程中的重要作用和贡献。人类在制造器物的同时,也赋予了器物多样化的文化内涵和象征意义。"清庙茅屋,大路越席,大羹不致,粢食不凿,昭其检也。衮、冕、黻、珽、带、裳、幅、舄、衡、纮、纮、綖,昭其度也。藻、率、鞞、鞛、鞶、厉、游、缨,昭其数也。火、龙、黼、黻,昭其文也。五色比象,昭其物也。钖、鸾、和、铃,昭其声也。三辰旂旗,昭其明也。"①正是古代先民在对客观事物认知基础上进行器物制造,才推动了人类文明的快速发展与进步。从广义上讲,造物能力是人类与其他动物的重要区别。也就是说,无论什么器物,都承载了社会功能,是有社会意义的产品。因此,器物本身就具备一定的社会属性,是社会发展或者造物能力的体现。器物所具有的文化象征意义,也意味着它可以在社会德育中展示其作用和价值。

第一节　中国传统器物德育教育体系的形成期

文化是人类在实践中创造的物质和精神财富总和,是人类社会和历史的积淀物。《易经》中很早就有对文化的论述:"刚柔交错,天文也;文明以止,人文也。观乎天文,以察时变,观乎人文,以化成天下。"②从文化的层次来说,通常包括物质文化、制度文化和观念文化等。其中,器物是文化中最生动形象、最易接受的层面。器物作为文化载体具有其独特的社会功能,这也赋予了器物独特的教化意义。在中华民族漫长的发展历程中,器物所具有的可观性和仪式性特征,让其具有不可替代的德育教化功能。

---

① 左丘明.左传[M].蒋冀骋,标点.长沙:岳麓书社,1988:15.
② 张善文.周易[M].太原:三晋出版社,2008:46.

"观象制器""器以载道""纳礼与器""道器合一"等中国古代以器喻人的观念,均传递了器物承载的文化功能,体现了器物的社会意义。有别于文化政治体制、意识形态、军事实力以及文化信仰等,器物具有具象、直观、丰富的特征,也正因为如此,器物在最初制造之时就被赋予了不同的社会象征意义。早在中华民族文化的源头,器物就不仅具有实用的功能,还具有象征功能。早在中华文化的轴心期时期,器物就被赋予了独特的意义和价值。孔子提出的"器以藏礼""文质彬彬"等反映了儒家的行为规范和价值理念,道家提出的"道法自然""朴散则为器"等观念体现了道家的物我关系,墨家等提出了废弃雕饰、追求自然的造物主张。诚然,不同的造物主张意味着器物所具有的含义不同,但总体来说,早在先秦时期,器物除了实用功能外,已经具有了社会精神层面的意义,不同的器物具有不同的思想内涵。

一、从"圣人制器"到"器以藏礼"

造物能力是人区别于动物的重要标志,也是推动人类快速进化的核心因素。《礼记·礼运》保留了对先祖造物的各种记述和想象:"昔者先王,未有宫室,冬则居营窟,夏则居橧巢。未有火化,食草木之实、鸟兽之肉,饮其血,茹其毛。未有麻丝,衣其羽皮。后圣有作,然后修火之利,范金合土,以为台榭、宫室、牖户,以炮以燔,以亨以炙,以为醴酪;治其麻丝,以为布帛,以养生送死,以事鬼神上帝,皆从其朔。"①也就是说,从人类有意识地造物开始,远古先民已经将对天地的感悟、社会理念以及精神世界融入器物制造之中,并赋予器物以独特的影响力和独一无二的价值意义。从可信的考古史发展来看,也能证明上述造物能力在文明体系建构中的作用。

圣人是古代造物体系的主体。在上古传说中,炎帝和黄帝是中华民族的祖先,也是中华古老文明的创始人。炎帝和黄帝等通过制造器物使人们摆脱原始的生活状态,开创新的生活方式。"知者创物。巧者述之守之,世谓之工。百工之事,皆圣人之作也。"这一说法恰如其分地诠释了上述观点。造物技术,尤其是具有开创性发明能力的先祖被人们尊奉为圣人。伏羲、神农、有熊氏、尧、舜等上古传说中的历史人物,均与造物有密切的关系。《易经·系辞》记述了伏羲造物的传说:"古者包牺氏之王天下也,仰则观象于天,俯则观法于地,观鸟兽之

---

① 王红娟.礼记[M].长春:吉林大学出版社,2021:101.

文,与地之宜,近取诸身,远取诸物。……作结绳而为网罟,以佃以渔,盖取诸离。"①伏羲通过对天地自然的观察,制造出了捕鱼的渔网。神农氏作为始祖,在史书记载中也是造物的先祖:"斫木为耜,揉木为耒,耒耨之利,以教天下。"到了黄帝时期,他也在原来的基础上修筑宫殿,制作陶器、木器、弓矢等:"命宁封为陶正,赤将为木正,以利器用;命挥作盖弓,夷牟造矢,以备四方。"在人类文明的初期,造物能力是具有标志意义的活动,也体现了圣人在造物中的作用和影响力。在所有关于上古文明的各类传说中,具有创新力的造物能力,是人类先祖的共同特征。通过器物制造满足生活需要,规范社会生活,是器物制造的典型特征。《路史》中有关于有熊氏造物的记述:"有熊氏乃广宫室,壮厅庑,高栋深宇,以避风雨。作合宫,建銮店,以祀上帝,接万灵,以采民言。"各类神话传说中关于圣人造物的传说多次表明了器物制造在人类初期的地位和作用。从上述多个传说中,我们可以得知两个标志性的意义:其一,器物在人类起源过程中具有非常重要的作用。如前述,自从有了造物能力以后,人类越来越能适应自然的需要,能够较好地满足个人成长。其二,通过器物制造,能够传递社会规范,教化民众。在所有关于圣人制器的传说中,都有表达服务人民的理念。所有制造的器物,都是为了满足日用和生活的各类产品,是服务基本生活的。也正因为如此,造物能力是推动人类从原始的游牧生活转向定居生活的关键因素。

尧舜禹文化是中华民族精神的重要源头,也留下了大量关于造物文化的传说。"黄帝、尧、舜垂衣裳而天下治,盖取诸《乾》《坤》。"尧的时候,通过自己的励精图治得到了人们的认可。据《史记》记载:"帝尧者,放勋。其仁如天,其知如神。就之如日,望之如云。富而不骄,贵而不舒。黄收纯衣,彤车乘白马。能明驯德,以亲九族。九族既睦,便章百姓。百姓昭明,合和万国。"关于尧的记述,更多的是讲述他通过社会治理实现了天下安定的局面。在众多记述中,以衣服和器物象征礼制和礼仪进行社会教化被多次提及,器物也在潜移默化中实现了其教化功能。在出行中,纯色衣服和马匹是个人身份的象征,具有了社会教化和象征的意义。这一时期,尧也加强了对制器的管理——"帝尧命垂为工,以利器用",专门设立制造和管理器物制造的官员,这也昭示了器物在人们生活中的规制作用。舜继位后,继续任命专门管理器物制作的官员,负责器物制作

---

① 吴怡.人与经典·易经系辞传[M].石家庄:花山文艺出版社,2022:197.

并掌管各种礼仪。

传说时期的器物制作和生产,是中华民族文明起源时期的重要象征。传说中的圣人,正是因为在器物制作中发挥了重要作用,才获得了大家的认可。中国古代的圣人是创造各类器物产品、保证维系人民生活的重要人物。正因为如此,他们才被民众确立为圣人。当然,传说中圣人造器的故事不一定真实,在器物制造的漫长历史进程中,这或许不是个人行为,而是集体智慧的结晶。但将造物能力归为圣人的标准之一,赋予各类神秘主义的文化色彩,也反映了器物在人类早期文明中的地位和影响力。尽管目前学术界关于这些历史是否真实存在还有各种争议,但从各类传说中关于造物的记载,我们可以看出器物产品在人类文明进程中的历史意义和价值。这也可以从各类考古发掘中的器物中得到证明。从前述造物类型和造物模式来看,圣人在造物中扮演着重要角色。如果深入探究,我们能发现在先秦出现的诸多器物总是与日常生活有关,这也反映了与生活密切相关的各种器物产品、解决先民生活的器物在最初就被赋予了象征意义。在传统手工业造物体系中,制陶、制玉、制铜是先秦时期重要的手工业生产模式。

(一)陶器与中华文明的起源

中国是世界上最早发明陶器的国家之一,陶器在中华民族器物文明中扮演了不可替代的角色。陶器在中国有上万年的历史,世界上发现最早的陶片在江西万年仙人洞,距今有一万八千余年的历史。随着造物技艺的进步与提升,各地出现了多种风格的文明,包括仰韶文化、河姆渡文化、二里头文化、马家窑文化、齐家文化等。在众多文化遗址的发掘中,陶器是最具有代表性的器物种类,承载了丰富的文化内涵和实用功能。在漫长的陶器文明历程中,出现了各种类型的产品。在发展之初,陶器产品更多是为了满足日用需要,但随着制陶技艺的进步,开始出现了各种类型、各种装饰风格的陶器产品。在陶器类别方面,有各类炊器、食器、盛放器等,到后期还出现了作为礼器的陶器产品,包括陶瓯、陶爵、陶鼎等,这些礼器也是由原有的日用器转化而来的。在陶器装饰方面,多样化的纹饰体现了远古先民的审美追求和价值观念。在大地湾遗址出土的人头形器口彩陶瓶完全模仿人的形象进行制作。"其形象之逼真,其服饰之华丽,其仪容之庄重,均令现代人叹为观止。"[1]此外,在甘肃礼县高寺头出土的齐家文

① 李曦珍,李金桃.陶器:华夏史前文明的载道之器[J].青海社会科学,2018(6):196.

化时期的红陶人头像、仰韶文化时期的红陶人物像等,均是根据人像进行制作。尽管没有相关的文字记载,但我们依旧能够感受到器物所承载的文化信仰和社会功能。在各类早期陶器中,也出现了各种动物雕塑,既有那些被驯服的家畜,也有各种鸟类装饰等。"例如在甘青地区出土的史前彩陶器中,有陶鸡、陶牛、陶猪等。在华夏动物陶器中最常见的有鸟形陶器,其中属于齐家文化类型的有陶鹰、陶鸭、单耳枭形陶罐、红陶鸟形陶器和颈背红彩鸟形陶器等,属于马家窑文化类型的有双耳鸟形陶器、弧线三角纹鸟形陶壶、旋圈菱格纹鸟形陶壶、折带网纹鸟形陶壶,还有属于仰韶文化类型的鹰形陶鼎。"①各种类型的动物装饰以及丰富多样的纹饰,表达了先民认识世界的态度,也传递了他们对自然尊重和敬畏的态度,体现了最初的教化功能和意义。

具有图腾崇拜的陶器纹饰也表达了原始先民对自然认知。在马家窑文化、半坡文化中有许多鱼纹和蛙纹的图形。半坡文化中的人面鱼纹盘是最具代表性的器物产品。在原始的文化象征中,鱼和蛙都是繁殖能力旺盛的动物,大量相关的纹饰以及变体纹饰的出现,表达了先民对多子多福的追求。这种理念也一直影响着中国人,并通过器物上的纹饰传递这种教化理念,成为中国社会道德习俗的一个组成部分。从现存早期墓葬中,也能反映出陶器在社会教化中的作用。根据现存的墓葬发掘的相关考古资料,在大地湾遗址墓葬、仰韶文化西安半坡遗址墓葬中我们可以发现,随葬品基本上是各类生产用器,数量也比较平均,这就意味着这一时期社会可能有着平等的观念。这些通过器物传递的理念在原始社会时期也表达得比较明显。到了龙山文化时期,墓葬中的器物反映出来的文化已经体现了社会文化以及礼的观念的形成。"诸城呈子遗址的八十七座龙山文化墓葬,可划分为四个等级。第一等为大墓,共五座,占全部墓葬的5.7%,这类墓葬有二层台、木椁,随葬品质高量多,还随葬了猪下颌骨和精美的薄胎黑陶高柄杯,属于专用礼器。第二等共十一座,占全部墓葬的12.6%,墓穴略小,葬具不普遍,有较多的随葬品,有的随葬高柄杯或猪下颌骨。第三等共十七座,占全部墓葬的19.5%,均为小墓,皆无葬具,随葬品量少质低,一般不超过三件。第四等共五十四座,占全部墓葬的62.1%,墓穴仅容尸骨,既无葬具又无随葬品。"②从上述资料可以看出,到了龙山文化后期,以器物为标志的社会分

---

① 李曦珍,李金桃.陶器:华夏史前文明的载道之器[J].青海社会科学,2018(6):197.
② 陈明远,金岷彬.陶器时代:"礼"的起源和发展[J].社会科学论坛,2012(5):9-10.

化已经出现。器物所具有的象征意义也逐步体现出来。到了良渚文化时期,这种阶级分化日渐明显,社会等级制度也以拥有器物多少体现出来,逐渐形成了以陶器为主要代表的礼制特征。二里头遗址目前被部分学者认定为夏商遗址,是中国早期文明的重要发源地。根据二里头考古发掘,此地出土了大量的酒具,包括陶盉、陶觚和陶尊。这些成套的陶瓷酒具体现了日渐完备的中国器物文化体系。《说文解字》提出:"爵,礼器也。"爵作为礼器,一般是君王赏赐酒给下臣时使用,所以派生出爵位这一等级封号。此外,二里头规模宏大的建筑遗址以及青铜器、玉器等器物,均通过器物形式体现了一个王朝的规模和影响力。也正是在这一时期,以陶器为载体的礼器在社会运行中起到了符号性的象征作用。

"制器尚象"和"观象制器"等原始造物理念最初在陶器制作中得到了体现和反映,折射了中华文明的思维模式和文化理念。在长期的生活实践中,通过对自然现象的观察和对生产生活的感悟,人们制作出多种类型的陶瓷器物。《易经·系辞》对此有精彩的描述:"古者包牺氏之王天下也,仰则观象于天,俯则观法于地,观鸟兽之文与地之宜,近取诸身,远取诸物,于是始作八卦,以通神明之德,以类万物之情。作结绳而为罔罟,以佃以渔,盖取诸离。包牺氏没,神农氏作,斫木为耜,揉木为耒,耒耨之利,以教天下,盖取诸益。日中为市,致天下之民,聚天下之货,交易而退,各得其所,盖取诸噬嗑。神农氏没,黄帝、尧、舜氏作,通其变,使民不倦,神而化之,使民宜之。易穷则变,变则通,通则久。是以自天佑之,吉无不利。黄帝、尧、舜垂衣裳而天下治,盖取诸乾坤。刳木为舟,剡木为楫,舟楫之利,以济不通,致远以利天下,盖取诸涣。服牛乘马,引重致远,以利天下,盖取诸随。重门击柝,以待暴客,盖取诸豫。断木为杵,掘地为臼,杵臼之利,万民以济,盖取诸小过。弦木为弧,剡木为矢,弧矢之利,以威天下,盖取诸睽。上古穴居而野处,后世圣人易之以宫室,上栋下宇,以待风雨,盖取诸大壮……上古结绳而治,后世圣人易之以书契,百官以治,万民以察,盖取诸夬。"①尽管前述有神话传说的意味,但很好地揭示了器物最初制作过程中先民们对天地自然的感悟。在陶器制作过程中,先民通过对天地的观察,模仿自然界中各类产品具体的形象,并将其运用于器物制作之中,彰显了中国先民的

---

① 吴怡.人与经典·易经系辞传[M].石家庄:花山文艺出版社,2022:197-206.

造物智慧。《考古典·器用总部》也对此有分析和解读:"古人不徒为器也,而皆有所取象,故曰'制器尚象'。器之大者莫如罍,物之大者莫如山,故象山以制罍,或为大器,而刻云雷之象焉。其次莫如尊,又其次莫如彝,最小莫如爵。故受升为爵,受二斗为彝,受五斗为尊,受一石为罍。"具体来说,无论是大地湾文化还是到二里头文化,都留存了大量的"制器尚象"器物实证。

(二)青铜器与先秦中华文明体系

青铜器也是先秦时期主要的器物产品,在二里头文化中,铜爵和铜鼎是代表性的器物产品。爵和鼎最初都是作为日常使用的饮食器具,到了后期则逐步发展为国家权力和地位的象征。二里头文化的三足爵和三足鼎也是如此。三足器在新时代早期的大地湾文化已经出现,并于不同的时期延续发展其文化内涵。三足爵在后期越来越具有文化功能。据《礼记》记述:"宗庙之祭,贵者献以爵,贱者献以散,尊者举觯,卑者举角。"鼎的社会意义也是如此,从最早的炊具发展到作为权力象征的器物种类,逐步被赋予了不同的历史意义和价值。《史记·封禅书》中就有"黄帝作宝鼎三,象天地人"的记载。在《左传》中也有对鼎从炊具实用器物到礼器的转变过程:"昔夏之方有德也,远方图物,贡金九牧,铸鼎象物,百物而为之备,使民知神、奸。故民入川泽山林,不逢不若。螭魅罔两(魑魅魍魉),莫能逢之。用能协于上下,以承天休。"这种独特的象征功能昭示了器物通神的独特功能,寓意了器物的象征意义。同二里头文化同一时期的其他文化类型遗址也出土和发现了类似的青铜器物,尽管这些青铜器物还处于初级阶段,但从器型、纹饰和器用等方面已经初步体现了器物的社会教化功能,与祭祀和礼仪等社会活动密切相关。脱离了实用功能的青铜器物的出现,彰显了独具特色的社会功能。

商朝是中国青铜器的鼎盛时期,既有专门的制作工坊和工匠,也有成熟的制器制度。在器型方面,商朝有大小不同的各种器物,包括爵、鼎、斝、盉、鬲、尊等,制作方法也多种多样,技术更加完善和成熟。在青铜器物中,成套的具有礼制功能的器物产品更为繁复。在器物形制上,体现"天圆地方""阴阳"等观念的形制风格已经非常成熟,不同类型的器物已经成为不同身份的象征与代表,也成为社会等级区分的依据。丰富多样的纹饰是商代青铜器装饰风格特色,既包括动物纹饰,如牛、羊、鸟、蝉、虎等,也有各种传说中的意象纹饰,如兽面纹、龙纹、凤鸟纹等。不同的器物种类、纹饰和形制赋予了器物不同的内涵和价值,昭示了器物在社会等级中发挥的不同作用。在原有的基础上,商朝更重视青铜器物在礼仪、祭祀、丧葬和战争中的作用,这一点从随葬品中的器物种类和数量能够看出。如果在随葬品中出现青铜器和玉器,就意味着墓主身份和地位高,且随葬品的数量越多,地位也就越高;如果在随葬品中仅有陶器、石器,就意味着墓主的地位和身份低。

到了西周时期,青铜器制作依旧是主要的手工业门类。青铜器的种类和制造工艺在商代原有礼器、日用器的基础上,更加丰富和成熟。随着社会制度的逐步完善,器物在不同社会规则中有着越来越明晰的社会责任。与商代不同的是,西周时期的部分青铜器器型不再受到关注,逐步被其他形制的产品所取代,比如觚、斝、爵等。在纹饰方面,这一时期青铜器多以复杂线条进行装饰,体现了器物由神圣功能向使用功能的转变。将文字铸在青铜器上也是这一时期青铜器的重要特色之一,用以记述青铜器拥有者的个人功绩或者某个重要的事迹。西周时期的其他器物类型也承载了类似青铜器所体现的社会功能,逐步突破了商代的天命观,体现了人的理性和人本思想的觉醒。纹饰在青铜器的使用上,春秋早期多沿袭西周时期的器物风格,到了中后期逐步有了这一时代独有的风格。在器物种类上,出于战争的需要,青铜器的武器大量出现,包括矛、剑、弩机、戈等,这些器物制作精良。与商朝和西周相比,春秋战国时期象征身份和地位的青铜器制作规范不复存在。受到战争等因素影响,这一时期出现了各种礼崩乐坏的情形,社会风气也发生了极大的转变,贵族会根据个人的爱好制作出多种形制的器型。"春秋之时犹尊礼重信,而七国则绝不言礼与信矣;春秋时犹宗周王,而七国则绝不言周矣;春秋时犹重祭祝聘享,而七国则无其事矣;春秋时犹论宗姓氏族,而七国则无一言及之矣。"与之相伴随的是,青铜器的装饰纹饰也发生了显著的变化,随着造物技艺的进步和思想观念的改变,反映日常生活的场景也出现在青铜器的纹饰装饰之中,印证了器物社会功能的转变。与青铜器类似,其他器物承载的功能也发生了变化。

（三）玉器的社会象征功能

玉在中华民族发展历程中扮演了重要角色,其制作历史源远流长。早在新石器时代晚期的良渚文化、大汶口文化、河姆渡文化、红山文化和大溪文化等遗址中都有玉器出土。玉器也是先秦时期重要的器物产品,在社会生活、政治理念和宗教礼仪中扮演着重要角色,承载了先民对美好生活的精神追求,折射了从生产到文明体系的转化历程。早在龙山文化时期,已经出现了玉璧、玉鸟等象征礼仪的器物,昭示先民赋予了玉器独特的社会内涵。在距今 3500 年前的二里头文化遗址中也发现了数量众多的玉器产品,包括玉圭、玉璋、玉璧、玉琮等,也有各种玉质的生产用品,可以看出其使用范围进一步扩大。大规模的玉器产品也证明了器物承载的功能从实际生产向审美和礼仪的转变。同属于新石器时代晚期的良渚文化遗址也同样出土了精美的玉器产品。在遗址中,出土的玉器产品超过 7000 件,器型包括玉琮、玉钺、玉璧、三叉形器、冠状饰、锥形器、玉璜、半圆形饰、柱形器、玉镯、玉织具、玉纺轮等,以及圆雕的鸟、龟、鱼、蝉等动物形玉器。这些形制多样、类别繁多的玉器佐证了中国早期礼仪的出现,也体现了阶级和礼仪的启蒙。到了商朝时期,玉器的制作和生产技艺非常成熟,作为礼器的玉璧、玉琮、玉圭、玉璋、玉琥、玉璜等都有出现,延续了玉器在社会生活中的神圣性。由于玉器制作的进步,这一时期也出现了各种日用器、实用器等,昭示着玉器向装饰性和实用性转变。在已经发掘的商代妇好墓中,随葬器物共有 1928 件,其中玉器为 755 件,是随葬品中最多的品类。在这些玉器中,礼器有 175 件,象征兵器的依仗器物有 54 件,工具有 74 件,生活用具有 9 件,装饰品 426 件。在器物的形制方面,既包括传统的玉簋、龙、凤等,还有虎、象、猴、马、牛等多种动物形状的玉器。多种类型的玉器产品,不仅意味着商代制玉工艺水平的提高,也意味着玉器在社会中扮演了更为重要的角色。此外,装饰品数量的增多,也表明在当时的个人审美体系中,玉器影响力在增加。

春秋战国时期,玉器的种类仍以玉璧、玉环等为主,而后,随着玉器被赋予了不同内涵,玉质的佩饰、串饰等生活用器迅速增多。玉器成为君子道德情操和高尚品行的象征,被赋予了深刻的人文精神。《大戴礼》记载:"上车以和鸾为节,下车以佩玉为度。"这也就意味着,玉器装饰品已经作为衡量人的道德品行的器物载体,基本成为个人身份的象征。孔子曾将佩玉作为君子的象征,并详细说明了玉的美德:"夫昔者君子比德于玉焉。温润而泽,仁也;缜密以栗,知也;廉而不刿,义也;垂之如队,礼也;叩之其声清越以长,其终诎然,乐也;瑕不掩瑜、瑜不掩瑕,忠也;孚尹旁达,信也;气如白虹,天也;精神见于山川,地也;圭璋特达,德也。天下莫不贵者,道也。"①也就是说,在先秦时期,人们已经将玉

---

① 王红娟.礼记[M].长春:吉林大学出版社,2021:330.

器人格化,并赋予其神秘的意味。也正因为如此,玉也成为规范个人行为、彰显社会身份的重要器物。《礼记·玉藻》有云:"古之君子必佩玉……君无故,玉不去身。"人们用玉来标识身份,并约束个人的行为,使其成为道德的象征。

二、《周礼》与中国传统器物教化体系的确立

王朝建立的一个根本性的驱动因素是物质生产的发展。在人类社会形成的初期,制造器物都是为了满足生活的需要。但到了后期,随着造物技艺的提高,生产出来的器物产品不仅能够满足生活需要,还体现了社会审美。随着以器物为代表的身份和阶层的出现,中国进入了一个漫长的礼乐时代。这一发端于原始社会末期,成长于夏商时期,在周朝开始确立的文化和社会治理模式,成为中国最具代表性的文化象征体系。"礼乐文化经历了从祭祀活动到人伦关系、从社会秩序到政治体制、从制度规范到思想熏陶的发展过程,其体系不断完善,其功能也日渐扩展和强化,成为周代政治管理的重要方式和文化教育的重要内容,成为封建社会的主流意识形态。"①

在先秦的各类文献中,记述了中国传统礼制的形成与演变,也传递了器物在礼制中的重要作用和意义。殷商时期,就有"天子六工"的记述,这里的六工是指掌握冶陶、炼铁、石器、皮具、木器和草编等工艺的匠人,他们进行器物制造与生产,需要遵循圣人制定的法度,在器物制作过程中,要注重各类器物材质和时令的区别。诚如郭象的论述:"物各有宜,苟得其宜,安往而不逍遥也。"物得其所、物尽其用等观点就表述了充分利用材料自身的特性,进行生产与制作,以符合器物制作的标准。

周朝时就有了复杂完备的礼仪制度和礼仪体系。周朝的礼仪非常多。从类别来说,周礼分为五大类,包括吉礼、凶礼、宾礼、军礼、嘉礼等。吉礼就是祭祀之礼,是最为重要的礼仪模式。不同的礼仪制度具有不同的形式和规范。《周礼·春官宗伯》分别记述了不同礼仪的功能和作用,如"以吉礼事邦国之鬼神示""以凶礼哀邦国之忧""以宾礼亲邦国""以军礼同邦国""以嘉礼亲万民"等。不同于商代,周代的宾礼、军礼和嘉礼都是为了维护社会秩序,具有明确的针对性和功能性。不同的礼节在不同场合承载了不同的功能,也具有不同的意义和价值。但总体来说,所有的礼仪都是为了彰显国家政权的合法性,教化民

---

① 李宜蓬. 从礼器到礼教:礼乐文化推衍的内在逻辑[J]. 孔子研究,2014(4):91.

众,达到社会安定、王朝巩固的目的。在各种礼仪中,又有不同的类别。在《礼仪》中,周代各种礼仪仪式有士冠礼、士昏(婚)礼、士相见礼、乡饮酒礼、燕礼、大射仪、聘礼、公食大夫礼、觐礼、丧服、士丧礼、既夕礼、士虞礼、特牲馈食礼、少牢馈食礼等。各种不同的礼制有不同的规范和要求,也有不同的仪式形式。通过各种礼仪符号,国家强化了现有的社会秩序和教化功能,让民众产生敬畏、尊重,传递社会道德价值观。这种仪式化的符号体系建构了一种社会规范,体现国家意志。在国家权威建构过程中,不同礼仪模式具有不同的价值功能和社会意义。正是因为礼仪的不同社会功能和价值意义,才具有了维护社会秩序、巩固政权的目的。

从礼制到礼教,构筑了以礼为核心的传统教化体系。《礼记·曲礼上》论述了礼制在社会规范和道德教化中的作用:"道德仁义,非礼不成。教训正俗,非礼不备。分争辩讼,非礼不决。君臣上下父子兄弟,非礼不定。宦学事师,非礼不亲。班朝治军,莅官行法,非礼威严不行。祷祠祭祀,供给鬼神,非礼不诚不庄。是以君子恭敬撙节退让以明礼。"代表国家主流意识形态的礼制规制了整个社会规范,是维系社会稳定的重要模式。从根本上讲,礼仪的社会教化功能就是"正君臣、亲父子、和长幼"。社会规范中,正是依托礼仪,形成了独特的社会教化功能,"故坏国、丧家、亡人,必先去其礼"。礼是治国的核心,是中国社会教化的核心,"是故礼者,君之大柄也,所以别嫌明微、傧鬼神、考制度、别仁义,所以治政安君也"。从最初的国家象征和维护皇权政治,再延伸到人伦教化和各种社会规范,以礼制为核心,形成了一套完整的社会教化规范,是国家主流意识形态的体现和反映:在国家层面,主要体现为皇权通过各种仪式性的活动维护权威,保证政权的稳定性;在社会层面,通过各种礼制规范,实现社会稳定和保证各种教化功能的实现。礼制在社会教化体系中,具有涵养社会道德的功能:"礼也者,犹体也。体不备,君子谓之不成人。设之不当,犹不备也。礼有大有小,有显有微。大者不可损,小者不可益,显者不可掩,微者不可大也。故《经礼》三百,《曲礼》三千,其致一也。未有入室而不由户者。君子之于礼也,有所竭情尽慎,致其敬而诚若,有美而文而诚若。君子之于礼也,有直而行也,有曲而杀也,有经而等也,有顺而讨也,有摲而播也,有推而进也,有放而文也,有放而不致也,有顺而摭也。"从某种程度上来讲,礼制文化在很多情况下承载了对国家政权认同、社会价值观认同和各种道德规范的认同,是维护国家政治权威和社会权威的重要形式。

　　"礼"是中国传统文化的核心之一。从一开始,礼仪就与器物有着密切的关系。从释义来看,"礼"字的起源与器物密切相关。郭沫若在《十批判书》中有关于礼的解释:"礼是后来的字。在金文里面,我们偶尔看见用丰字的。从字的结构上来说,是在一个器皿里面盛两串玉具以奉事(祀)于神。"这段文字或许可以证明,"礼"的来源与器物有密切关系,即用器物盛放祭祀祖先的器物。孔颖达注释《礼器》的时候指出:"言礼能使人成器,故云礼器也。既得成器,则于事无不足,故云:是故大备。"按照孔颖达的注释,器具有一语双关的含义,他认为礼是修身必备的器具。在对《礼记·学记》的注释中,他进一步解释了"君子不器"的含义:"大德不官者,大德谓圣人之德也,官谓分职在位者;圣人在上,垂拱无为不治一官,故云大德不官也;不官而为诸官之本。大道不器者,大道亦谓圣人之道也。器谓物堪用者。夫器各施其用,而圣人之道宏大无所不施,故云不器。不器而为诸器之本也。"以礼仪达到器物教化的目的,是中国古代礼制的目标和意义。但在本课题的研究中,笔者关注的是器物所承载的礼制所彰显和体现的意义和价值。对此,孔子曾把器看得比名更重要:"有器然后得行其礼,故曰:器以藏礼,礼以行义,义以生利,利以平民,政之大节也。若以假人,与人政也,政亡则国家从之,不可止也。"通过器物体现和彰显礼仪,是器物在礼制体系中扮演的重要角色。《周礼·考工记》中记述了不同器物的规制:"国有六职,百工与居一焉。或坐而论道;或作而行之;或审曲面执,以饬五材,以辨民器;或通四方之珍异以资之;或饬力以长地财;或治丝麻以成之。坐而论道,谓之王公。作而行之,谓之士大夫。审曲面势,以饬五材,以辨民器,谓之百工。……车有六等之数:车轸四尺,谓之一等;戈柲六尺有六寸,即建而迤,崇于轸四尺,谓之二等;人长八尺,崇于戈四尺,谓之三等;殳长寻有四尺,崇于人四尺,谓之四等;车戟常,崇于殳四尺,谓之五等;酋矛常有四尺,崇于戟四尺,谓之六等。车谓之六等之数。凡察车之道,必自载于地者始也,是故察车自轮始。凡察车之道,欲其朴属而微至。不朴属,无以为完久也。不微至,无以为戚速也。轮已崇,则人不能登也;轮已庳,则于马终古登阤也。故兵车之轮六尺有六寸,田车之轮六尺有三寸,乘车之轮六尺有六寸。六尺有六寸之轮,轵崇三尺有三寸也,加轸与覆焉,四尺也。人长八尺,登下以为节。"①在《考工记》的记述中,不同规制的车子

---

① 闻人军.考工记译注[M].修订本.上海:上海古籍出版社,2021:1,14.

有不同的象征意义和内涵,也体现着不同的身份和社会地位。在器物的使用过程中,不同的器物有不同的象征意义。周朝时期,不同等级的人在不同方面就有不同的象征体现。比如在城墙上,不同社会等级的人有不同的规制,王城九丈,诸侯七丈,都五丈;在重要器物使用方面,天子九鼎,诸侯七鼎,卿大夫五鼎,元士三鼎;在用簋方面,天子八簋,诸侯六簋,卿大夫四簋,元士二簋;在舞乐形制方面,天子八佾,诸侯六佾,卿大夫四佾,士二佾。不同的器物数量和形制,是不同身份的象征,传递了井然有序的社会规范。《考工记》记述了对玉器使用的不同规范:"玉人之事,镇圭尺有二寸,天子守之;命圭九寸,谓之桓圭,公守之;命圭七寸,谓之信圭,侯守之;命圭七寸,谓之躬圭,伯守之。天子执冒四寸,以朝诸侯。天子用全,上公用龙,侯用瓒,伯用将,继子男,执皮帛。天子圭中必,四圭尺有二寸,以祀天。大圭长三尺,杼上终葵首,天子服之。土圭尺有五寸,以致日,以土地。裸圭尺有二寸,有瓒,以祀庙。琬圭九寸而缫,以象德。琰圭九寸,判规,以除慝,以易行;璧羡度尺,好三寸,以为度。圭璧五寸,以祀日月星辰。璧琮九寸,诸侯以享天子。谷圭七寸,天子以聘女。大璋、中璋九寸,边璋七寸,射四寸,厚寸。黄金勺,青金外,朱中,鼻寸,衡四寸,有缫。天子以巡守,宗祝以前马。大璋亦如之,诸侯以聘女。璱圭璋八寸,璧琮八寸,以眺聘。牙璋、中璋七寸,射二寸,厚寸,以起军旅,以治兵守。驵琮五寸,宗后以为权。大琮十有二寸,射四寸,厚寸,是谓内镇,宗后守之。驵琮七寸,鼻寸有半寸,天子以为权。两圭五寸有邸,以祀地,以旅四望。璱琮八寸,诸侯以享夫人。案十有二寸,枣、栗十有二列,诸侯纯九,大夫纯五,夫人以劳诸侯。"[①]通过器物展示的礼仪的完整性,在潜移默化中体现了器物教化的意义和价值。《礼记·乐记》中也记述了器物在社会教化功能中的作用:"故钟鼓管磬,羽籥干戚,乐之器也;屈伸俯仰,缀兆舒疾,乐之文也。簠簋俎豆,制度文章,礼之器也;升降上下,周还裼袭,礼之文也。故知礼乐之情者能作,识礼乐之文者能述。作者之谓圣,述者之谓明。明圣者,述作之谓也。"[②]

周朝时期,承载着社会规范和教化作用的众多器物,从材质、形制和规格方面,全方位体现和反映了最初的社会教化功能和社会秩序。这种礼制在国家控制和社会规范等方面均有积极的作用。周朝作为中国礼制建立的重要时期,在

---

① 闻人军.考工记译注[M].修订本.上海:上海古籍出版社,2021:87-90.
② 叶绍钧.礼记[M].王延模,校订.北京:商务印书馆,2018:94-95.

早期社会规范中具有开创作用,也奠定了后期的社会规范和社会礼制体系。制器、用器等的差别,建构了一个社会的符号秩序。器物成为身份、地位的载体和象征,使用某种器物就意味着身份和权力。如果出现使用超越自身身份的器物,就意味着僭越或者不尊重。孔子对季氏使用超过自我身份的礼乐,表现出了异乎寻常的愤怒:"孔子谓季氏:'八佾舞于庭,是可忍也,孰不可忍也?'"在孔子看来,季氏使用超越身份的礼乐,是难以容忍的事情。这也从一个方面证实了器物在社会礼仪中的作用。这样的例子在孔子的论述中比比皆是,孔子也曾对作为礼器和酒器的青铜觚的滥用发出了"觚不觚,觚哉!觚哉!"的感慨。在孔子看来,觚属于高级礼器,制作非常精美,一般在祭祀和燕礼的时候才会使用:"宾坐取觚,奠于筐下,盥洗。主人辞洗。宾坐奠觚于筐,兴,对。卒洗,及阶,揖,升。主人升,拜洗如宾礼。"这种高等级宴会上才使用的器物到了春秋战国时期就出现了变化。一方面,青铜觚的器型发生了变化。"无论圆觚或方觚,其共同点就是器身有棱,圆觚有四棱,方觚还有八棱。'觚'字本意即为棱角。到了春秋末期和战国初期,铜觚的形制已经不如西周时期的规整,棱角不甚明显,直至消失,而仍然名为觚,以致引起孔子无限感慨。"①为此,《论语注疏》中有明确的解释:"觚者,礼器,所以盛酒二升曰觚。言觚者,用之当以礼,若用之失礼,则不成为觚也,故孔子叹之。"换言之,只有坚持礼仪约束、规范个人行为的事情,才会得到大家的认可,诚如郭嵩焘所言,"三代王者之治,无一不依于礼。将使习其器而通其意,用其文以致其情,神而化之,使民宜之"②。

第二节　中国传统器物德育教育体系的发展期

从中国第一个统一的中央集权国家——秦开始,在漫长的中国传统社会发展过程中,经过多重文化交流与融合,形成了具有文化影响力的中华民族文化。从秦朝开始,经过两汉的发展,中华文化不断形成和构筑,形成了以儒家文化为主导的文化体系。汉初贾谊《新书》也对此有精彩论述:"奇服文章,以等上下而差贵贱。是以高下异,则名号异,则权力异,则事势异,则旗章异,则符瑞异,则

---

① 李龙生.道器之辨:兼论中国古代器物美学思想[J].中国文学批评,2018(3):63.
② 杨坚.郭嵩焘诗文集[M].长沙:岳麓书社,1984:118.

礼宠异,则秩禄异,则冠履异,则衣带异,则环佩异,则车马异,则妻妾异,则泽厚异,则宫室异,则床席异,则器皿异,则饮食异,则祭祀异,则死丧异。"此时,器物不仅仅是使用的各种产品,更是身份和地位的象征。三国魏晋时期是中国大动荡、大调整时期,不同区域的文化再次交流与融合,重构了原有的中华文化。唐朝是中华文化繁荣发展时期,不同地区、不同民族的文化经过合作和交融,形成了盛唐气象。宋朝时期,在原有文化自身基础上,中华文化实现了大众化的发展,形成了高度繁荣发展的民俗文化。经过元朝的调整与融合,到了明清时期,传统文化达到了鼎盛时期,形成了多元融合的文化形态。

作为文化的"物化"载体,器物也能够很好地展示文化的发展历程。秦汉时期,在继承先秦青铜、玉器、陶器和铁器等基础上,中华民族探索出了更具特色的造物体系;到了唐朝时期,在原有造物基础上,人们生产出更具特色的陶器产品,与此同时,金银器等贵金属也逐步承载了更多的社会象征意义;到了宋朝时期,瓷器成为中华器物体系的重要象征,彰显了多样化的文明体系。随着造物技艺的发展与成熟,中国也构筑了自身完整的造物体系,并赋予器物多样化的教化功能。在此历程中,人们通过创造多样且富有文化特色的器物造型、纹饰以及材质,从多个方面体现了器物的价值和意义。明清时期,在中西文化交流与激荡的历史时期,人们通过多样化的器物样式,不断强化和重塑器物自身的教化体系。尽管在不同历史时期具有不同材质的代表性器物,但器物蕴含的文化意味及其承载的教化功能没有发生改变,只是在不同的时期具有不同的特点。

一、同文共轨与秦汉器物德育教化风格

多元文化的交流与融合是中华文化的一个重要特征。秦朝是我国第一个中央集权的多民族国家,尽管其王朝存在时间比较短,但通过全国性的专制统治,秦朝建立了多元、标准和规模化的器物体系,形成了"车同轨,书同文,行同伦"的文化体系并反映在器物层面,在中华民族历史上第一次构筑了统一的器物体系,赋予了器物独特的社会教化功能。从偏居陇东到建立全国性的政权,强大的造物能力是秦朝迅速发展的重要基础。根据考古实物与文献资料,铜、铁铸造业,制陶业与纺织业是秦朝的三大产业,奠定了秦朝造物体系。不同于先秦时期的造物体系,秦朝具有自身典型特征。其一,大规模分工协作的生产体系是这一时期最具代表性的特征。标准化、协作化与体系化的生产模式是秦朝最具创新性的贡献,在这个生产体系中,不同个体只有按照一定工序进行分工协作,才能发挥这个体系的最大作用,也才能保证整个体系的运转。从秦朝开始形成的器物模式影响到整个中国社会的发展,著名的长城、秦兵马俑等都是代表。这种大规模的生产模式也在潜移默化中影响到了先民的生活方式与文化习惯。其二,多元器物文化的融合是秦朝器物文化的典型特征。在器物制造体系构筑过程中,通过全国性的政权,秦朝很好地融合了全国各地不同文化的器物特征,形成了初期中华文化的特征。以秦朝器物的纹饰为例,鹿、蟾蜍、燕子等多次出现在器物装饰之中,承载了吉祥的文化内涵和文化意义。

　　器物承载了社会文化功能的转变。先秦时期,由于社会制度和不同地域的差别,中华文化呈现出多样化的特征。秦朝统一全国以后,将各地优秀的文化集中起来,成就了丰富、多元的器物文化。器物承载文化功能主要通过器物的材质、数量和规格来体现。秦朝建立以后,随着统一性的全国政权的建立,规整、多元成为秦代器物承载的社会功能。能够展示这一文化特色的是秦代的建筑、陶俑以及铁器等。秦朝建立以后,承袭周朝匠籍体系,实施官匠制度,进行大规模的手工生产。为了彰显统一国家的威望和影响力,在原有城池基础上继续营造国都,是秦朝的一个重要目标和任务。每当秦攻下一个城市以后,就会模仿这个地方的城市建筑风格并在咸阳进行营造,形成了多元融合的城市文化。兵马俑也是秦朝造物体系的杰出代表。兵马俑的制作与生产体现了中国高度分工协作的生产体系的完善和成熟。规模大、数量多是秦代兵马俑的典型风格,在这些器物制作中,需要不同工种进行分工协作,这一方面显示了器物制造技艺的成熟,另一方面也意味着国家权力的主导,彰显了统一集权的国家意识。

　　秦朝开创了多元融合的多民族统一国家,也开创了大一统国家体制的雏形。尽管秦朝存在时间比较短,但从各方面进行了社会治理的尝试,反映在器物制造和功能上面,也意味着器物承载的社会功能的转换。汉代建立以后,在秦的基础上继续发展和进步。器物制造在社会发展中扮演了越来越重要的角色。汉代高度发达的手工业、农业、建筑业和商业都昭示了器物的发展与繁荣。在手工业方面,有丝织业、漆器业、金属冶炼业、造纸业和制陶业等;在建筑和日常生活方面,包括城市建筑、房屋营造、舟车制造等。多样化完备的器物体系赋予了器物独特的文化内涵和象征意义。汉代丝织业高度发达,其产地集中在河南、山东和四川等地,从麻布到丝绸的变化,意味着造物技艺的提升和民众对高质量生活方式的追求。丝绸上的纹饰通常为各类吉祥的植物纹和鸟兽纹,也会书写"云昌万藏宜于子孙""延年益寿"等文字。丝织品的纹饰印证了随着社会发展繁荣以及人口增加,先秦以"礼"为主导的社会规范逐步向以吉祥文化为象征的大众化方向的转变。

漆器是西汉时期最具代表性的手工艺品,是社会上层最受欢迎的器物产品。漆器在先秦时期除了作为实用器物,最重要的功能是作为礼器。到了汉朝,随着造物技艺的成熟,漆器主要作为日用品,包括食具、盥洗具、化妆盒、娱乐用品等。在装饰风格上,各种反映日常生活的场景明显增多,也昭示了漆器向实用性的转变,体现了多种信仰理念和美学思想的综合。汉代漆器工艺复杂,有"一杯用百人之力"的说法,一件漆器往往需要素工、上工、髹工、画工、黄涂工等不同工种的通力协作完成。"建武廿八年,蜀郡西工,造乘舆夹纻、量二升二合羹。素工回,髹工吴,漆工文,泪工廷,造工忠,护工卒史旱,长氾、丞庚、掾翕,令史茂主。"从上述文献可以看出,漆器制作工艺极为复杂,在当时属于奢侈品。

铁器也是汉朝时期的重要器物产品。尽管早在春秋战国时期,铁器已经开始出现并使用,但限于冶铁业技术,铁器并没有大规模普及和推广。到了西汉时期,随着冶铁技术的进步,铁器广泛运用于生产之中。当时的汉朝政府严格控制制铁工艺,主要用于用具和兵器的生产和制作。正是铁器制作技术的成熟,助推汉朝农业发展和国家实力强盛。根据考古发掘,我们也能看出汉代铁器风格,在造型上具有对称、简洁、实用等特点,在日常生活中,也多具有象征意义,其中最具代表意义的是"铁券"制度。"汉高祖平定天下后,敕封功臣,上者王,次者侯。十二年又大封功臣,申以丹书之信,重以白马之盟。行铁券,其内镂字,以金涂之。"①尽管在汉高祖刘邦时期铁器被赋予了独特的象征功能,但在汉朝,铁器主要作为实用器出现,以质朴的造型展示其功能。青铜器制作和生产也继续存在,但由于饮食器被漆器和陶器取代,兵器被铁器所取代,青铜主要用于制作钱币和铜镜等,不同于先秦时期礼器等社会功能,此时其更多体现贵金属的功能。

---

① 王佐.新增格古要论[M].杭州:浙江人民美术出版社,2011:333.

汉朝陶器制作承续秦朝工艺,并继续进步和发展,最具代表性的特征是各种釉陶的制作。在西汉时期,人们就在陶器胎体上施釉,实现了制陶技术的进步和提升。在众多陶器产品中,除了各类日用产品和建筑产品外,还有大量的随葬明器品。汉朝时期,由于形神分离的生死观的影响,在墓葬中有大量与人在世使用的器物类似的产品。也正因为如此,汉代出现了包括谷仓、灶台、房屋、水井、磨盘、狗等各种各样在现实生活中出现的陶器产品。各类陶器承载了人们生前的美好愿望和价值理念。

造纸术也是汉代的重要器物发明,对推进人类文明进步也做出了突出贡献。汉代之前,书写材料主要是简、帛,但这两种材料有其自身的不足。东汉时期的蔡伦在前人基础上,发明了既便宜又携带方便的纸张,推进了文化由精英向大众的迅速发展。尽管在两汉时期,纸张在中国并没有大规模地推广和使用,但在以后的社会发展中展现出了非常重要的意义和贡献。

从汉代发端的丝绸之路,在中国器物文明体系构建中有着重要的意义,也对中国器物体系的重构和先民生活方式产生了积极影响。丝绸之路是连接东西贸易和文化交往的纽带,丝绸、茶叶、玻璃等是这条贸易路上的重要商品,也是保证贸易繁荣和互通的重要原因。西汉建立以后,通过政治、经济和文化等一系列举措,促使汉朝国力增强,为丝绸之路的开辟提供了强大的物力、财力和人力支持。尤为重要的是,西汉初年,对商业的重视促使区域性商业贸易日益繁荣。《史记》记载:"汉兴,海内为一,开关梁,弛山泽之禁,是以富商大贾周流天下,交易之物,莫不通,得其所欲,而徙豪杰诸侯强族于京师。"丝绸之路发端于汉武帝时期张骞出使西域,但在此之前,国与国之间小规模、间断性的贸易一直存在,不过这种贸易模式并不具有任何影响力,还处于自发、起步阶段。但通过张骞的官方行为,西汉全面了解西域各国的情况,为后面的全方位沟通奠定了基础。与此同时,汉武帝在对匈奴的主动性战争中取得的胜利,也保证了商业贸易的和平环境。张骞通西域后,西域各国纷纷派使臣到长安来访,形成了繁盛的局面。《汉书·西域传下》记载:"自是之后,明珠、文甲、通犀、翠羽之珍盈于后宫,蒲梢、龙文、鱼目、汗血之马充于黄门。钜象、师(狮)子、猛犬、大雀之群食于外囿。殊方异物,四面而至。于是广开上林,穿昆明池,营千门万户之宫,立神明通天之台,兴造甲乙之帐,落以随珠和璧,天子负黼依,袭翠被,冯玉几,而处其中。"

丝绸之路的开通密切了汉王朝和周边国家、地区的联系,也推动周边国家和地区的繁荣。丝绸之路为中亚地区的发展提供了契机,大宛、康居、大夏等都因处于这条商贸路上而得以迅速繁荣。丝绸之路这一欧亚大陆庞大的交通体系,通过器物贸易联系了中西之间的往来。在这个贸易体系中,汉朝具有重要的枢纽作用,当时的都城西安和洛阳汇聚了来自欧亚许多国家和地区的物产,成为国际性的商业中心。在这个最具影响力的商贸路线上,丝绸是最受欢迎的商品。诚然,许多商品都在各条商贸路线上出现,并实现了器物交换、使用的互补,但任何商品的影响力均无法同中国丝绸相媲美,也无法取代丝绸的地位。在古罗马的诸多文献中,都有关于中国丝绸的记录和传说。"人们在那里遇到的第一批人为赛里斯人,这一民族以他们森林里所产的羊毛而名震遐迩。他们向树木喷水而冲刷下树叶上的白色绒毛,然后再由他们的妻室来完成纺织和织布这两道工序。由于在遥远的地区有人完成了如此复杂的劳动,罗马的贵妇人们才能够穿上透明的衣衫而出现在大庭广众之中。"①欧洲对中国的认识最初是从丝绸开始的,正是因为中国丝绸的影响力,罗马各界对中国丝绸狂热喜爱,甚至认为丝绸展比罗马斗兽场更精彩。欧洲社会上层也以拥有中国丝绸的衣服作为身份象征和荣耀。"罗马帝国将宝石、毛纺织品、石棉和琉璃运往中国。……然而所有这些物品当中,没有任何一种就其价值来看可以和丝绸相匹敌。……历史上有若干时期,当丝绸抵达目的地时,其价值要用等量的黄金来衡量,这是毫不夸张的说法。"②正是因为丝绸在贸易中的重要地位,在很多时候、很多场合,丝绸甚至扮演了货币的角色,成为各方交易的硬通货。

在丝绸贸易和文化交流中,官方处于垄断地位。两汉政权通过贸易、和亲等形式,牢牢控制着商业贸易,也正因为如此,才成就了西安和洛阳的繁荣景象。《盐铁论·力耕》记载:"汝、汉之金,纤微之贡,所以诱外国而钓胡、羌之宝也。夫中国一端之缦,得匈奴累金之物,而损敌国之用。是以骡驴馲驼,衔尾入塞,驿駼騵马,尽为我畜,羸貂狐貉,采旄文罽,充于内府,而璧玉珊瑚琉璃,咸为国之宝。是则外国之物内流,而利不外泄也。异物内流则国用饶,利不外泄则民用给矣。"从汉朝开始形成的丝绸之路将中西紧密地联系在一起,这是人类文

---

① 戈岱司.希腊拉丁作家远东古文献辑录[M].耿昇,译.北京:中华书局,1987:10.

② 德克·卜德.中国物品传入西方考证[M]//中外关系史学会.中外关系史译丛:第1辑.上海:上海译文出版社,1984:213.

明大范围跨区域交往的最早、最成功的代表。统一、强大的汉王朝通过引领性的造物体系，将代表当时世界上最先进造物技艺的丝绸、铁器等商品出口到中亚和欧洲等国家和地区，促进了这些地区的社会进步和经济发展。与此同时，汉王朝从这些地区进口各种其他的物质，实现了经济和文化上的互通有无。一方面，中国先进的造物文化对这些国家产生了积极、深刻的影响；另一方面，汉王朝也吸收借鉴了周边地区的先进文化，实现在器物基础上的文明交融。"胡风"盛行就是代表性的例子。《后汉书·五行一》记载："灵帝好胡服、胡帐、胡床、胡坐、胡饭、胡空侯（箜篌）、胡笛、胡舞，京都贵戚皆竞为之。"胡文化在当时非常盛行，皇帝个人爱好更是助推了胡文化的流行。在这种流行风尚中，来自西域文化的方便、新奇是主要因素。以胡床和胡服为例，就能反映其与汉文化的不同。在中国传统礼仪中，通常会跪坐或盘腿坐，如果将腿伸开，就意味着不敬和不礼貌。从常识来看，长期保持这种坐姿会给人带来不适。胡床因为比较高，人坐在上面腿会自然下垂，比较舒服。正因为如此，这种新式器物的引入也改变了人的生活方式，调整了新的道德体系。胡服的流行也是如此。服饰具有"外束其形，内总其德"的作用，通过服饰彰显礼仪规范是服饰的一个重要功能。在官方穿戴衣服上，祭服上的花纹有日、月、星辰、山、龙、华虫、藻、火、粉、米、黼、黻等十二种。不同的花纹有各自的象征意义。在纹饰使用上，只有皇帝能够使用全部纹饰，诸侯用山、龙以下的九种，九卿则用华虫以下的七种等，这种严格的要求对人的行为是一种束缚。就日常生活中男子装束而言，儒者需要戴进贤冠，武者要戴武冠，并有明确的服饰规定。此外，以右为尊也是传统汉族服饰礼仪习俗。这套复杂完备的服饰要求体现了传统礼仪的要求，但其要求和程序比较烦琐，在日常生活中也不便利。相比较而言，胡服穿着随意、舒服，更符合个人的爱好。也正因为如此，在上层社会的推动下，胡服更进一步成为社会的时尚。以丝绸之路为纽带的中西贸易为中国带来了新的器物样式，也带动了先民生活方式的调整和改变，在衣食住行等方面产生了影响。

二、衣冠中华与唐代器物德育教化风格

东汉统一王朝灭亡后，中国大一统的国家政权模式瓦解，再次进入了大动乱和大调整时期，在器物上体现为器物造物体系和社会象征体系的传承和嬗变。三国时期，凉州之乱对丝绸之路造成了破坏，曾经繁荣的中外贸易一度陷入了衰落期，很长时间内都没有恢复到原有的水平。但与此同时，这在一定程度上也加速了新的器物样式和文化交流。在北方地区,随着少数民族的大量内迁,各种不同的造物理念和生活方式被引入到中原地区,加速了融合与发展的历程。在南方,尽管政权被汉族人控制,但各少数民族的造物技艺也加速融合汉文化,实现了器物造型和装饰的杂糅,体现为生活方式、社会文化和经济贸易等多维度的交流互通。尽管这一时期的对外贸易并不如稳定的两汉时期,但对外贸易并没有彻底的终止,来自波斯、阿拉伯地区的金器、银器等奢侈品经过周转传入中国,对这一时期的器物生产带来影响,也重构了器物的社会功能。三国两晋南北朝时期,也为各类宗教的繁盛带来了机会。"南朝四百八十寺,多少楼台烟雨中"贴切地描述了佛教兴盛对社会的影响,佛教的盛行也影响到各类新式佛教器物的出现。江苏和浙江的许多地区墓葬先后出土了贴有佛像的香薰、碗、盘,以及各类体现佛教信仰的莲花碗、莲花尊、塔形罐等产品。此外,正是因为社会的动荡给人们带来了及时行乐的思想,魏晋时期,各种反映和体现道教思想的器物产品开始出现,也带来了道教的繁盛和发展。

　　唐朝,是中国传统社会的强盛时期。相对较长、较稳定的统治秩序,也留给了唐朝君主统治者不断调整的时间。唐高宗即位以后,就十分重视服饰等相关方面的问题,长孙无忌上奏专门提出了皇帝祭祀的相关内容:"皇帝祭社稷绣冕,四旒,衣三章。祭日月服玄冕,三旒,衣无章。谨按令文,是四品五品之服,此则三公亚献,皆服衮衣,孤卿助祭,服毳及鷩,斯乃乘舆章数,同于大夫,君少臣多,殊为不同。据《周礼》云:'祀昊天上帝则服大裘而冕,五帝亦如之。享先王则衮冕,享先公则鷩冕,祀四望山川则毳冕,祭社稷五祀则絺冕,诸小祀则玄冕。'……但名位不同,礼亦异数,天子以十二为节,义为法天,岂有四旒三章,翻为御服?若诸臣助祭,冕与王同,便是贵贱不分,君臣不别。如其降王一等,则王著玄冕之时,群臣次服爵弁,既屈天子,又贬公卿。周礼此文,久不施用。是故汉魏以降,想承旧事,皆服衮冕。今新礼亲祭日月,乃服五品之服,唯临事施行,极不稳便。"经过了汉魏的调整时期,到了唐朝时期,不断通过车马和服饰等外在的器物,彰显皇权的独尊性和唯一性的举措愈加明显。这种例子在《唐书》和《旧唐书》中比比皆是。器物所承载的社会规则以及所彰显的社会正当性首先通过政治秩序来稳定,进而推广到一定的社会阶层。唐武则天时期,也是首先通过改变作为身份和地位象征的器物开始:"垂拱四年正月,武则天立崇先庙,并指使人'请立崇先庙为七室,其皇室太庙,减为五室'。"但这一举动,遭到了李唐大臣的警觉和反对,认为这种做法有违礼仪,不利于社稷和江山的稳固。"天子七庙,诸侯五庙,盖百王不易之义,万代常行之法。未有越礼违古而擅裁注者也。今周悰别因浮议,广述异文,直崇临朝权仪,不依国家常度,升崇先之庙而七,降国家之庙而五。"①具体的权力之争转换到礼仪方面,落脚于器物上。上述例子再次说明了器物在中国传统社会秩序构建中举足轻重的地位和作用。

器物制造技艺以及各类实用性的器物产品开始出现,体现了世俗化生活方式在唐朝对造物理念的影响。东汉时期已经出现了原始瓷器,到了南北朝时期,瓷器制作技术进一步发展,尤其是中国南方的制瓷技艺突飞猛进,生产出碗、盘、壶、瓶、盒等各类器型的瓷器产品,瓷器也逐步成为社会生活中重要的产品类别。但由于瓷器烧造技艺尚未成熟,这一时期的瓷器产品多以宗教器物和明器为主。尤为重要的是,尽管这一社会相对的调整和动乱时期,出现了各类反映时代面貌的器物产品,但正是由于造物技艺的进步和时代的发展,社会发展逐步由神圣向世俗转变,各种原本具有神圣性的器物产品也逐渐失去了自身的象征意义和价值。如前述的青铜器、玉器,不再具有神圣性和政治性,而是更多地向装饰性和生活性转变。

唐朝是中国传统社会最繁盛、最强大的朝代之一,这体现在开放包容的文化、强大繁盛的社会经济以及辽阔的国土面积等各个方面。通过陆上和海上贸易,唐朝将自身的文化影响力传播到世界上许多国家和地区,并对亚洲的日本和朝鲜半岛产生了深刻的影响。唐朝长安是当时著名的国际大都市,来自世界各地的民族、文化和器物汇聚到这里,折射了繁盛的帝国形象。在中外文化交流中,各类器物是重要的对象,中国器物生产开始呈现出多元融合的趋势。"唐代统一我国广大疆域,团结边疆诸兄弟民族,沟通中外文化交流,形成一个繁荣昌盛的时代,它熔铸南北,渗用古今,糅合中外,创造了灿烂的盛唐工艺文化。"②表明唐代时出现了大量包括金属制品、丝织品、宗教器物、世俗器物以及各类宝石等的外来器物。玉器一直在中国文化中扮演着重要角色,唐高宗在祭祀中就使用玉质器物,《新唐书》记载:"玉策三枚,皆以金编,每牒长一尺二寸,广一寸二分,厚三分。刻玉填金为字。又以玉匮一,以藏正座玉策。"在政治生活中,朝廷只允许三品以上的官员使用玉带。"天子以玉,诸侯王、公卿、将相之

①　刘昫.旧唐书[M].北京:中华书局,1987:787.
②　田自秉.中国工艺美术史[M].上海:知识出版社,1985:225.

带,二品以上许用玉带。"①但随着玉器信仰的发展,玉器也在社会上层中作为装饰品出现。玉质生活器物的使用也提升了玉器产品的使用,各类小型玉器挂件,也推动了玉器产品向日常化转变。金玉结合也是这一时期器物的重要特点,实现了两种珍贵材质的融合。水晶、孔雀石、玛瑙、象牙、玻璃、砗磲、珊瑚、珍珠、琥珀等名贵产品也是周边国家和地区销往中国的代表,在唐朝诗歌中也出现了多个赞美名贵产品的诗句,如李白的《白胡桃》写道:"红罗袖里分明见,白玉盘中看却无。疑是老僧休念诵,腕前推下水晶珠。"玻璃很早就在中国出现,因其洁白无瑕受到当时社会各界的重视。珍珠也是唐朝社会各界珍惜的财富,既可以药用,又可以作为财富和社会地位的象征。在《本草纲目》中,记述了从海上丝绸之路带来的珍珠,珍珠往往作为圣洁的象征。各类贵金属制品也是唐朝中外交流的器物产品。在贵金属装饰中,来自波斯等地的工艺和装饰风格也被融入唐朝器物制作之中。唐朝时期,佛教依旧非常兴盛,来自印度的僧人把各类器物带到中国,包括各类雕塑佛像和纸质佛像。此外,各类世俗性的器物,包括刀剑、铠甲等也成为中外文化交流的重要器物产品。正是中外文化的交流与融合,才促使了唐朝器物种类和材质达到了前所未有的高度。

在中外文化交流和造物体系中,丝绸、瓷器和茶叶等开始在唐朝时期成为中国代表性的器物品类。丝织品依旧是中国最具代表性的器物产品,包括绢、绫、罗、纱、亚麻布和毛织品等,这些产品通过对外贸易传播到世界各国。生活方式的转变也对唐朝器物生产产生了极其重要的影响。从两汉时期开始,在西域生活方式的影响下,以汉族为主体的中原王朝生活方式开始发生转变,家具从传统席地而坐的低矮家具向垂足坐的高体家具转变。例如,唐朝的家具主要有坐卧类的器物,包括床榻、椅子、凳、桌、案、几等;分割空间和储物类的家具,包括屏风、箱子、柜子和衣架等。这些随着新的生活方式而出现的各类家具,也改变了后期中国器物的制作和生产,开始向高、大的方向发展。另外,随着陶瓷烧造技艺的发展,唐代瓷器的生产数量和种类进一步提升,涉及茶具、餐具、日用具、酒具、乐具等各类产品,体现了陶瓷制作技术的成熟和发展。此外,随着瓷器烧造技术的成熟,这类器物产品也被进贡到皇室,意味着瓷器开始展现社会上层审美需求,法门寺考古出土的各类秘色瓷器是实物例证。"河南府贡瓷

---

① 杨伯达.古玉史论[M].北京:紫禁城出版社,1998:10.

器十五事""瓷秘色碗七口,内二口银棱,瓷秘色盘子、叠子宫六枚"等文献也佐证了瓷器从社会大众的日用消费向社会上层消费的转变。各类陶俑也成为陶瓷器物的重要代表,造型多样、反映对外文化交流的陶瓷雕塑成了陶瓷的重要种类之一。在各类器物生产达到繁盛的重要时期,对器物蕴含的社会教化功能论述也成为社会各界关注的问题。欧阳詹在《陶器铭》中就称赞陶器的特色:"黜污易抔,圣人制器。易简作程,利用为贵。稽诸往载,陶实攸兴。裁因掬壤,成假焚蒸。不腠不丹,不雕不刻。自结金坚,天然冰色。财无害产,功匪殚力。量尽洪纤,用穷幽仄。物有千金相异,我取不费为利。物有积功相崇,我取不劳为工。物有患汤忌火,我取往无不可。物有剽杀焚躯,我取怀藏不虞。心存目税,奢寻彼至。室满堂盈,侈莫我生,省庸周用,所贱谓何。贾害勤人,所贵者那。可贵不贵,物失其类。失类曰昏,虽隆必坠。可贱不贱,物得其选。得选曰明,虽幽必见。上惟五帝,下泊三王。实有以兴,亦有以亡。蚩蚩百工,孰若我陶。"器以利用,道以从简是陶瓷产品的重要特色,也展示了器物的实用功能的社会价值和意义。

　　繁盛的唐朝对日本和朝鲜半岛的文化产生了重要影响,也构筑了以中国为核心的器物文化圈。中日文化交流和器物贸易历史悠久,早在秦汉时期,日本便派出使者到中国来。据《汉书·地理志》记载:"乐浪海中有倭人,分为百余国,以岁时来献见云。"魏晋南北朝时期,日本逐步密切了与中国之间的商业贸易和文化交流。前期的交流主要表现为中国人将丝绸技术传入日本。隋唐时期,随着海上交通的发展,日本派遣使者到中国越来越频繁。隋朝时期,日本就派出使者到中国。《隋书·炀帝纪》记载:"大业四年三月壬戌,百济、倭、赤土、加罗舍国,并遣使贡方物。"唐朝时期,国力强盛,日本多次派出遣唐使到中国学习先进文化并进行商业贸易。在遣唐使中,除了大使、副官、判官和录事外,还有不同职业和不同身份的人员。"在遣唐使的人员中,还有知乘船事、造舶都匠、译语、主神、医师、阴阳师、画师、史生、射生、船师、音乐长、新罗译语、奄美译语、卜部、杂使、音声生、玉声、锻声、细工生、船匠、柂师、傔人、挟抄、水手长、水手等人。"①遣唐使不仅学习中国先进的文化,还与中国进行了密切的商业贸易。根据成书于平安时代的日本文献《新猿乐记》记载,当时中国输出到日本的

---

① 木宫泰彦.日中文化交流史[M].胡锡年,译.北京:商务印书馆,1980:76.

商品品种多种多样，一应俱全，包括"沉香、麝香、衣比、丁子、甘松、薰陆、青木、龙脑、鸡舍、白檀、苏芳、陶砂、红雪、紫雪、金益丹、银益丹、紫金膏、巴豆、雄黄、可梨勒、槟榔子、铜黄、绿青、燕紫、空青、丹朱砂、胡粉、豹虎皮、藤、茶碗、笼子、犀牛角、水牛如意、玛瑙带、琉璃壶、绫锦罗、吴竹、甘竹、吹玉"。唐朝时期，中国与朝鲜半岛的新罗、高丽和百济关系密切，中国器物产品也对朝鲜半岛文明发展进程起到了重要作用。唐朝输入到朝鲜半岛的物品主要有各类金银器、纺织品等。尽管上述物品多在宫廷或者上层社会使用，但也引领了其文化消费时尚。此外，陶瓷等器物作为中国代表和象征的产品也传入朝鲜半岛，推动了该地区生产水平和制陶技术的迅速提高。中国的诗歌在朝鲜半岛非常受欢迎，许多新罗使臣也能进行诗歌创作，他们把中国的诗歌文化带到了朝鲜半岛，推动了其文学的繁荣。辉煌灿烂的唐朝文化对日本、新罗等国的文化发展做出了重要贡献。唐朝开放包容、大气恢宏的文化造就了当时世界上最为发达的中华文明。唐代诗歌、书法、绘画等都取得了巨大成就，在对外交流中，也具有不可替代的作用。许多画师到中国来学习绘画技艺，日本绘画风格深受唐代影响，奈良寺庙绘画艺术完全模仿当时唐代寺庙绘画的风格。新罗画师在学习借鉴唐代书法和绘画风格的基础上，形成了自身的艺术风格。日本遣唐使和留学生非常热爱中国的诗歌，广泛与中国诗人进行交流，并把中国的诗歌带到日本，杜甫等唐代著名诗人在日本具有重要影响力。时至今日，日本许多人依旧喜欢中国的诗歌文化。唐代建筑也对日本和新罗产生了重要影响，这一时期日本的建筑风格基本上是模仿唐朝长安的建筑，新罗都城建造也深受长安的影响。

中国在将器物传播到世界各国的同时，也吸收学习借鉴其他各国先进的造物文化，重构自身的器物文化。总体而言，唐朝开放包容的文化对中国造物体系再次进行了重构，具体表现在以下几个方面：第一，构筑了广博的造物理念和造物体系。在吸收借鉴了来自周边少数民族的造物理念后，唐朝的器物更加大众化、平民化，尤其是吸收借鉴了各种金银器造型并将其运用到瓷器制作之中，加速了器物造型的转变。唐朝繁盛时期对外贸易的国家和地区约有七十个，有足够多可以吸收和借鉴的器物样式。第二，通过海上贸易密切了与日本、新罗等国家和地区的联系，在传播中国器物文化影响力的情况下，也从这些国家和地区学习到了先进的造物理念和造物技术。第三，造物体系从神圣向世俗的转变。从整体来看，人类造物就是从神圣象征到世俗不断转变的过程，对于中国来说亦是如此。但唐朝开放多元的文化助推了这一过程,传递了器物的人本主义趋势。

三、理学影响下的宋代器物德育教化风格

不同于隋唐强盛开放的文化特质与造物理念,宋代采取了保守内敛的政治策略,致力于礼制秩序的重建,并力图恢复三代的教化文明和典章制度,这体现在内政和外交两个方面。在内政方面,宋代重视文官和道德重构;在对外方面,宋代讲求防御策略,主要以和平模式来解决争端和冲突。也正因为如此,主导宋代的理学思想也影响到宋代的器物制作。北宋理学家程颐、程颢提出了"天理"观,认为"父子君臣,天下之定理",更多侧重精神的观念。南宋理学大家在继承前人学说的基础上,从理气关系的角度来理解理与物的关系。朱熹在《答黄道夫》中写道:"天地之间,有理有气。理也者,形而上之道也,生物之本气也;气也者,形而上之器也,生物之具也。是以人物之生,必禀此理,然后有性;必禀此气,然后有形。其性其形,虽不外乎一身,然其道器之间,分际甚明,不可乱也。"重理轻器、理在器先的观念也对宋代器物造物技艺产生了深刻影响。宋代在器物制造和使用上,在承继隋唐造物理念的基础上,加入了理学审美理念,形成了含蓄优雅、清新质朴的器物风格。这也就意味着,在器物器型方面讲究曲直有度、比例匀称的和谐美,在颜色装饰方面,讲求单色的淡雅和极致,展现了文人审美的精致和优雅。田自秉从工艺美学的视角,指出了宋代器物的风格:"宋代的工艺美术,具有典雅、平易的艺术风格。不论陶瓷、漆器、金工、家具等,都以朴质的造型取胜,很少有繁缛的装饰,使人感到一种清淡之美。"[①]平实、含蓄、实用是宋代器物的典型特征,以瓷器的生产和制作为代表。

瓷器高超的制作技艺和象征性的器物风格是宋代器物的典型特征。宋代陶瓷生产技艺高超,瓷窑遍布全国各地,南北方各有自己的风格,意味着中国造物体系的转变,开辟了器物美学的新境界。"钧瓷的海棠红、玫瑰紫,灿如晚霞,变化如行云流水的窑变色釉;汝窑汁水莹润如堆脂的质感;景德镇青白瓷的色质如玉;龙泉青瓷翠绿晶润的梅子青更是青瓷釉色之美的极致。"[②]从宋朝开始,瓷器不仅改变了普通民众的生活方式,也在唐朝基础上成为上层社会的重要器物类别。其中最具代表性的是瓷质礼器的出现和使用。《古今图书集成》

---

① 田自秉.中国工艺美术史[M].上海:知识出版社,1985:257.
② 中国硅酸盐学会.中国陶瓷史[M].北京:文物出版社,1982:229.

记载:"郊之祭也,器用陶匏,以象天地之性,樿用白木,以素为质,今郊祀簠簋尊豆皆非陶,又有龙杓,未合于礼意。请圜丘方泽正配位所设簠簋尊豆改用陶器,仍以樿为杓。"北宋时期,在皇帝祭祀中,陶瓷器就逐步取代青铜成为祭祀的器物,以符合古礼。南宋时期,在社会稍微安定以后,就开始了恢复修订礼仪的事宜,仍然主张使用陶瓷礼器。《宋会要辑稿》记载:"十四年七月八日上谕宰执曰,国之大礼,器用宜称,如郊坛须用陶器,宗庙之器,亦当用古制度。"此后也经过多次讨论,才确定陶瓷作为礼器的重要组成部分。根据记述,礼器局负责各类瓷器的设计和生产。同样证实瓷器在上层社会中扮演越来越重要作用的还有瓷器的管理部门的成立。瓷器烧造技艺的成熟,意味着能够烧制出不同类型的瓷器产品。在造型方面,瓷器种类繁多,有碗、盘、碟、洗、砚滴、盏、托、瓶、壶、罐、尊、钵、盆、盒、香炉、腰鼓、熏、陶瓷雕塑等。不同种类的器物又根据造型的不同分为不同的类型,以瓷瓶为例,又分为梅瓶、玉壶春瓶、卷口瓶、花口瓶、洗口瓶、瓜棱瓶、多管瓶、双耳瓶、琮式瓶、葫芦瓶、橄榄瓶等。正是因为生产技艺的成熟,才推进了瓷器在宋代器物中的重要地位。就瓷器的釉色来说,宋朝以单色釉为主,景德镇的青白瓷,定窑和磁州窑的白瓷,耀州窑的黑釉、青釉和白釉,龙泉窑的青瓷等以单一釉色为主的瓷器展示了宋朝的审美特征。同样能够体现宋代器物功能和审美转向的是各类吉祥类装饰的大量出现。"宋瓷的纹饰题材极其丰富,花卉是主要装饰内容之一,龙、凤、鹤、麒麟、鹿、兔、游鱼、鸳鸯、鸭、花鸟、婴戏、山水纹也是常见的题材;回纹、卷枝、卷叶、曲带、云头、莲瓣、钱纹多用于器物的间饰和边饰。"①瓷器作为最具代表性的器物产品,展示了宋代社会的生活方式和价值理念。宋朝,由精英文化向世俗文化转变,随着科技的发展,许多原本精英层面消费的文化也开始进入到普通民众消费之中。以知识传播为例,随着造纸术和印刷术的成熟,知识得以进一步普及和推广。宋朝不再实行宵禁,放开夜市,北宋都城开封的繁盛局面就是例证。也正因为如此,宋朝器物产品对中国吉祥寓意符号的运用达到了历史鼎盛时期,既体现了浓厚的生活气息,又传递了人们对美好生活的追求与向往。

　　辽、金、西夏等区域的陶瓷器物生产既能反映他们受到宋朝瓷器制作技艺

---

① 中国硅酸盐学会.中国陶瓷史[M].北京:文物出版社,1982:301.

的影响，又有体现了其自身生活方式和民族信仰的特征。辽代陶瓷除了具有中原形式的陶瓷产品外，还有自身民族特色的器型，比如长颈瓶、凤首瓶、穿带壶、鸡冠壶、鸡腿瓶、注壶、三角形碟以及方碟等，在釉色和装饰方面，辽代陶瓷以三彩釉和白釉黑花为主，纹饰也以牡丹、莲花、菊花和卷草等常见喜庆的纹饰为主。不同于辽代陶瓷具有自身民族文化特色的一面，金代陶瓷更多体现了对中原文化的继承。金代迁都燕京以后，通过对原有瓷窑生产的恢复和发展，满足日常生活需要，恢复生产的瓷窑包括定窑、观台窑、耀州窑、萧窑等。尽管在制作工艺和器物类别上，金代陶瓷多承袭宋代，但在装饰风格也体现出了简洁化的趋势，纹饰多以折枝、缠枝和萱草纹为主，装饰技法有刻花、划花、印花、剔花和加彩等。西夏也开展陶瓷业、造纸印刷以及金属制造等。西夏陶瓷生产在学习中原的基础上，也结合自身的民族特色生产器物产品，最具代表性的是仿皮囊的陶瓷扁壶。这种具备功能性的器物产品也装饰了西夏风格的牡丹纹以及仿制皮囊的堆刺纹。

宋代器物生产还具有的一个明显特征，那就是对夏商周三代青铜礼器的模仿。宋朝政府和士大夫高度重视儒家伦理思想，认为礼制是维系君臣、父子、上下、贵贱等级制度的关键，试图恢复三代的礼制。而物质形式的礼器在宋朝社会中扮演了非常重要的角色。"夫礼，辨贵贱，序亲疏，裁群物，制庶事。非名不着，非器不形。名以命之，器以别之。"司马光认为器物的形制和礼仪同等重要，合乎礼制器型的制作和生产非常重要。也正因为如此，宋朝自从建立之初，就试图仿烧各类礼器。宋徽宗时期以《宣和博古图》《考古图》为蓝本，仿烧了大量的青铜器的产品。与此同时，由于陶瓷生产技术的提升，这一时期也出现了各类陶瓷产品。两宋时期，无论是汝窑还是越窑等主要为皇室生产瓷器的窑厂，都大量生产了尊、鼎、觚、琮式瓶等礼器功能的器物。

瓷器成为宋代器物的重要代表和象征，也推动了中国器物体系的整体性象征意义的嬗变。除了瓷器体系的快速发展以外，宋代器物还包括金银器、漆器以及各类金石文玩等。如前所述，礼器制作是宋代器物的重要代表，朝廷甚至专门成立了礼器制作的礼器局。"今之太常所用祭器、雅乐，悉绍兴十六年礼器局新造。祭器用《博古图》，乐器用大晟府制度。大晟乐用徽宗指三节为三寸，崇宁四年所铸景钟是也。绍兴之制，则用皇祐二年制造大乐中黍尺，景钟高九尺,垂则为钟,仰则为鼎;鼎之大,中容九斛,中声所极,退藏则八斛有一焉。"①宋朝时期,以文人消费为代表的精英文化以及大众化的生活消费,都对器物生产产生了影响。对古器物的收藏是宋代社会各界的爱好。"虞夏而降,制器尚象,著焉后世。繇汉武帝汾睢得宝鼎,因更其年元。而宣帝又于扶风亦得鼎,款识曰:'王命尸臣,官此栒邑别本并作物色。'及后和帝时,窦宪勒燕然还,有南单于者遗宪仲山甫古鼎,有铭,而宪遂上之。凡此数者,咸见诸史记所彰灼者。殆魏晋六朝隋唐,亦数数言获古鼎器。梁刘之遴好古爱奇,在荆州聚古器数十百种,又献古器四种于东宫,皆金错字,然在上者初不大以为事。独国朝来,浸乃珍重。"②

宋朝海外贸易的进一步扩展,为中外器物文化融合提供了更为广阔的机会。尽管宋朝在与辽、金和西夏等的交往中,在军事方面处于劣势,但宋朝引领的造物技艺依旧使其在对外贸易中处于领先地位。为了更好地加强贸易联系,宋朝在边境地区设立榷场,同辽、金和西夏等进行贸易往来,增加了政府的财政收入。宋辽之间贸易,宋朝输出的主要商品包括香药、犀象、茶、缯帛、漆器、杭糯、书籍等;宋夏之间的商品贸易,宋朝输出的包括缯帛、罗绮、香药、瓷漆器等;宋金之间贸易,宋朝输出的主要商品有茶、象牙、犀角、乳香、檀香、米、牛、绢、丝、麻、虔布、陈皮等。如前所述,虽然宋朝军事实力不如周边民族,但在生产技艺和造物能力方面却远远处于领先地位。两宋王朝先后在胶州、泉州、明州、广州、漳州、福州等地进行海外贸易,扩大了器物的影响力。根据《诸蕃志》记述,同宋朝保持贸易往来的国家有五十多个,涵盖东北亚的日本和朝鲜半岛,包括东南亚、西亚和东非等的许多国家和地区。不同于唐朝由政府主导的贸易模式,宋朝民间贸易发达,与许多国家和地区保持贸易往来。"(开宝)四年,置市舶司于广州。后又于杭、明州置司。凡大食、古逻、阇婆、占城、勃泥、麻逸、三佛齐诸蕃并通贸易。以金银、缗钱、铅锡、杂色帛、瓷器、市香药、犀象、珊瑚、琥珀、珠琲、镔铁、鼊皮、玳瑁、玛瑙、砗磲、水精、蕃布、乌樠、苏木等物。太宗时,置榷署于京师。诏诸蕃香药宝货至广州、交阯(趾)、两浙、泉州、非出官库者,无得私相贸易。其后乃诏自今惟珠贝、玳瑁、犀象、镔铁、鼊皮、珊瑚、玛瑙、乳香禁榷

---

① 林欢.宋代古器物学笔记材料辑录[M].上海:上海人民出版社,2013:170.
② 林欢.宋代古器物学笔记材料辑录[M].上海:上海人民出版社,2013:55.

外,他药官市之余,听市于民。"①在对外贸易的过程中,以瓷器、丝绸和茶叶为代表的中国器物传递了中国的造物理念和价值体系。

海上运输的发达,为瓷器的大量运输也提供了便利条件。成书于南宋的《诸蕃志》记述了与中国进行瓷器贸易的国家和地区有十五个之多,且多是东南亚和西亚的地区和国家。除此之外,还有日本和朝鲜这些长期与中国从事贸易的地区,因此可以推算的是,在实际交易中,绝对不止这些数量的国家和地区。正是因为瓷器贸易,改变了东南亚和西南亚许多国家和地区的生活方式,也建构了中国的形象。"中国的白瓷、青瓷如同天启般降临西南亚地区,尤其是因为那里原先只知道实用陶,而且通常无釉。而这些外地来的美丽器皿,却带有宝石般的神奇质地。"②日本商人在宋朝初年就进口中国的青瓷和青白瓷,而宋瓷的低调内敛也正符合这一时期日本在私人空间的器物需求,极大推进了中国陶瓷在日本影响力。茶叶也是宋朝贸易的重要商品,形成了以中国为主导的茶文化的盛行。宋朝时期,由于散茶饮茶方式的盛行,茶文化在中国的流行也影响到了周边国家和地区。日本在这一时期也深受中国茶文化的影响。宋朝初年,日本便开始从中国进口瓷器。考古发掘显示,日本九州岛至今仍有中国龙泉青瓷、福建白瓷和景德镇青白瓷的残片。上述冷色系的瓷器正好与9世纪禅宗文化兴起相匹配。日本茶文化也深受禅宗文化影响,传递了枯寂萧索的灵气美。这在茶具方面体现为,重视器物的粗糙纹理和各类体现自然印迹的标志,这些标志表达了日本人对中国田园生活的崇拜和尊崇。③ 朝鲜半岛也深受中国茶文化的影响,饮茶之风盛行,"迩来颇喜欢茶,益治茶具,金花乌盏、翡色小瓯、银炉、汤鼎,皆窃仿效中国"。同样,以丝绸为代表的中国产品,也继续传播着中华器物文化的影响力,并形成和建构了中国的器物文化体系。考古发现的大量宋朝海外贸易沉船也证实了当时以中国为核心的世界贸易体系的发达和繁荣。以"南海1号"沉船为例,通过考古发掘出土了大量的金器、银器、锡器、铁器、漆器、铜钱以及瓷器,尤其以瓷器为代表。当时中国各大窑口,包括江西景德镇、浙江龙泉、福建德化等瓷区的产品均在沉船上发现,这也表明了宋代繁盛的商

---

① 脱脱,等.宋史·食货志下八·互市舶法:卷一八六[M].北京:中华书局,1977:4558 - 4559.

② 芬雷.青花瓷的故事:中国瓷的时代[M].郑明萱,译.海口:海南出版社,2015:169.

③ 芬雷.青花瓷的故事:中国瓷的时代[M].郑明萱,译.海口:海南出版社,2015:218.

业贸易和流通。宋朝发达的海外贸易保持了宋朝继续领先的海外影响力,许多国家和地区以拥有中国器物作为身份的象征。

四、多元并存的元代器物德育教化风格

元代是中国造物体系的特殊时期,尽管元朝统治时间不足百年,但其强大的军事实力带来了更为便捷的文化交流。此外,不同于宋朝以儒家文化为主导的社会,元朝君主非常重视商业贸易,也尊崇商人地位,并为商人提供各种便利。也正因为如此,元朝统治者不理会儒者的社会观,而是基于商业利益保持对外交往。正是基于这一理念,元朝高度重视手工业的生产,工匠在元朝的地位非常高,其造物技艺和造物体系也非常发达。也正因为如此,元代器物文化既有别于唐代的多元开放,又不同于宋代内敛精致,而是在融合中国传统造物风格和异域文化的基础上,彰显了蒙元文化的特色。尽管在继承中华原有造物体系的基础上,元代器物种类和材质也呈现出多样化的特色,但就代表性的器物而论,元朝最具代表性的器物产品是瓷器、丝织、漆器和金属等。

瓷器是元朝最具代表性的产品,尤其是青花瓷和枢府瓷。同宋朝相比,尽管整个元朝的制瓷技艺并没有大的提升,但以青花瓷为代表的器物产品开始在全球范围内形成影响,重塑了中国的审美理念。青花瓷是在白色瓷器上绘制青花纹饰的瓷器,它的出现是中国瓷器生产划时代的标志。尽管从彩瓷装饰来看,原始陶器就已经出现了各种装饰的纹样,唐三彩更是以黄、绿、白等三种釉料融合扩展了瓷器的装饰空间,但相比较而言,没有任何一种中国器物产品能像青花瓷一样,在全球产生极强的影响力。关于元代青花瓷的出现和生产,有多重说法。其中最为流行的是,元朝建立以后,为了商业贸易,从中东进口苏麻离青料,在景德镇进行生产和加工,并出口到中东的许多国家和地区。目前土耳其托普卡博物馆和伊朗阿德比尔神庙博物馆所藏青花瓷可以证明。这两个博物馆是目前收藏元青花瓷器最多的博物馆,也是收藏元青花最为精美的博物馆。目前学术界的研究表明,元青花存量非常少,不会超过三百件。从装饰风格来看,元青花瓷器最具有代表性的器型为大瓶、大罐、大碗,这也与伊斯兰装饰风格有相似之处。就装饰纹样来看,主要有动物纹样、植物纹样以及各种八宝装饰特色等,这也符合伊斯兰地区的生活风格。除了青花瓷以外,元朝代表性的瓷器产品还有枢府瓷。由于景德镇瓷器烧造能力的领先,元朝政府专门在景德镇设立浮梁瓷局,负责瓷器生产。在其烧造中,也体现了元朝官方烧造的

最高技艺。据《景德镇陶录》记述:"枢府窑,元之进御器,民所供造者,有命则陶。土必细白埴腻,质尚薄,式多小足印花,亦有锾金五色花者。其大足器则莹素,又有高足碗,薄唇,弄弦等碟,马蹄盏,要角盂各式,器内皆作'枢府'字号。当时民亦仿造,然所贡者,俱千中选一,百中选一,终非民器所逮。"上述内容也证实了枢府瓷的特殊地位。能够证明其地位的还有其他记述。如《至正笔记》记载:"饶州御土,其色白如粉垩,每岁差官监造器皿以贡,谓之御土窑。烧罢即封土,不敢私也。或有贡余土,做盘、盂、碗、碟、壶、注、杯、盏之类,白而莹色可爱,底色未有油药处,犹如白粉,甚雅。"除了青花瓷和枢府瓷以外,在瓷器生产上,元朝还有釉里红瓷器、青瓷等各类釉色产品。在装饰题材上,常见的各类吉祥题材有蕉叶、海水、菊花、云纹、龙凤纹、灵芝、仙草、八仙、如意以及人物故事等。此外,各类吉祥文字装饰也用于瓷器底款之中,如"长命百岁""金玉满堂""福如东海"等体现中国吉祥文化特色的字样。

漆器也是元朝重要的器物产品,并在元朝达到了新的高度。中国是漆器的发明国,在汉代漆器的繁盛基础上,宋代达到了鼎盛。元朝漆器继承了宋朝漆器造物精致和实用两个层面的发展。就精致而言,元朝漆器在多元文化影响下,呈现出了多种文化的融合。就漆器造型而论,元朝漆器沿袭了宋朝风格,主要有圆形、棱形、八方盘等。装饰纹样方面也多采取中国传统的吉祥纹饰,包括花鸟纹、人物纹和折枝花卉纹等。据《辍耕录》记述,元代丝织品的纹饰主要有紫大花、紫白花龙、瑞草、八花晕、银钩晕、倒挂牡丹、重莲、方棋、仙纹等。就瓷器装饰技法而论,元代瓷器以雕漆为主,体现了元代高超的制漆技艺。

元代丝织业也非常发达。据《元史》记载,专门管理元代宫廷丝织业的部门为织染杂造人匠都总管府,下设各种染织部门,负责具体的丝织品生产。棉纺织业在元朝时期也迅速发展,通过以黄道婆为代表的技术改进,促进了元代棉纺织业的发展。"闽广多种木棉,纺绩为布,名曰吉贝。松江府东去五十里许曰乌泥泾,其地土田贫瘠,民食不给,因谋树艺以资生业,遂觅种于彼。……国初时有一姬名黄道婆者,自崖州来,乃教以做造杆弹纺织之具。"棉纺织业的发展,也促进了元朝生活方式的提升和改变。金属器物制作也在元代得到发展,各类金银器主要有日用器皿,比如碗、盏、杯、盘、壶、盒等;各种工艺品包括首饰、铜镜等。

在宋朝繁盛对外贸易的基础上,元朝依托自身强大的军事实力开启了对外贸易新局面。在原有贸易基础上,元朝政府鼓励对外商业贸易,其贸易收入是政府收入的重要来源之一。根据《元史·食货志》记述,元朝对外贸易港口主要有泉州、广州、温州、杭州、宁波、上海和澉浦等,贸易范围从东北亚到欧洲,海陆交通均非常发达。马可·波罗曾记述了泉州繁盛的贸易场景:"其地有船舶甚众,运载种种商货往来印度及其他外国,因是此城愈增价值。有一大川自此行在城流至海港而入海,由是船舶往来,随意载货,此川流所过之地有城市不少。"①在贸易模式上,元朝根据不同物品特征采取不同的运输方式,如丝绸和宝石等经常采用陆路运输,而陶瓷、茶叶等多采用海路运输。"丝绸之路连接欧亚大陆上所有的地区,而穿越撒哈拉沙漠的商路将西亚带入东半球更大的经济体中。印度洋上的海上航线对东南亚、印度、阿拉伯半岛和东非的港口都适用,而且也能通过南中国海进入中国、日本、朝鲜以及东南亚盛产香料的岛屿上的港口。这样,陆路和海路联结起来几乎可以触及东半球的每一个角落。"②依据元人陈大震撰写的《大德南海志》残卷,与元朝进行贸易往来和交流的国家和地区多达一百四十七个。从进出口货物类型来看,中国进口的主要是满足生活的各类原产品,而出口的主要为加工后的各种产品,彰显了中国巨大的造物能力和造物技艺。同宋朝商品贸易相比,元朝的瓷器贸易在整个贸易体系中占有重要的角色和地位。随着贸易范围的进一步扩大,元朝瓷器影响力更为彰显。在东南亚和北非的许多地区,居民原来都使用木器和其他产品,但全球性的贸易让这些地区迅速纳入了快速发展的行列。元朝对外贸易范围进一步扩大,影响力也加速提升。此外,作为中国器物文化的代表和象征,瓷器在对外贸易和文化交流中的地位和作用进一步凸显。瓷器的文化意义超过了其自身产品所承载的价值——拥有中国瓷器就意味着声望、社会地位,瓷器产生了巨大的象征力。这恰恰是这种文化商品的巨大意义和价值。到了元朝时期,伊斯兰世界的强大和繁荣,推动了瓷器产品的更新和发展。元朝瓷器贸易的迅速发展推动了许多国家和地区生活方式的改变。在中国瓷器出口到东南亚这些地区之后,许多地区生产方式得以改变。"世界上许多国家和地区在我国陶瓷输入之前,'饮食不用器皿',多用植物叶子作为食器。《诸蕃志》登流眉(今马来半岛洛坤附

---

① 沙海昂.马可波罗行纪[M].冯承钧,译.上海:上海古籍出版社,2014:301.

② 本特利,齐格勒,斯特里兹.新全球史[M].魏凤莲,张颖,白玉广,译.北京:北京大学出版社,2009:599.

近)条载:'饮食以撰叶为碗,不施匙筯,掬而食之。'苏吉丹(今印度尼西亚爪哇岛)条载:'饮食不用器皿,缄树叶以从事,食已则弃之。'……波斯国(今伊朗)也只有其国王饮食才'盛以瓷器'(这种瓷器也可能是我国进口的)。自从我国陶瓷器输入亚非国家和地区以后,为这些国家和地区的人民提供了精良、卫生而实用的器皿,受到当地人民的热烈欢迎,人们争相购买,并使当地人民日常生活用器有了很大改善。"①

正是由于中国青花瓷器的独特魅力及其在全世界范围的巨大影响力,西亚、南亚的陶匠开始模仿和复制中国青花瓷,从中国青花瓷纹饰中汲取灵感。在此过程中,西亚的流行文化和中国瓷器造物智慧完美融合,形成了新的样式和文化的代表。尽管由于相关数据记载的原因,在元朝贸易过程中,以瓷器为代表的中国产品对外输出的准确数量还难以考量。但毋庸置疑的是,其产生了巨大的作用和影响力。以海底沉船为例,新安沉船是1976年在朝鲜海域发现的元代贸易船只。打捞出来的器物包括青铜器、银器、铁器、陶瓷器、胡椒、铜钱等。陶瓷共有一万九千多件,其中青瓷有九千六百三十九件,白瓷四千八百一十三件,黑瓷三百七十一件,杂釉瓷一千七百八十九件,白浊釉瓷一百八十件。元朝时期,商业贸易发达,欧洲旅行家马可·波罗也记述了中国高度发达的造物体系:"外国巨价异物及百物之输入此城者,世界诸城无能与比。盖个人各自携物而至,或以献君主,或以献宫廷,或以供此广大之城市,或以献众多之男爵骑尉,或以供屯驻附近之大军。百物输入之众,有如川流之不息。仅丝一项,每日入城者计有千车。用此丝制作不少金锦绸缎,及其他数种物品。附近之地无有亚麻质良于丝者,固有若干地域出产棉麻,然其数不足,而其价不及丝之多而贱,且亚麻及棉之质亦不如丝也。"②阿拉伯著名旅行家伊本·白图泰的《旅途各国奇风异俗珍闻记》也盛赞中国的造物技艺:"中国人是最伟大的民族,他们的工业品以其精致、细巧而驰名于世。人们在谈及中国时,无不赞叹不已。"在论述中,他专门提到中国瓷器对中东国家和地区的影响:"(伊斯法罕)有一间极漂亮的浴室,大理石铺地,中国花瓷砖贴墙,一直修到甬道里。"在巴格达的清真寺里,也是用中国的瓷砖装饰:"寺里露天礼拜场用雪花石铺就,墙上都贴着中

---

① 叶文程.宋元时期我国陶瓷器的对外贸易[J].中国社会经济史研究,1984(2):46-52.

② 沙海昂.马可波罗行纪[M].冯承钧,译.上海:上海古籍出版社,2014:193.

国产的花瓷砖。"①领先全球的造物技艺和强大的国家实力,让元朝器物在更广泛的层面产生了影响力,也更进一步传递了中华文化。

第三节 中国传统器物德育教育体系的成熟期

明清两代是中国传统造物体系的成熟时期,无论是材质、造型和纹饰等都形成了定型和成熟的器物样态。从器物制作和用器来看,这一时期既有满足宫廷需要的皇家器物,也有满足民间生活的各类器物产品。在高度发达的手工业造物体系的带动下,无论是官方还是民间的器物设计和生产都体现了高度分工协作的生产模式。器物所承载的教化功能和象征意义也在原来的基础上具有了新的内涵,具体外化为器物的世俗化教化体系的扩展和延伸,表现出多样化和复杂化的一面,对器物教化体系的重视也随着权力影响力不断下沉,器物教化体系也逐步深入到社会基层,产生了更广泛的影响。

一、明代器物体系与器物德育教化功能

(一)明代器物体系

明朝是中国传统社会的繁盛时期,正因为如此,其造物能力也在原来基础上发展和进步,具体表现在材质、造型、纹饰和工艺等方面。在材质方面,这时期的器物包括陶瓷、棉纺织和丝织、金属、漆器、木质家具、玉质和木质雕刻等。在造型方面,瓷器造型丰富多样,包括碗、盘、碟、杯、壶、盅、盏、渣斗、尊、瓠、炉、洗等;金属器物主要有鼎和炉等;家具主要包括椅凳类,有官帽椅、灯挂椅、圈椅、方凳、条凳、鼓墩等;几案类有炕几、茶几、香几、书案、平头案、翘头案、架几案、琴桌、供桌、方桌、八仙桌、月牙桌等;橱柜类有门户橱、书橱、书柜、衣柜、百宝箱等;床榻类有架子床、木榻等;台架类有灯台、花台、镜台、衣架、面架、承足等;屏座类有插屏、围屏、炉座、瓶座等;雕刻类产品玉雕和竹雕等;玉雕有簪、珠、坠、环等各类配饰以及花插、杯、碗、瓶、壶、洗等;竹雕也有壶、香薰等产品。在纹饰方面,明朝在原有中国传统纹饰基础上,装饰纹样更加丰富多样,包括各种植物纹饰、人物纹饰、动物纹饰以及多变的纹饰组合等。

---

① 李光斌.论伊本·白图泰和他的《旅途各国奇风异俗珍闻记》[J].海交史研究,2003(1):26.

瓷器是明朝最具代表性的器物种类,在明朝器物体系中有着举足轻重的地位。明洪武三年(1370)就规定祭器中使用瓷器,"今拟凡祭器皆用瓷,其式皆仿古簠簋登豆"①。《大明会典》也有记载:"嘉靖九年,定四郊各陵瓷器,圜丘青色,方丘黄色,日坛赤色,月坛白色。……计各坛陈设:太羹碗一,和羹碗二,毛血盘三,著尊一,牺尊一,山罍、代簠、簋、笾、豆、瓷盘二十八,饮福瓷爵一,酒盅四十,附余各一。"也正是由于皇帝的支持,瓷器在明朝迅速流行和传播。明朝初期提出的节俭路径,也直接推动了专门为皇家生产瓷器的御窑厂的设立。御窑厂的设立,推动了瓷器生产的繁荣与发展。就瓷器类别来说,这一时期有青花瓷、彩瓷和单色釉等。明代前期宫廷祭器仍然是尊、罍、盘、罐、瓶等一类和古代礼器相近的器型。随着御窑烧造能力的提升,到了永乐、宣德时期,又出现了新的器型,比如双耳扁瓶、双耳折方瓶、天球瓶等。随着制瓷技术的进步,到了嘉靖、隆庆时期,又烧造出了方斗碗、方形罐和多层盒等瓷器。万历时期,宫廷烧造的瓷器种类更是丰富多样,有碗、靶碗、碟、杯、盅、靶杯、劝杯、盏、卤壶、执壶、酒盅、罐、坛、靶盅、酒盏、酒碟、果碟、菜碟、盖碟、渣斗、醋注、醋滴、缸、瓶、盒、果盒、钵、葫芦瓶、膳碗、磬口茶瓯、壶、酒海等四十多种。文房、陈设和赏玩器等多种类型的瓷器,包括毛管、笔盒、砚、笔架、香炉、牡丹瓶、方罐、双云龙莲瓣、蟋蟀罐等。从器物纹饰来看,这一时期装饰风格多种多样,尤其是青花纹饰在器物纹饰中居于主导地位。以万历五年关于纹饰记述为例,包括青花白地双云龙朵朵云团龙菱花宝相花喜相逢翟鸡松竹梅人物故事器皿、青花白地外双云荷花龙凤缠枝西番莲宝相花里云团龙贯套八吉祥龙边姜(江)芽海水如意云边香草曲水梅花碗、青花白地外穿花云龙鸾凤缠枝宝相花松竹梅里朵朵四季花回回样结带如意松竹梅边竹叶灵芝盘、青花白地外穿花鸾凤花果翎毛寿带花满地娇草兽荷叶龙里八宝苍龙宝相花捧真言字龙凤人物故事碟、青花白地外双云龙贯套海石榴狮子滚绣球里穿云龙如意边香草红九龙青海水五彩鸂鶒荷花遍地真言字盅、青花白地外穿花龙凤八仙庆寿回回缠枝宝相花里团云龙荷花鱼江芩子花捧真言字瓯、青花白地云龙长春花翎毛仕女娃娃灵芝捧八吉祥里葡萄朵朵四季花真言字寿带花盏、青花白地双云龙缠枝宝相花醋滴九种。② 从陶瓷器物款识来看,从永乐朝开始,御窑瓷器开始使用皇帝年号作为底款,包括印款和写

---

① 张廷玉.明史[M].北京:中华书局,1974:1237.
② 王光尧.明代宫廷陶瓷史[M].北京:紫禁城出版社,2010:92.

款两种形式。到了后期,写款成为瓷器款识的主要风格。

　　繁盛的官窑生产推动了民窑的进步,以景德镇为代表的民窑窑口在模仿借鉴官窑的基础上,形成了多样化的造型体系,在全球范围内具有一定的影响力。明代瓷器的装饰手法多样,有刻花、描花、堆花、玲珑、彩绘等,但随着彩绘的发展,图案绘制成为明朝最主要的装饰手法。明代瓷器彩绘以图案为主,图案纹样有植物纹、动物纹、回纹、云纹、八宝等。明代瓷器的图案通常以一种或几种混合,并结合辅助图案形成完整的图案。在明朝初期的瓷器产品中,比较常见的纹饰有牡丹、菊、莲花、灵芝、花果、牵牛花等主题纹饰,并配以缠枝莲、蕉叶等辅助纹饰。① 民窑也随着御窑技术体系的完善进一步发展。明朝初年,景德镇民窑产品以青花瓷为主,胎质也不太精细,纹饰也简练,多是以云纹、卷草纹、菊花、缠枝纹等表达对和平、吉祥的追求。明朝中期,由于景德镇民窑许多陶工在官窑从事徭役劳动,也推动了民窑瓷器的繁盛,常见的日用器皿有碗、瓶、罐、鼎、炉、盘、碟等。从装饰风格看,受官窑的影响,民窑装饰也出现精细繁密的器皿,常见的有缠枝牡丹、缠枝莲花、折枝花果、芙蓉、桃花等。此外,明朝中期受到文人绘画和风俗画的影响,民窑瓷器创作中也出现了表现文人生活和文人追求的瓷器风格,画风呈现出多样性风格。明朝末年,由于海外贸易盛行和官窑民窑并行的瓷器制度,景德镇陶瓷生产进入繁盛时期。从生产体系来看,景德镇民窑也形成了高度分工协作的手工生产体系。"共计一坯之力,过手七十二,方可成器。"这种分工协作让景德镇瓷业在全球竞争中处于领先地位。随着制瓷业分工协作程度的提升,景德镇瓷器生产能力大幅提升,形成了不同层次的瓷器生产企业。《景德镇陶录》记载:"官古器:此镇窑之最精者,统曰官古,式样不一,始于明。选诸质料,精美细润,一如厂官器,可充官用,故亦称官。今之官古,有混水青者,淡描青者,有兼仿古名窑釉者,若疑为宋之汴杭官窑,则误。假官古器:始于明,亦非仿宋汴杭官窑,乃镇瓷之貌为精细,而假充官古式者。质料不及官古器,花式则同。有专造此种户,所谓充官古也。上古器:始于明,镇窑之次精者,统称上古。质料工作颇佳。其曰古者,以时尚古器,非仿宋代器式。或曰精细似过于景德窑。中古器:明以来镇窑,统曰中古,精而又次之器也。质料不及上古,故云中,其称古,意则同前。"正是高度分工协作的生产体系

---

① 中国硅酸盐学会.中国陶瓷史[M].北京:文物出版社,1982:405.

和领先的制瓷技艺让民窑突破了官窑风格的束缚,人们从当时的文人画、木刻版画中汲取创作智慧,瓷器中出现了各类动物、山水、人物等形象,让民窑具有更旺盛的生命力。除此之外,在陶瓷釉色方面,明朝有红绿彩、金彩、青花紫彩、青花红彩、红花绿彩、红地青花、青花地百花、蓝釉白花、酱釉百花、白釉红彩、黄釉五彩、黄釉紫彩、黄釉绿彩、绿釉黄彩以及影青釉、冬青釉等。①

明朝时期,景德镇成为瓷器生产的最核心区域,也成就了其在全球瓷业生产中的引领地位。但除了景德镇外,浙江龙泉窑、福建德化窑和江苏宜兴都在瓷业生产中具有自身地位和引领力。从宋朝开始,龙泉青瓷就极负盛名,经过元代到明朝一直处于衰退状态。明朝龙泉窑沿袭原有状态,但器物胎粗釉薄、足底厚重,釉色浑浊灰暗,其器物产品主要是各类日用品和陈设瓷,装饰风格有人物图案和吉祥纹饰,还配有各种文字,比如"福如东海""长命百岁""金玉满堂"等。福建德化窑以白瓷为代表,从明代开始,白瓷成为德化窑代表性的瓷器种类。"德化窑,惟以烧造瓷仙精巧人物玩器,不适实用。"德化白瓷以陶瓷雕塑而知名,比如达摩的庄严,观音的温柔,寿星、达摩的诙谐。江苏宜兴紫砂生产发端于宋代,到了明朝时期开始盛行。由于散茶饮茶风尚的流行,紫砂壶成为泡茶的最优品。"茶壶以砂者为上,盖既不夺香又无熟汤气。供春最贵,第形不雅,亦无差小者。"②除了上述瓷器代表性产区以外,由于青花瓷在全球范围内的流行,生产青花瓷的窑场还有云南玉溪窑、江西乐平窑和吉安窑、广东揭阳窑等。因为云南有青花钴料的原因,此处也制作生产仿制景德镇青花瓷的产品;江西乐平因为距离景德镇比较近,也生产仿制各种瓷器产品,器型主要有碗、盘、碟、盅等,图案有人物、奔马、八卦、菊花、缠枝花卉等,也会在碗底书写"长命富贵"等吉祥纹饰;广东揭阳的青花瓷器主要以碗、碟、杯、瓶、壶为主,也是用来做出口产品。③

明代染织业、金属制造业、漆器生产和家具制作等也进一步发展。明朝染织业包括丝织业、棉麻和毛织、顾绣等。明朝丝织业发达,著名产地有浙江杭州、绍兴、严州、金华、衢州、台州、温州、宁波、湖州和嘉兴,福建的福州、泉州以及江苏镇江、苏州、宁国、广德等。"其货自四方来者,大田之生布,浙江之湖丝、

---

① 方李莉.中国陶瓷史[M].济南:齐鲁书社,2013:625.

② 文震亨.长物志[M].上海:商务印书馆,1936:85.

③ 中国硅酸盐学会.中国陶瓷史[M].北京:文物出版社,1982:397-398.

绫绸,湖广之罗田布,嘉兴西塘布,苏州青、芜湖青、连青、红绿布,松江大梭布、湖广孝感布、临江布、信阳布、定陶布、福青生布、安海生布、吉阳布、粗麻布、书坊生布、漆布、葛布、金溪生布、布被面、各色丝布、杭绢、锦绸、彭刘缎、衢绢、福绢。"①棉麻和毛织的重要种类有标布、扣布、稀布、蕃布、丁娘子布、尤墩布、衲布、云布、锦布、斜纹布和紫花布等。金属工艺依旧是金银铜锡制品为主,其中最具代表性的是宣德炉和景泰蓝。明朝家具工艺进一步发展,体现出了材料美和意匠美,具有简洁利落的器物风格。此外,明代雕刻工艺发达,代表性器物有玉雕、石雕、牙雕、竹雕、木雕、核雕、匏雕等。

(二)明代器物贸易和中外器物文化交流

明朝建立以后,中华民族依托自身繁盛的国家实力和强大的造物体系,继续在世界范围内彰显自身的影响力。1405 年,明永乐皇帝第一次派出以郑和为首的船队出海,开启了以国家力量主导的海外贸易。在前后七次的对外贸易中,郑和船队先后达到了东南亚、西亚和非洲七十多个国家和地区,传播了中华优秀器物文化。"和经事三朝,先后七奉使,所历占城、爪哇、真腊、旧港、暹罗、古里、满剌加、渤泥、苏门答剌(腊)、阿鲁、柯枝、大葛兰、小葛兰、西洋琐里、琐里、加异勒、阿拨把丹、南巫里、甘把里、锡兰山、喃渤利、彭亨、急兰丹、忽鲁谟斯、比剌、溜山、孙剌、木骨都束、麻林、剌撒、祖法儿、沙里湾泥、竹步、榜葛剌、天方、黎伐、那孤儿,凡三十余国。"②在众多贸易产品中,瓷器是最具代表性的产品,也对这些国家和地区生活方式产生了深刻的影响。明朝的《瀛涯胜览》《星槎胜览》《西洋番国志》等有许多关于瓷器贸易的记述,也反映了中国瓷器在海外受欢迎程度。"(占城)所喜者中国青磁盘碗等器,及纻丝、绫绢、硝子珠等物。""(爪哇国)国人最喜青花磁器并麝香、花绣、纻丝、硝子珠等货。""(祖法儿国)皆以乳香、血竭、芦荟、没药、安息香、苏合油、木别子之类来易纻丝、磁器等物。""(暹罗国)货用青白花磁器、印花布、色绢、色缎、金银铜铁、水银、烧珠、雨伞之属。""(满剌加国)货用青白磁器、五色烧珠、色绢、金银之属。""(锡兰山国)货用金钱、铜钱、青花白磁器、色缎、色绢之属。"除了瓷器、丝绸等广受欢迎的产品,郑和还带了各式各样的器物产品,如"铁钉铁锅、斧子锄头、黄铜脸盆、青铜饰品、铅块锌锭、朱砂硝石、漆器家具、床具铺用、扇子雨伞、绣花丝绸、地

---

① 田自秉.中国工艺美术史[M].上海:知识出版社,1985:212 – 213.
② 张廷玉.明史[M].北京:中华书局,1974:7768.

毯、挂毡、针线、服装、染料、玻璃珠、纸张、油墨、蜡烛、腌梅子、荔枝、葡萄干、白糖、干大黄、鸡鸭、面粉、腌肉、姜渍以及橙、梨、桃等各式水果蜜饯"①。以瓷器为代表的中国器物对东南亚许多国家和地区的文化和生活方式产生了重要影响。在菲律宾、爪哇和苏门答腊等地,来自中国的瓷器首先取代了这些地区的陶器成为重要的生活用品,也成为个人社会权势的象征。"苏门答腊北部的巴塔克族使用明朝瓷罐贮存药物和魔药。婆罗洲人相信青瓷盘会揭示食物是否有毒,以及瓷罐可提升罐内药物的疗效。位于婆罗洲之东的苏拉威西岛民将青瓷片投入水中,认为瓷片有净水之效。婆罗洲的伊班族人用瓷罐收集灵魂以供身体健康所需,他们的仪式专家将龙坛碎砾研磨成粉制药。汀族认为萨满祭司以瓷杯饮用米酒,恶灵就会从生病或被附身的孩子身上离去。爪哇和苏拉威西的女性把新生儿连胎盘一起放在瓷碟上;产妇分娩后九天举行洗沐仪式,从一只中国罐中取水净身。……婆罗洲人相信,严重病症需涂抹以中国罐盛装的油;而且这些容器的力量如此强大,单单是把它们放在长屋门口就可驱病赶鬼,使妖魔不敢越雷池一步。"②同样,来自中国的瓷器迅速在非洲产生了重要的影响力,社会上层把瓷器作为身份的象征。"富有商贾和王室贵人出资建造公共建筑,诸如墓地、清真寺与宫殿,除了以复杂的珊瑚雕饰,并镶嵌中国瓷和受中国影响的西南亚陶。……瓷板在逝者坟头击碎,以瓷为祭,放在洞口献于监护某处潟湖或海岸的神灵。礼拜者用瓷器装饰清真寺拱顶以及朝向麦加的壁龛;穆斯林以中国和西南亚青花装点位于今日肯亚拉姆群岛之帕泰岛的一座圆顶大墓门面。"③

在扩展对非洲和东南亚对外器物影响力的基础上,中国依旧保持着与东北亚日本、朝鲜等国的器物文化交流。明朝建立初期,明太祖朱元璋采取严苛的海禁政策,到了永乐年间,中日之间的正常往来和商业贸易才逐步恢复,并到宣德年间实现常态化。在中日器物贸易中,瓷器、丝绸等中国代表性的器物产品深受日本各界的欢迎。"(来自中国的)几千万纯色的或带刺绣的天鹅绒、纯色的琥珀织、缎子、薄罗纱以及此外各种各样的布料,每年都可销售一空,不分男

---

① 芬雷.青花瓷的故事:中国瓷的时代[M].郑明萱,译.海口:海南出版社,2015:251.
② 芬雷.青花瓷的故事:中国瓷的时代[M].郑明萱,译.海口:海南出版社,2015:263.
③ 芬雷.青花瓷的故事:中国瓷的时代[M].郑明萱,译.海口:海南出版社,2015:267 – 268.

女,都穿着各种各样带色彩的衣服,无论是少女,还是未婚姑娘,即使五十岁以上的妇人亦如此。"①同样,在日本相关史料记载中,丝绸也出现了同样受欢迎的情况:"唐船之刊莫过于生丝,唐丝在日本每斤价约五贯文,在西国备前、备中等地一驮价值十贯文的铜,于唐土明州、六州购回生丝出卖则可得四十至五十贯左右。一椑重十两价值三十贯文的银子,购回唐丝出卖则可得一百二十至一百五十贯文左右。"②除了丝绸之外,瓷器也深受日本的欢迎,"如饶之磁器,湖之丝绵,漳之丝绢,松之棉布,尤为彼国所重"③。此外,来自明朝的书籍、字画也深受日本人的喜爱。《筹海图编》中记述了日本人喜爱的中国器物产品,包括丝、丝绵、布、绵绸、锦绣、红线、水银、针、铁鍊、铁锅、瓷器、古钱、古名画、古字画、古书、药材、毡毹、马背毡、脂粉、小食萝、漆器、醋等物。在所有器物产品中,从明朝输入的稀有书籍、优秀的古画、珍贵的纺织品以及精巧的家具等物,直接或间接促进了日本学术和美术工艺的发展,丰富了贵族社会文化生活的内容。朝鲜也一直保持着与中国的器物贸易和文化交流,朝鲜使臣也记述了中国高度发达的商业文明。1533 年,朝鲜使臣苏巡记述了明朝都城北京的繁华富庶景象:"城门万仞,楼阁数层。所视珍怪,魂翻眼倒,不知其为何物也。道路两边亦甚广远,厦屋栉比,朱门粉墙,光照白日,炫夺人目。况宫阙之壮,公府之大,巍巍荡荡,亦难形状。都人士女彩服鲜华,仪容端凝,尤见其中华气象矣。"④

　　中国高度发达的造物技艺以及欧洲大航海时代的到来,开启了中西之间的器物往来,也在欧洲形成了长达二百余年的"中国风",展示了前工业文明时代中国领先的文明影响力和在全球的地位。葡萄牙东印度公司是最早与东方进行贸易往来的代表,从 1515 年登陆中国后,葡萄牙首先掌控了对华的大部分贸易。"中国是世界上最富饶的国家。中国人对我们十分友好。这个国家盛产各种白色蚕丝,每坎塔罗价值 30 克鲁扎多;16 匹一捆的优质锦缎,每匹价值 500里亚尔;缎子和花缎以及每盎司售价半达卡或不足半达卡的麝香。各色各样的珍珠特别多,还有各种帽子。因此,将这些货物从中国运到这里,可获利 30

① 范金民.明清时期中国对日丝绸贸易[J].中国社会经济史研究,1992(1):29.
② 范金民.明清时期中国对日丝绸贸易[J].中国社会经济史研究,1992(1):34.
③ 范金民.明清时期中国对日丝绸贸易[J].中国社会经济史研究,1992(1):29.
④ 杨昕."朝天录"中的明代中国形象研究[D].北京:中央民族大学,2009:54.

倍。"①这从葡萄牙国王菲利普二世所拥有的中国瓷器数量足以证明。在他去世的时候,已经拥有全欧洲最多的中国瓷器,数量达三千件,多数为各类餐具。到了 17 世纪,荷兰取代葡萄牙成为欧洲最强大的帝国,并与中国进行了系统性的商业贸易和器物文化交流。在出口的欧洲的器物产品中,丝绸、瓷器、茶叶、家具等仍是受欢迎的产品。荷兰是较早大规模与中国进行贸易的国家,荷兰也因此取得了巨大的利润,这从瓷器贸易量也能发现一二。"1610 年,荷兰商舶'Roode Leeuw met Pijlen'号商舶到达广州,运载了瓷器一万件。1614 年,'Gelder land'号商舶又运载了七万件瓷器。"②在中西贸易过程中,由于文化和生活方式的差异,荷兰商人开始将欧洲器皿的造型介绍到中国,订制适合欧洲生活方式的商品。"在 1635 年,荷兰商人第一次把欧洲市民们在日常生活中所使用的宽边午餐碟、水罐、芥末罐、洗脸盆等做成木制的模型,带动广州,请中国的瓷器匠师们模仿制作,然后在 1639 年试制出首批样品运往荷兰。……我国聪明的工匠们使这一尝试得到了空前的成功,他们所生产的适合欧洲市民使用的瓷器,在欧洲市场上供不应求。于是,在 1643 年又从广州向荷兰运送了第二批样品。"③也正因为如此,以青花瓷为代表的中国器物在欧洲产生了巨大的影响力,成为首个全球性的商品。鉴于青花瓷在国外受欢迎的程度,到了明朝时期,青花瓷成为中国瓷器出口的重要商品之一。除了青花瓷之外,这一时期还出现了具有欧洲风格的纹章瓷和克拉克瓷。早在 16 世纪初,葡萄牙人就在中国烧造各类订制瓷器。基于此,早期的纹章瓷融合了中国和葡萄牙的装饰风格。根据相关学术研究,在早期的瓷器中,出现的纹饰主要有王室的纹章、耶稣会的纹章等具有标志性的文化交融意义的符号。"根据 1541 年的欧洲文献记载,一件装饰葡萄牙王室纹章的中国瓷器约相当于几个奴隶的价格!在王后的财产清单中,中国瓷器也是重要的一项,甚至连王后和公主的手镯也是中国瓷器。为了避免破损,还在瓷器手镯上镶以金边。1578 年,葡萄牙国王亨利赠送意大利国家一箱贵重的礼物,其中有四个'对虾',它们也是描金的中国瓷器。"④

　　荷兰东印度公司使得中国瓷器遍布欧洲各国,中国瓷器也引起了欧洲社会

① 张廷茂.明清时期澳门海上贸易史[M].澳门:澳亚周刊出版有限公司,2004:41.
② 朱培初.明清陶瓷和世界文化的交流[M].北京:轻工业出版社,1984:51.
③ 朱培初.明清陶瓷和世界文化的交流[M].北京:轻工业出版社,1984:52.
④ 朱培初.明清陶瓷和世界文化的交流[M].北京:轻工业出版社,1984:38 - 39.

的认可和欢迎。在购买来自中国瓷器的同时,荷兰商人也采购来自中国的釉料,仿制中国的青花瓷器,并在荷兰的德尔费特生产成功,欧洲人也把这种产品称为"德尔费特"。"在1630年,德尔费特也开始生产模仿中国糊墙纸的建筑装饰陶砖,适应了欧洲各国帝王在巴黎、维也纳、马德里等地大兴土木,修建宏伟而华丽的宫殿的需要。这种建筑装饰陶砖大约也受了'南京瓷塔'的启发,把整个画面分割成三十六块,上面描绘长尾鸟、梅花、牡丹、狮子等图案,充满着中国的艺术情调,然后拼凑、组合为整体,粘贴在墙面上。此外,还绘制柳树、小桥流水、亭台楼阁等中国青花瓷器上的图画。"①类似这样的器物模仿在欧洲也迅速展开,并在后期达到了鼎盛。出于对中国瓷器的狂热喜爱,葡萄牙国王菲利普二世也对中国的青花瓷器进行了模仿,并试图宣告葡萄牙的陶匠可以脱离中国进行器物生产。"迟迟等到1619年才赴葡萄牙以该国国王的身份接受加冕……一如当年,里斯本矗立起一道道凯旋门欢迎新王盛大入场,其中一道门是当地陶匠敬献,门饰画面呈现众多葡萄牙克拉克商船正在里斯本港装船卸货的场面:下船的是从中国运来的真品瓷器,上船的是准备销往欧洲其他国家的葡萄牙仿制品。铭文充分自得:'我们的产品,也销往世界各地'。还有一位寓象式的角色,高举一只标为'瓷器'的青花陶器,向国王致敬。"②

明朝时期,许多欧洲旅行家和传教士来到中国,在他们的著作中也提到了对中国器物的赞美。在这些旅行家记述的基础上,欧洲的文学家也表达了他们对中国器物的想象。葡萄牙人托梅·皮雷斯在《东方概要》中表达了这样的观点:"中国物产很多,土地辽阔,人口众多,宝藏丰富,讲究排场,铺张奢华,使人认为那是我们葡萄牙而不是中国。中国的土地很多,骡马健壮,数量庞大。"③葡萄牙人加斯帕·达·克路士在1556年左右到达中国,他在著作《中国志》中认为中国是富裕强大的国家:"各种菜肴都盛在精美瓷盘内,烹调精细,剁切整洁,样样都摆得整整齐齐,而尽管一套盘碟是放在另一套上,却都放得适当,以致上席桌的人无须动其中任何一套就可以吃他愿吃的。"④1585年,西班牙人门多萨出版了影响欧洲世界的《中华大帝国史》,该书在吸收借鉴前述到中国调查

① 朱培初.明清陶瓷和世界文化的交流[M].北京:轻工业出版社,1984:55 - 56.
② 芬雷.青花瓷的故事:中国瓷的时代[M].郑明萱,译.海口:海南出版社,2015:6.
③ 邹雅艳.13—18世纪西方中国形象演变[M].天津:南开大学出版社,2016:69.
④ 博克舍.十六世纪中国南部行纪[M].何高济,译.北京:中华书局,1990:99.

的葡萄牙人和西班牙人作品的基础上,详细论述了中国的自然环境、政治经济、社会文化和宗教习俗等方面的知识,是欧洲最为全面和详尽的关于中国研究的著作。在书中,门多萨高度评价了中国发达的造物体系:"在这个国家的各地有大量的糖,这是糖价奇贱的原因。当它最贵的时候,你只需付 6 个里亚尔钱币就能买到 1 京塔的上等白糖。……那里生产的绒、绸、缎及别的织品,价格那样贱,说来令人惊异,特别是跟已知的在西班牙和意大利的价钱相比。他们在那里不是按尺码出售丝绸及其他任何织品,哪怕是麻布,而是按重量,因此没有欺诈。"①葡萄牙人费尔南·门德斯·平托在他的游记文学著作《葡萄牙人在华见闻录》中,也记述了中国器物的情况:"集市上人流如潮,有步行的,也有骑马的。小商小贩的货箱里摆满了各种能叫出名称的物品,还不算富商巨贾在自己的街上设置的正常货摊,秩序井然,货物丰富,有大量的丝绸、锦缎、布匹、亚麻及棉布服装、貂皮、白鼬皮、麝香、沉香、细瓷、金银器具、大小珍珠、金粉金条等。"②欧洲文学作品中对中国器物的记述,也传递了中国器物的巨大影响力。在莎士比亚的《一报还一报》中,他就赞美了中国瓷器的美好,认为中国瓷器是最好的象征:"尽管其他瓷器没有中国瓷器那么好,但也是质量极好的瓷器。"③

(三)明代器物德育教化特征

明代哲学思想是器物制造的来源和基础。王守仁主张的"格物",王廷相提出的"实历",王艮提出的"百姓日用即道"等观点对明代器物制造产生了深刻的影响。

器物教化体系是整个社会教化体系的组成部分。明朝器物教化体系分为两个阶段、多种特征。明朝建立之初提倡节俭,并依托严苛的律法保证社会的运转。因此,明初社会受到礼教约束和专制思想的钳制,器物表现出规整端庄的特点。明朝中后期随着社会经济发展和商业经济发展,传统社会宗法结构松动,市民意识觉醒,也因此出现了新的生产方式和器物样式。正因为如此,明朝社会形成了皇家、文人、市民和民间等几个阶层,同时也形成了多样化的器物消费理念和审美特征。以皇家为代表的正统器物表现为端庄又富丽堂皇的特征,以文人为代表的器物消费表现为自然活泼又豪迈奔放的特征,以市民和民间为

---

① 门多萨. 中华大帝国史[M]. 何高济,译. 北京:中华书局,1998:11.
② 平托. 葡萄牙人在华见闻录[M]. 王锁英,译. 海口:海南出版社,1998:211.
③ 芬雷. 青花瓷的故事:中国瓷的时代[M]. 郑明萱,译. 海口:海南出版社,2015:6.

代表的器物消费表现为多元融合的特征。明朝在经世致用哲学思想影响下,形成了实用性的造物思想,也影响到了器物教化功能的实现。到了明朝中后期,各种违反礼制的行为经常出现,在器物上表现为商人和其他社会富裕群体违反规制使用"僭越性"器物,进而通过器物的使用来彰显身份和地位。

陶瓷器物中的动物纹饰体现了以礼制为主导的社会意识形态功能。洪武二十四年规定,"公、侯、驸马、伯服,绣麒麟、白泽。文官一品仙鹤,二品锦鸡,三品仙鹤,四品云雁,五品白鹇,六品鹭鸶,七品𪉖𪆂,八品黄鹂,九品鹌鹑。杂职练鹊,风宪官獬豸。武官一品、二品狮子,三品、四品虎豹,五品熊罴,六品、七品彪,八品犀牛,九品海马"①。到了明英宗天顺年间,规定"官民服饰不得用蟒龙、飞鱼、斗牛、大鹏、像生狮子、四宝相花、大西番莲、大云花样,并玄黄紫及玄色、黑绿、柳黄、姜黄、明黄诸色。……弘治十三年奏定,公、侯、伯、文武大臣及镇守守备,违例奏请蟒衣、飞鱼衣服者,科道纠劾,治以重罪。正德十一年设东、西两官厅,将士悉衣黄罩甲。中外化之。金绯盛服者,亦必加此于上"②。明朝政权对各种纹饰的严苛规定,彰显了明朝等级森严的社会制度。皇家对釉色也有严格的控制。明英宗正统十二年出台了严苛的民窑烧造禁令,"十二月甲戌,禁江西饶州府私造黄、紫、红、绿、青、蓝、白地青花等瓷器。命都察院榜谕其处,有敢仍冒前禁者,首犯凌迟处死,籍其家赀,丁男充军边卫,知而不以告者,连坐"。尽管在此之前,明朝皇帝也曾制定过各类颜色的禁烧命令,但这种色彩的专属性也赋予了不同颜色独特的功能。实用性功能是明代民窑陶瓷器物功能的重要形式。

以郑和船队为象征的中国官方贸易体系体现了中国主张平等的对外关系理念。在郑和第三次下西洋的时候,明成祖朱棣谕令郑和,要平等对待对外交流中的其他国家。"今遣郑和赍敕普谕朕意。尔等祗顺天道,恪遵朕言,循理安分,勿得违越;不可欺寡,不可凌弱;庶几共享太平之福。"③1430 年,明宣宗朱瞻基在郑和第七次下西洋的时候,也颁发了类似的诏令:"兹特遣太监郑和、王景弘等赍诏往谕:其各敬顺天道,抚辑人民,以共享太平之福。"同样,在马欢的《瀛涯胜览》中也记述了平等贸易的思想:"若宝船到彼,全凭二人为主买卖。王差

---

① 张廷玉.明史[M].北京:中华书局,1974:1638.

② 张廷玉.明史[M].北京:中华书局,1974:1638.

③ 李士厚.影印原本郑和家谱校注[M].昆明:晨光出版社,2005:6.

头目并哲地、米纳几即书算手、官牙人等,会领宗大人议择某日打价。至日,先将带去锦绮等货,逐一议价已定,随写合同价数各收,毫厘无改,分毫无差。"郑和在下西洋的过程中始终秉承着"仁和为先、宽容开阔、以义统利、太平共享"的精神,促进了中国与东南亚、非洲等地区的联系。在对外交流过程中,郑和秉承儒家重义轻利的义利观,并不由于自身的强大而采取强制性的手段,而是采取互通有无的方式,实现互利互惠的朝贡贸易模式,也推动了这些地区的发展和进步。

二、清代器物体系和器物德育教化功能的构建

清朝是中国最后一个封建王朝,中华造物文化也进入了传统社会的成熟期。一方面,此时的器物造型、纹饰和材质都达到了鼎盛阶段;另一方面,由宫廷主导的精英审美和民间匠人反映的大众审美不断汇流和交织,并与少数民族造物技艺和审美特色结合起来,形成了多元融合的器物特征。

（一）清代器物体系

清代是中国传统造物体系的成熟期。从材质来说,清代有瓷器、玉器、漆器和金银器等;从器物造型来看,此时的器物也在继承明代器物造型基础上进一步发展,到了后期在外来影响下逐渐定型;从纹饰来说,此时的器物在原有的中国传统纹饰基础上,更加成熟和完善,呈现出百花齐放的局面;从器物功能来说,礼器、陈设器、实用器等更加多样和丰富,满足了不同的社会需求和审美需要,也构筑了完备的器物体系。

瓷器是清代最具代表性的器物产品之一。在明朝御器厂瓷器制作的基础上,清朝继续在景德镇设立专门为皇家生产瓷器的御窑厂,所生产的瓷器在造型、纹饰等方面达到了鼎盛时期。到了乾隆时期,御窑厂瓷器的造型为历朝所难企及。"各种盘、碗、杯、碟、瓶、罐、缸、盒、尊、盆、盂等器型,每类均有几种至几十种样式,新奇的器皿不可胜数。如仅瓶类器造型就有天球瓶、赏瓶、胆瓶、葫芦瓶、多联瓶、转心瓶、转头瓶、壁瓶、马褂瓶、甘露瓶、交泰瓶、盒瓶、锥把瓶、抱月瓶、四方瓶、海棠瓶、荸荠扁瓶、橄榄瓶、觯瓶、萝卜瓶、四方倭角瓶、斜方瓶等等,而葫芦瓶的造型样式又可以细分为绶带扁葫芦瓶、镂孔交泰葫芦瓶、绶带束腰葫芦瓶、三联葫芦瓶、撇口葫芦瓶等,多联瓶则又可以分为双联、三联、四联、五联、六联甚至九联等各种样式。"①瓷器装饰风格也在原有基础上得以更

---

① 高纪洋.中国古代器皿造型样式研究[D].苏州:苏州大学,2012:60-61.

进一步扩展,装饰题材包括人物纹饰、动物纹饰和植物纹饰等,无所不包、无所不有。"康窑常画者为长寿老人、八仙、西王母、三真三宝、佛、十八罗汉、观音、二十四孝;杂件则萧(箫)、剑、花篮、笛、葫芦、卍字、八吉祥、火球、寿字、戟、瓶、文房四宝、七星八宝、八卦、太极等项。又,蝇拂、手卷、书画轴、香炉,亦常见者。并有星、磬、鼗等乐器。此外如鲤鱼、蝙蝠、麟、龙、狮、牛、马、鸡、鸭、鹿、羊、兔、鹤、凤凰、燕雀、蜂、蝶、芝、桃、松、竹、梅、菊、莲花、牡丹、玫瑰等均入画。又如山水、亭榭、杂色花木、鱼虾、昆虫等类皆有之。"①尤为值得一提的是,从康熙朝开始,皇家专门制作的展现王朝的《耕织图》开始以瓷器形式制作,将官方倡导的"以农为本"思想,以瓷器画面展示出来,折射了瓷器在清朝当时社会中的地位。在御窑瓷器的影响和海外贸易的需求下,以景德镇为代表的民窑瓷器也体现出了多样性特征。随着世俗化倾向,瓷器装饰中出现了反映社会现象的画面,民间的版画、年画、扇面画等画面元素被运用到瓷器装饰之中,各类民间传说故事也以瓷器画面的形式被展示出来,这意味着瓷器已经成为清朝器物的代表。

除了瓷器以外,清朝的丝织业和棉纺织业、漆器制造业和玉器等也在制造方面取得了较大的进展。丝织业在原有基础上取得了较大的进步,主要集中在苏州和杭州等地。棉纺织业也在原有基础上有了更好的进步,在全国范围内推广和使用。丝织业和棉纺织业是中国传统的优势产业。就丝织业和刺绣而论,丁佩编写的《绣谱》以精工、富丽、高超、崇雅和传神等作为刺绣的评判依据。在工艺方面,他强调精心和极致:"鬼工雕毬,春蚕做茧,工也。当于模仿处见精神,配合处见精彩,无非一片精心;于细密中求工致,于纯熟中见工夫,方有十分工巧。"②丝织品的细致入微和精益求精是对其造物技艺的工艺要求,也反映了丝织品制作需要耐心。在审美风格上,丝织品不是以富丽堂皇和色彩艳丽为上,而是在平淡的情况下给人带来尊贵的感觉,"物之富丽者,莫锦绣若也。然而丹碧烂然,金彩眩曜,非不既富且丽而。所以富丽者,初不在此,试观旧家巨族,虽缟衣素袂,依然充实辉光;嫫母无盐,即匀颊修眉,难语清扬美倩"③。在颜色上,以红色为尊,"颜色中之极绚烂者,红是也,极贵重者,亦惟红。万绿丛中一点红,能令诸色增丽。亦惟此色先褪,便觉全幅黯淡无神。况学绣必从花

① 伍跃,赵令雯.古瓷鉴定指南[M].北京:北京燕山出版社,1991:293-294.
② 丁佩,戚嘉富.绣谱[M].合肥:黄山书社,2015:144.
③ 丁佩,戚嘉富.绣谱[M].合肥:黄山书社,2015:145.

卉入手,此色尤宜多备。自大红至极浅之色,几与白相类者,可分作九种大红。可当朱砂,次则可当洋红燕支,又其次则粉红也。由深而浅,由浅而白,亦犹画家之渲染耳"①。在雅致层面,以古为尊,以灵动为雅,"五采章施原期绚烂,然而亦有雅俗之分。山、龙、华虫、藻、火、宗彝、粉米、黼、黻从极华美,自觉古雅。可今则随意绣一折枝,刺一虫蝶,亦必相当相对,有如刻板印成甚,且颜色垂违,布置颠倒,即令光怪陆离,难免方家齿冷矣"②。传神是对丝织业的最高要求,即便技艺高超,如果达不到传神的地步,也很难达到完美境地,"同绣一花也,或则迎风笑露,鲜艳如生;或则日煤霜摧,憔悴欲绝;或则春容大雅,顾盼生姿;或则拳曲拘挛,瑟缩可憎。略举一隅,他可类及。孰工孰拙,不辨而知"③。尽管在不同时期对刺绣有不同评价标准,但清朝刺绣在工艺、审美上形成了较多的层次。"好尚无一定之规,雅俗有不易之则。绣近于文,可以文品之高下衡之。绣通于画,可以画理之浅深评之。周规折矩,斐然成章,谓之能可也。惨淡经营,匠心独运,谓之巧可也。丰韵天成,机神流动,斯谓之妙。变换不穷,殆非人力,乃谓之神。披沙拣金,鞭心入芥,无浮采矣。五云丽日,百卉当春,无陋姿矣。特标新颖,化尽町畦。"④

　　玉器制作在清朝达到了中国传统社会的鼎盛时期,在继承传统玉器雕刻技术的基础上,此时的制作技术更加精良和成熟,包括皇家和民间两种形式。清朝刚建立之时,由于缺乏相关的玉质产品,较少出现各类玉器产品。但到了乾隆皇帝时期,由于他的个人爱好和社会的发展,玉器制作也达到了繁盛时期。乾隆皇帝专门在造办处设立玉作,并在苏州等地设立制作玉器的分支机构,专门生产各类玉器产品。乾隆皇帝本人对玉器也非常喜爱,写了大量关于玉器的诗文。在民间玉器制作方面,玉器也由于中国传统"尚玉"风尚在上层社会中流行。在玉器鉴赏层面,清代也形成了玉质、纹饰、式样等方面的标准。《文房肆考图说》记载:"鉴玉,先论玉之材质,又审工之奇巧,方可定以等级。如盆尊佛像大器,始为贵重。飞禽走兽次之,若水族之物最贱矣。汉唐最重玉器,每以玉琢器物殉葬。今或出世入土过者,皆谓之尸古,必有血斑。因名血玉为最贵

① 丁佩,戚嘉富.绣谱[M].合肥:黄山书社,2015:93.
② 丁佩,戚嘉富.绣谱[M].合肥:黄山书社,2015:40.
③ 丁佩,戚嘉富.绣谱[M].合肥:黄山书社,2015:43.
④ 丁佩,戚嘉富.绣谱[M].合肥:黄山书社,2015:138.

也。"清朝玉器特征鲜明、风格多样,其纹饰包括植物纹、动物纹、山水纹、文字类以及各类符号等。植物纹有牡丹纹、莲花纹、竹枝纹、菊花纹、梅花纹、蕉叶纹和各类花草纹饰等;动物纹饰包括狮纹、象纹、龙纹、凤纹、鹿纹、鸟纹、生肖纹、兽面纹、蝙蝠纹;人物纹饰有福禄寿三星纹、五子登科纹、童子纹、仕女纹、和合二仙纹、八仙纹、麻姑献寿纹;山水纹饰有山水人物纹、山水诗文纹等;文字类纹饰包括吉祥文字、诗歌纹饰、宗教纹饰和异域纹饰等;其他类纹饰主要包括云纹、谷纹等。清代玉器在雕刻工艺上有了更进一步的发展,出现了包括圆雕、浮雕、镂雕、阴雕、阳雕在内的多种雕刻手法。玉器在器物类别上,主要有礼器、陈设器、日用器等,包括玉珏、玉尊、玉璧、玉圭、玉如意、玉碗、玉瓶、玉扣、玉杯、玉盒、玉桃、玉佛手、玉执壶和玉香薰等。在制作理念上,玉器制作不仅受到了文人审美和宫廷审美的影响,还受到各种民间世俗文化和外来文化的影响。清朝中晚期商业文化发达,各类反映民间世俗文化的吉祥文化元素经常出现在玉器装饰中,体现了消费文化的兴盛。玉器装饰还受到佛教、道教和伊斯兰教等的影响,太极纹、八宝纹、八卦纹和玉佛像等,都反映了宗教元素在玉器中的运用。此外,来自欧洲和西亚地区的文化对中国玉器装饰也产生了影响。痕都斯坦玉器是以胎质薄、装饰纹样繁密为特征。尽管这种类别与中国传统厚重、温润的玉器审美不同,但由于乾隆皇帝的喜爱,中国的玉匠也模仿制作了一批这样的玉器产品。随着中西文化的交流和融合,欧洲洛可可风格也对中国玉器装饰产生了影响。此外,在各类文化交流融合背景下,玉器制作也受到瓷器、版画、丝织品和文人画等风格影响。

清朝漆器在清代造型和装饰上也达到了鼎盛时期,在不同时期体现为不同的特征。清朝早期,中国漆器具有秀丽工整、精工细巧的特征,在承继明朝漆器工艺的基础上得以进一步发展。到了中期,随着商业贸易发展,漆器呈现为华丽富贵、精巧雅致的特征。以苏州和扬州为代表的漆器,在雕漆上有细腻繁复、色彩明亮的特点,展示了"以贵为美"的审美风尚。到了清朝晚期,漆器体现出深沉朴雅的特征,雕刻工艺上体现为拙朴的特征。在造型设计和纹饰上也出现了明显的变化,"如漆盘造型则有方形、长方委角形、圆形、八方形、六方形、莲瓣形、海棠形、委角形、束腰形、荷花形等等;漆瓶也精美且多样,如清中期识文描金银花卉海棠式瓶,清中期剔红婴戏瓶,清中期描金彩漆牡丹长颈瓶,清晚期描金彩漆花卉壁瓶,清晚期黄漆墨彩秋山晚景梅瓶,清晚期剔红开光山水人物蒜头瓶等"①。在纹饰上面,漆器的纹饰也有其他器物的装饰风格,包括动物纹饰、植物纹饰、人物故事纹饰等。动物纹饰有吉祥类与飞禽、走兽、鱼虫等不同的动物纹饰,植物纹饰包括花草和松竹梅等承载中华文化的纹饰,人物故事纹饰主要取材于著名历史故事、文人生活等,比如三国故事中的千里走单骑、华容道等。此外,漆器纹饰中还有各种宗教纹饰等。

清代金银器种类繁多,纹饰多样,既传承了中华优秀的造物风格,又融合了多民族的文化元素。就器物种类来说,清代金银器包括日用器、宗教器、礼器以及陈设用品等。日用器主要是各种男女装饰产品和日用产品,女性用品有戒指、手镯、项链、流苏等,男性用品有扳指、镶金火镰等,日用产品主要是各类酒具和餐具;宗教器物包括佛像、佛塔、藏经盒;陈设器包括瓶、鼎、炉、香筒、香薰等。在制作工艺上,金银器制作包括错、镶、镂、鎏等,制作工艺复杂多样,在器物装饰上,实现了金银器与玉器等综合运用,体现了更多样的器物风格。在器物纹饰上,清代金银器在延续了中国传统吉祥装饰风格,既体现了社会精英群体的高贵雅致,又传达了皇家的气派与威严。龙凤纹样是金银器最常用的纹样,主要是皇家的代表和象征,此外,八宝纹、双喜纹、福寿纹等各类吉祥纹饰也多出现在器物装饰之中。在器物形制上,金银器既有大型的器物,也有各种小型雅致的器物产品,实现了材与艺、工与美的有机统一。

(二)清代器物贸易和对外文化交流

清朝商品生产在明代基础上更加发达,达到了中国传统器物的巅峰,在内外贸易过程中,影响力进一步扩大。在对外方面,清代在原有贸易基础上,形成了更广泛的对外贸易,并构筑了以瓷器、丝绸、香料和茶叶为主导的器物贸易体系,并在全世界产生了更广泛的影响力。在最初贸易阶段,香料和丝绸是最受欢迎的产品。"船上装载的货品(珠宝除外,因为珠宝太贵重了,他们不会让我们看到)主要有香料、药材、丝绸、白棉布、被褥、地毯和颜料……其余货物数量较大但价值不高,如象牙、中国瓷器、可可核、兽皮、如黑羽般的黑檀木、床架、奇怪的树皮纤维的织物、手工艺品。"②上述材料证实,至少在当时的英国人看来,瓷器和各种手工业品并非受到欢迎的产品。但到了17世纪,随着中国瓷器大量出口到欧洲各国,瓷器成为最受欢迎、最成功的文化产品。"瓷器是一种敏感

---

① 高纪洋.中国古代器皿造型样式研究[D].苏州:苏州大学,2012:63.
② 袁宣萍.十七至十八世纪欧洲的中国风设计[M].北京:文物出版社,2006:37.

度极高的人间事物测压计,比其他任何商品都来得敏感。它记录了来自种种面向的冲击,包括传统艺术手法、国际贸易、工业发展、政治纷扰、精英阶层的支出、仪式礼俗和文化接触等。因此在商业贸易、国内经济、消费形式、室内设计、建筑、装饰图案、服饰风格、用餐礼节、饮食文化、交通网络、政治宣传、制造科技、产品创新、科学研究、两性关系、宗教信仰以及社会价值等等许多事物及议题上,瓷器都扮演着中心角色。"①这从中国出口到欧洲瓷器数量也可例证。1777年到1778年的统计数量显示,各国东印度公司从中国进口的瓷器约合八百七十万件。如果从16世纪初期的中西之间贸易算起,在不到三百年的时间里,大约有三亿件中国瓷器销售到欧洲各国。此外,还有大量的瓷器销售到东南亚及东亚等许多地区。出口到欧洲的瓷器类别也多种多样,依据1817年英国"戴安娜"号沉船的瓷器可以得知,既有青花瓷、白瓷、颜色釉瓷、蓝釉、黄釉等各种釉色的种类繁多的瓷器,包括日用瓷的盘、碗、碟、钵、杯、瓶、缸、坛、罐等,又包括各种人物和动物的雕塑瓷,以及各种异型瓷器。来自中国的瓷器引起了欧洲社会的热爱和追捧,同时也传递了中国亲善和平的形象。"在葡国,我们拥有比黄金和白银更有价值的东西——瓷器。我希望所有的王子都购买这种东西,而不必使用银器……它精美光洁,像玻璃和石膏一样精美。他们用兰花装饰瓷器,其图案如青云一般。"②大量欧洲帝王采取各种举措购买中国瓷器。萨克森尼选帝侯兼波兰国王奥古斯都二世就是中国瓷器疯狂追随者。让他为全世界所熟知的举动是,他在1715年用600名龙骑兵交换了151件中国青花瓷器。

中国的漆器和其他家具也是欧洲社会青睐的商品。如同前述瓷器的盛行一样,漆器也是从荷兰开始传播,最终在法国和德国得以推广和传播。耶稣传教士汤执中十分重视中国漆器的研究,并发表了《中国漆考》专门分析和研究中国的漆器。后来通过商人运输到欧洲的中国漆器产品引发了欧洲家庭装饰的时尚,用具有东方图案的漆器产品装饰房间,营造一种独特的东方情调,成为欧洲上层社会地位的标志和象征。丹麦首都哥本哈根的罗森堡宫现在依旧保存着一个用精美漆器装饰的房间。德国最早的精美漆器房间在路特维希堡宫,装饰风格采用大型的漆绘镶板,图案包括长尾的鸟、龙和蜻蜓,异国情调的花园景

① 芬雷.青花瓷的故事:中国瓷的时代[M].郑明萱,译.海口:海南出版社,2015:7.
② 张廷茂.明清时期澳门海上贸易史[M].澳门:澳亚周刊出版有限公司,2004:378.

色,多瘤节的树干下放置着古典主义的陶罐。① 中国漆器风格在欧洲被各界模仿,法国人罗伯特·马丁以蓝、红、绿和金色为底色,以在中国喜闻乐见的吉祥图案为装饰,仿制中国漆器产品,受到欧洲各界的认可。法国的漆器家具在法王路易十四支持下发展起来,这一时期的家具风格特征是:彩绘东方漆板、大理石桌面、精制的髹漆、镀金的铜饰,造型美轮美奂。家住样式以立柜、抽屉柜和抽屉桌为主,纹饰辅以庭园风景和人物故事等。②

清朝时期,丝绸仍然是中国在日本最受欢迎的产品。康熙时期,中日之间的贸易在原有基础上得到迅速发展。根据《小西方淑觉书》记述,日元禄十一年(1698年),中国宁波对日船只上,输入日本的商品如下:"一白丝四十七包每包六十五斤、一大花绸一千五十担、一中花绸九百三十担、一小花绸一千六百担、一大红绉纱六十一担、一大纱八百九十担、一中纱一千一担、一小纱二千五百四十担、一色绸五十六担、一东京丝一百六十斤、一东京绸四百二担、一大卷绫六百十担、一东京绸二百担、一中卷绫七百五担、一素绸一千三百十担、一绵四百斤、一色缎二百担、一金缎三十二担。"③依据《华夷通商考》的记述,中国有十五个省向日本输出商品,丝绸是其中的主要产品。

随着大航海时代的到来,精美的丝绸也得到了欧洲人的欢迎和认可。中国出口欧洲的丝绸产品主要包括刺绣和手绘丝绸两种,其色泽艳丽、纹饰也具有异域风格,成为欧洲上层社会身份象征。"17、18世纪,尽管欧洲早已能自己生产丝绸,但中国丝绸由于价廉物美而成为法、德上流社会妇女争艳的装饰。中国的丝绸、欧洲的仿制品,以及中国的棉织品被广泛地用于服装、悬物、被面等。路易十五的情妇蓬巴杜夫人就曾穿用中国花鸟的绸裙。作为丝绸的附属物,中国丝绣也促使了法国刺绣的变化和多样化。"④中国对欧洲社会产生的影响,从丝绸贸易量也可以看出。在一份1739年到1740年中国帆船装载出口到欧洲的货品名单中,可以看出当时主要出口产品的数量和种类:"230捆吉若利三等棉布,500包普通亚麻布,2000条普通大清毛毯,3000条披肩,3500条东古毛

① 袁宣萍.十七至十八世纪欧洲的中国风设计[M].北京:文物出版社,2006:107.
② 袁宣萍.十七至十八世纪欧洲的中国风设计[M].北京:文物出版社,2006:144.
③ 大庭修.江户时代中国典籍流播日本之研究[M].戚印平,王勇,王宝平,译.杭州:杭州大学出版社,1998:37.
④ 吴孟雪.明清欧人对中国科技的介绍和应用(四)[J].文史知识,1995(8):82-87.

毯,4000 条粗毛毯,3500 匹普通薄毛呢,3180 匹普通棉布,15 担粗丝,10 担乱丝,13 担三等粗丝,4000 匹普通白绸,200 匹印花绢,150 只粗瓷杯,3000 双男丝袜,1180 双三等女丝袜,800 双男青年丝袜,20000 把深色纸伞,800 把大彩伞,100 箱渔网,100 箱绳索,100 箱布袜,800 担明矾,100 箱茶叶,25 箱冰糖,40 大桶甜柑,50 大桶干桂圆,100 桶荔枝,100 小桶核桃仁,2000 口平底锅,96000 只粗瓷盘,35600 只大瓷盘,1000 担中国生铁,1500 担小麦,400 块中国台阶石料,600 块石板,48 箱深色虫漆,60 盒次等虫漆,24 扇屏风,30 箱涂板料。"①从上述史料中可以看出丝织品在中国出口产品中占据的重要地位,也折射出其受欢迎的程度。

精美的器物产品展示了中国的造物理念和审美体系,奔放、华丽的器物风格对全世界的影响不仅仅体现在实用层面,还体现在审美和文化层面,在潜移默化中传递着中华文化。但到了 18 世纪,随着工业革命的开展,伴随着科学技术发展出现的新式生产技术和产业模式使欧洲在与中国的竞争中取得优势,随之而来的是中国器物产品影响力的衰退。

(三)清朝器物德育教化体系的特征

"器以利用,道以从简"是中国传统造物的风格,也蕴含了深刻的器物教化功能,在清朝器物教化体系中,也遵循这一策略和方针。这体现在教化方面,具有两个方面的明显特征:在礼器和祭器方面,彰显和遵循尊卑等级,体现礼仪规范和社会等级制度;在日常用器方面,崇尚节俭、抑制奢侈之风,展示社会规范。

1. 顺天应时、材美工巧的制器规范

"顺天应时"是中国传统器物造物的基本准则,根据不同地域、不同材质的风格制作不同器物,是器物制作的典型特征。郑光祖在《一斑录》中记载:"宋之斤,鲁之削,吴粤之剑,迁乎其地而弗能为良。今世徽之墨,湖之笔,江西之瓷,亦由地气各定,他处所产弗及也。"换言之,没有地利优势,也很难制作出优秀的器物产品。在生产过程中,良好的生产条件也是保证器物质量的必备条件。在丝绸制作过程中,绣工的座位、室内阳光等因素也是保证器物质量的要素。《绣谱》中记载:"择地必先择爽朗之区,秋毫必察,而后物无遁形。然所以必求其明者人皆知之,而所以用其明者,人或略焉。盖室虽明矣,使或向阳而坐,反致炫

---

① 维罗·加西亚.华人在马尼拉链 马尼拉帆船[M].上海:上海译文出版社,1984:180 – 182.

耀,且损目光。况持手绷必稍向上,亦复易于遮蔽。惟背明而坐,则光明悉照于掌握之间,自然了了。故如窗在左坐宜向右,窗在前坐宜向后。"①景德镇瓷器制作也是如此,以圆器制作为例,要通过多人协作才能完成。朱琰《陶说》记载:"圆器之造,每一款识,动经千百,不有模范,断难画一。其模子必须与原样相似,但尺寸不能计算。生坯泥松性浮,经火则松者,紧浮者实,一尺之坯,止七八寸,伸缩之理然也。欲求立坯之准,必先模子。故模匠不曰造,而曰定。一器非修数次,尺寸款识,出器时定不能吻合,必熟谙火候泥性,方能计算加减,以定模范。"得天独厚的地域资源,窗明几净的制作环境是器物制作的基本因素,也体现了中国传统"天人合一"的制器风格。对于制器工匠来说,在生产过程中要遵守自然的规律,不能过度开采和使用,否则难以维系持续生产。

器物制作要遵循程式与方法,尊重材质自身的特征和规律,"天时、地利、材美、工巧"是中国传统制器规范。到了清朝时期,随着规范与制作技艺的提升,器物制作也达到了传统造物的鼎盛时期。以冶金业为例,首先要从模范开始,才能保证产品质量。赵元益在《冶金录》中记载:"凡泥模必分数块,而做成空架与造房屋之法无异。所以凡要紧之泥模,必先定其做法,与各事前后之次序,而画其大小尺寸之图。各事已定,然后为之。不明此事者,不知预定其做法,率意动手,及做至一半工程方知不能用此法而成,则必毁之而重为,徒费工夫矣。凡做泥模之泥质为第一要事,做模之人必须谨慎管理,此事因泥质必与所铸之件相配。"此外,随着造物技艺的成熟以及器物产品需求量的增加,清朝造物体系进入了规范化、模板化的生产阶段,也保证了器物的质量和消费需求。就景德镇陶瓷生产而言,无论是官方还是民间,在不同生产环节都有明确的分工。如《南窑笔记》记述的景德镇瓷业生产,不同生产环节有不同的分工和要求。以瓷碗制作为例,就包括不同的工种和生产者:"一切碗、盘、酒、杯、碟俱名圆器。工匠则有拉坯工、印坯工、镟坯工、剐坯工、剁合坯工、淘泥工、擦坯工、吹坯工、打杂工、吹青工、写款工、削坯工。"画工方面,也分为多个工序,包括不同的生产者:"匠工有人物工、花鸟工、印板工、宣花工、捷花工、湿水工、锥花工、拱花工、堆花工。瓷器成细者工计七十二道,粗者六十四道。"甚至在商业贸易过程中,也分为不同的商帮和行帮,并就不同器物产品进行贸易和销售。精细化的分工

---

① 丁佩,戚嘉富.绣谱[M].合肥:黄山书社,2015:26.

体系,也传递了器物生产中分工协作的造物理念。

造物过程中工匠的自律和精益求精的造物理念,也体现在不断追求的创新意识中。"箫管具陈、琴瑟在御,同一乐也。克谐与否,有律以限之。弓矢既张,决拾既伙,同一射也。中的与否,有鹄以招之。夫律之既谐,的之既中。工拙辨于人,既事而见者也。而其所以克谐,所以获中,则甘苦喻于己,未事而存者也。卒之轻重疾徐,中正强固,喻于己者,未尝不可以语人。累如贯珠,发必应节,辨于人者,即可以因事而律己。"以器喻人发挥了器物的作用和价值,敦促着生产者加强自律,不断提升生产技艺,保证器物的生产质量,也彰显了器物的社会价值和意义。不断对器物生产技艺追求,体现了匠人对器物技艺的不断追求。"有虽疵而不得,谓之疵者。曰缩釉,曰短釉,曰麻癞,曰黏釉。缩釉者谓入窑之际火候聚紧往往敛釉,露出胎骨也。短釉者谓随意挂釉,不到底足。此等蘸釉法病在不匀。黏釉者谓釉汁未干,两器相并而为一,擘之使开,若黏片砾然。麻癞者谓入窑时黏有火炭,釉汁稍缩成堆垛形,此数者皆宋元所常有,且有因是而证制作之确据者。"在产品制作中,面对不同的缺点有不同的解决方法,将其上升为理论总结,体现了器物制造的成熟与规范。在生产过程中,器物制作者也需要保持对技术的掌握,否则也会因为技术问题而失去工作。仍以景德镇瓷业生产为例,在瓷器烧造中,采取的是"一条龙进、一条龙出"的方法。窑户只要聘请把庄师傅,由把庄师傅来聘请其他窑工。如果这个团队瓷器烧造不合格,就会被辞退,如此就会影响到其他窑户对他们的信任。也正因为如此,高超的生产技艺成为必备的条件,促使工匠形成精益求精的制作精神。

2. 尊崇礼法、规范有序的用器规范

为了体现社会规范,维护社会秩序,清朝政府通过器物在民众生活中构筑尊卑有别的等级思想。这不仅表现在伦理教育方面,还表现在通过严明的法律制度保证器物规范的执行。在社会教化方面,清朝政府通过将礼器与阴阳、四时、五行等联系起来,体现礼器的作用和价值。汪绂在《礼记章句》中写道:"阴阳四时之定体,则不外于五行。故五行以为质,质乾也。其在人则为礼义,故礼义以为器,器用也。凡以治人情而已,故曰人情以为田。人情无不中和,则天地中和之气应之,而四灵可致矣,故曰四灵以为畜。以天地为本,故物可举也。以阴阳为端,故情可睹也。以四时为柄,故事可劝也。以日星为纪,故事可列也。月以为量,故功有艺也。鬼神以为徒,故事可守也。五行以为质,故事可复也。

礼义以为器,故事行有考也。人情以为田,故人以为奥也。四灵以为畜,故饮食有由也。事行之,行下孟反。"①在用器方面,清朝制定了明确的用器规范。在皇家内宫用器方面,皇太后、皇后到福晋等器物使用材质、数量和色彩的不同展示了尊卑有序的等级制度:"(皇太后)玉盏金台一分金器用,凡三十有六。银器用凡一百三十有五,铜器用凡五十有四,锡器用凡六十有九,铁器用凡二十有七,瓷器用凡一千七十有一,漆器用凡七十有二,各式灯件五十有二。(皇后)玉盏金台一分,金器用凡三十有六。银器用凡一百有五,铜器用凡四十有六,锡器用凡六十有五,铁器用凡十有六,瓷器用凡一千十有四,漆器用凡六十有八,各式灯件三十有四。……(常在)铜器用凡五,锡器用凡五,镀银铁器用一,亮铁器用一,瓷器用凡三十有八,漆器用一,羊角把灯一。"

　　清政府沿袭传统法律和规制规范,对官员用器也有明确的规定。朝廷对官员的服饰、家宅、使用的色彩等都有明确的规定。清朝法律在官员等级对应的服饰、配饰、纹样和材质等方面有具体的规定,任何违反的举动都会受到严厉惩罚:"公侯文武各官应用帽顶、束带及生儒衣帽照品级次第,不许僭越。官员越品僭用及民间违禁擅用者,照律治罪。……一品起花金帽顶上衔红宝石一大颗,中嵌东珠一颗,带用方玉版四块,四围金镶中嵌红宝石一颗。文职仙鹤补服,武职麒麟补服。二品起花金帽顶上衔起花珊瑚一大颗,中嵌小红宝石一颗,带用起花圆版四块,中嵌红宝石一颗,文职锦鸡补服,武职狮子补服。……八品起花金帽顶,带用明羊角圆版四块,银镶边。文职鹌鹑补服,武职犀牛补服。九品及杂职起花银帽顶,带用乌角圆版四块,银镶边。文职练雀补服,武职海马补服。"在房屋和墓葬方面,清朝法律中也有规定。在墓葬方面,不同职级的官员和普通民众也有不同的类别:"职官一品茔地九十步,坟高一丈八尺。二品茔地八十步,坟高一丈四尺。三品茔地七十步,坟高一丈二尺以上,石兽并六。四品茔地六十步,五品茔地五十步,坟高八尺以上,石兽并四。六品茔地四十步,七品以下二十步,坟高六尺以上,发步皆从茔心各数至边。五品以上许用碑龟趺螭首,六品以下许用碣方趺圆首,庶人茔地九步,穿心一十八步,止用矿志。"在房屋规制上,清朝也对房间数量、材料用色以及用材式样等方面有规定:"职官一品、二品,厅房七间九架,屋脊许用花样、兽吻、梁栋、斗拱、檐桷、彩色绘饰,正

─────────────

① 汪绂.礼记章句:卷四[M].刻本.1896(光绪二十二年):四十四.

门三间五架,门用绿油兽面铜环。三品至五品,房五间七架,许用兽吻、梁栋、斗拱、檐桷、青碧绘饰。正门三间三架,门用黑油兽面摆锡环。六品至九品,厅房三间七架,梁栋止用土黄刷饰,正门一间三架,门用黑油铁环。庶民所居堂舍不过三间五架,不用斗拱彩色雕饰。"

清朝通过对器物形制、样式、纹饰、色彩、数量等的规定,彰显社会规范,明晰社会规则。

3. 器用相宜、格物致用的教化思想

器物的实用功能是日常器物产品设计中最根本的功能。为了实现器物对社会的教化作用,在日常社会生活中提倡实用为核心的器物功能。李渔在《闲情偶寄》中写道:"凡人制物务使人人可备,家家可用,始为布帛菽粟之才。不无售冕旒而沾玉食难乎,其为购者矣。故予所言,务舍高达,而求卑近。几案之设,予以庀材,无资尚未经营及此。"器物的根本性功能是使用,即满足日常生活需要。过分追求奇巧的骄奢淫逸,就会让人产生攀比虚荣之心,让器物成为沽名钓誉的象征,这会给社会带来不利的影响。只有重视器物产品的实用功能,才能避免"玩物丧志"不良现象的出现。"造橱立柜无他智巧,总以多容善纳为贵。尝有制体极大,而所容甚少。反不若渺小其形,而宽大其腹。有事半功倍之势者,制有善不善也。善制无他,止在多设隔板。至学士文人更宜取法,能以一层分作数层,一格画为数格,是省取物之劳,以备作文著书之用。无思之鬼神通之心无他役,而鬼神得效其灵矣。"器物的核心功能是实用,无论是日用器还是兵器,如果都能实现制造精良,又具备实用性和节俭性,对国家和民众都是良善至美的事情。如果只是追求华丽奢靡,就会对社会发展产生不利影响。"服饰、器用皆须朴质之物。俾华巧靡丽不至于前。浅俗之言不入于耳。"也正因为如此,清朝日用器物出现了朴质、素养的器物风格,围绕器物的实用性传递社会教化思想和文化功能。

器物的教化功能不仅体现在民众日常生活之中,还表现在清朝皇帝从提倡节俭的视角,教化社会民众崇尚节约思想,以期达到树立忠孝诚朴的目标。清朝皇帝多次对要求官员和民众节俭,极力反对过度装饰和奢靡的用器思想。清康熙皇帝针对八旗弟子拥有特权后,铺张浪费的用器理念进行了批评:"尔等果能洁己奉公,始终一节,休声丕著,惠政日闻。……平居积习尤以奢侈相尚,居室、器用、衣服、饮馔无不备极,纷华争夸靡丽甚。"为了更好地教化民众,雍正皇帝也对自己使用的器物以及民间流行的奢靡之风提出了批评："初四日,奉上谕前织造等衙门贡献物件,其所进御用绣线黄龙袍增至九件之多。又见灯帏之上有加以彩绣为饰者。朕心深为不悦,比即加以诫谕。近因端阳令节,外间所进香囊、宫扇等件中有装饰华丽雕刻精工者,此皆费于无益之地。开风俗奢侈之端,朕所深恶而不取也。向来外省诸臣凡有进献方物,朕留于宫中服用者所需实系不多。每随便颁赐诸王内外大臣等所以推广恩泽也。如黄龙绣鞋之类既不可以颁赐诸王大臣,不过收贮于宫中耳。其余华灿之物在朕用之心中尚觉不安。"雍正皇帝对进奉器物的多度装饰进行了批评,认为这是一种浪费,也会对各级官员和民众造成不良影响。为此,他要求各级官员要以身作则,维护器用节俭的思想,将器用节俭作为社会教化和伦理道德的重要标准。从社会教化思想来看,器物奢侈不仅是资源浪费的问题,还涉及社会风气的发展,不仅可能带来贫富差距,甚至会引发盗窃和礼制混乱,对社会带来不好的影响,因此一旦有人违反了器物使用规制,就会受到严厉惩罚:"申禁令以挽奢僭也。耕夫蚕妇饥不得食,寒不得衣,而吏胥家人长随戏旦,衣服鲜华,纱罗、绸鞋、细毛焜耀街市。除帽顶、补服外,无以分别贵贱,至于官职绅士耻为俭朴,浮靡相尚,日甚一日。物利因之而绌,脏犯因之而兴。查例载奴仆长随准用纺丝、绢绸、茧绸、毛褐绢、葛苎、校布、貉皮、羊皮,不准服纱鞋、细毛。臣愚以为纺丝、绸绢已近于华美,家人贱役等应止服茧绸、毛褐、葛布、梭布、貉皮、羊皮。凡鞋绸、绫罗、细毛俱不准服用,踰越者以违制论。至于官吏军民人等,凡婚嫁丧葬及一切服饰器用宜悉遵照会典所载,不得稍有踰越,违者照例治罪。"也正因为如此,在日常用器方面,清朝统治者一直秉持节俭的理念,传递儒家忠孝礼仪的思想。

第四节　中国传统器物德育教育体系的危机和重构

1840 年的鸦片战争不仅给中国带来了严重的政治危机和社会危机,也引发了深刻的制造业危机和商品危机。在漫长的中国器物制造历史中,中国以其引领世界的造物能力构筑了自身的商品体系和文化体系。但随着西方先进机器制造技术而进入的各类商品,以物美质优的特征占领了中国市场,不仅冲击了中国传统造物体系,也重构了国人审美。曾经以中国礼器为主所象征的社会秩序和以日用品为象征的朴实节俭的器物教化功能在弱化,以通商口岸所展示的具有西方文明的百货商店、博览会等为主导的消费文化重构了中国社会体系和教化功能。

一、中国传统德育教化体系的危机

中国传统造物体系是以"丝绸、茶叶和陶瓷"等手工业为一体的造物体系，在漫长的中外陶瓷贸易中，产生了极广泛的影响力。但在近代中国丧失部分主权以后，在"洋货"冲击下，中国传统造物体系崩溃，也重构了国人的生活方式和价值理念。西方器物产品进入中国，这些新奇的产品满足了国人的好奇心，进而建构新的消费体系，形成象征意义。清末郑观应详细列举了各类在中国受到欢迎的产品种类："除鸦片、棉纱、棉布外，杂货有洋药水、药丸、药粉、洋烟丝、吕宋烟、夏湾拿烟、俄国美国纸卷烟、鼻烟、洋酒、火腿、洋肉脯、洋饼饵、洋糖、洋盐、洋果干、洋水果、咖啡，其零星莫可指名尤多。洋布外又有洋绸、洋缎、洋呢、洋羽毛、洋漳绒、洋羽纱、洋被、洋毡、洋毛巾、洋花边、洋纽扣、洋针、洋线、洋伞、洋灯、洋纸、洋钉、洋画、洋笔、洋墨水、洋颜料、羊皮箱箧、洋磁、洋牙刷、洋牙粉、洋胰、洋火、洋油，其零星莫可指名者亦多。更有电气灯、自来水、照相玻璃、大小镜片、煤斤、洋木器、洋钟表、日规（晷）、寒暑表，一切玩好奇淫之具，种类殊繁，指不胜屈。"这些日用消费品迅速在中国占领市场。按照货物种类，中国进口的各类洋货包括纺织品、食品、工业制品、生活用品以及交通工具等。棉纺织品以呢绒、棉布、面纱以及各类成衣制品为主，生活用品以日用品、五金百货等为主。民国时期天津港进口产品中就包括各个层面的多种产品："棉货、金类及矿物、洋烛、烟卷、煤、牛奶、染料、蓝靛、电气材料、面粉、煤油、油、皮、火柴、针、胰、糖、木料等类。据此观之，棉货约居三分之一，余则为常用品。如五金、煤、煤油、火柴、大米、糖。奢侈品如燕窝、烟卷、胰皂、象牙等等。"①在国外特权保护下，各类洋货迅速占领中国市场。以洋手帕为例，1859 年中国进口的洋手帕约 9 万打，1869 年增加到 10 万打，1879 年增加到 35 万打。洋针的进口也是如此，1867 年上海进口的洋针为 210 万枚，1869 年为 890 万枚，1874 年为 1330 万枚。在其他日用品方面，肥皂、香皂、牙粉、牙膏等也迅速赢得国人的认可。以肥皂为例，在最初的 1889 年，从广州口岸进口的肥皂价值仅为 2334 英镑，但到了 1894 年，中国进口的肥皂价值为 38 万两白银，到了 1913 年增加到 268 万两

---

① 津海关入口货之调查[N].大公报（天津版），1924 - 02 - 17(10).

白银。

随着中国主权的日渐丧失，西方列强出于追求自身利益的需要，依托自身优势开启了商品倾销模式，最具代表性的是通过成功的商品营销策略，不断吸引国人消费。洋货进入中国市场后，迅速引起了国人的追捧。1867年，天津的一则广告道出了洋货受到欢迎的原因："洋布今已赢得普遍赞誉并广为使用，盖其稍介于土布与较粗绸缎之间；虽不及土布耐用，但较美观；虽不如绸缎高雅，却较低廉。洋布主要买主，即在各商埠亦非劳力者流，而是高其一二等之人。"①在日常生活中，随着各类洋布的进入，民众发现洋布价格低廉便宜，原本在价格上有优势的各类土布在竞争中不再具有优势。此外，受到时尚生活的影响，中国社会中上层人士以"洋货"作为身份的代表和象征。在九江关一份报告中，曾提到了洋货受到欢迎的原因："英国输出品的销路，无论是棉织品、毛织品或金属，都没有超越一般中层阶级。穿英国棉布的人是官吏、商人以及一般的有闲阶级，只有他们在选择服装时能够考虑到外表观瞻。"②也正因为如此，各类洋货在西方强势的军事实力支持下，迅速占领了中国市场，也迅速在全国范围内产生了文化影响力。"近年以来，国人渐染西方文化。于是铁路材料、电气材料、电信及德律风用具、各种机器、印刷及石印材料、纸张，与夫个人应用之帽、鞋、衣服、袜子花边、镜子、香料、化妆品等等，亦输入焉。再则富厚之家，其购置者，有窗玻璃、气油灯、钟表珐琅器具、话匣，及其他屋内之装备品。中国人民购买外货者，将日见其多。即如煤一项，中国地藏虽属甚富，而输入者，仍日见其多。面粉与大米为无须输之物。输入之木料，其四分之三为软木。若树木砍伐有以制止，中国亦可自给。金类物品，输入增加，可以证明中国矿业尚未进步。棉纱、烟卷、火柴、洋烛、胰皂，中国虽多造之者，输入长数，亦未见减云。"③到了20世纪初期，洋货已经深入中国民众生活的方方面面。"自通商以来，洋货之灌入中国者，几不可以数计，大约外自各城巨镇，内至穷乡僻壤，上自豪商巨贾，下自穷户小民，惟一日三餐或犹守其旧俗，不尽喜食西人之物，其余则身之所衣，手之所用，殆无一不于洋货是赖。"换言之，各类进入中国市场的洋货已经取得了社会各界的认可，成为国人生活方式的一部分。洋货在中国的迅速传

① 姚贤镐.中国近代对外贸易史资料(1840—1895)[M].北京:中华书局,1962:1352.
② 姚贤镐.中国近代对外贸易史资料(1840—1895)[M].北京:中华书局,1962:1352.
③ 津海关入口货之调查[N].大公报(天津版),1924-02-17(10).

播,引起了国人对洋货的推广与传播,尤其到了民国时期,甚或出现了一些崇洋媚外的心态。

近代器物生产能力的提升,让人们可以从满足生活的基本需求向追求更高奢侈的生活需求的转变。以时尚消费前沿的上海为例,以眼镜、纸烟、怀表等作为身份象征的新式器物首先获得上层社会的宠爱。"女界所不可少的东西:尖头高底上等皮鞋一双,紫貂手筒一个,金刚钻或宝石扣针二三支,白绒绳或皮围巾一条,金丝边新式眼镜一副,弯形牙梳一只,丝巾一方。再说男子不可少的东西:西装、大衣、西帽、革履、手杖外加画球一个,夹鼻眼镜一副,洋泾话几句,出外皮蓬或轿车或黄包车一辆,还要到处演说。"①在洋货时尚理念的影响下,国人的标准已经从注重经济实用向注重个人体验转变。此外,必须要承认的是,随着西方造物能力的提升,来自西洋的器物大大改变了国人的生活方式,比如价格低廉的火柴取代了中国原有的火镰,在使用过程中更为便利。"中国输入的外国商品中,任何东西都不及火柴这样受到人们的欢迎并如此迅速地增加。"②在中西造物能力日渐差距拉大的局面下,西洋货物在中国受到欢迎也是不争的事实。"人们开始从市场统一的角度来衡量商品、选择商品,在关系到生活日用必需品的市场选择中,任何'华洋之别'的伦理批评和政治阻止都是软弱无力的。所以,在晚清随着洋货的逐渐流行,社会舆论中指责洋货为损害道德世风的'奇技淫巧'、指责购用洋货是'崇洋'和'洋奴'的声音日渐微弱。"③从另外一个视角来看,洋货流行背后是近代机械化体系与传统造物体系竞争中取得了全方位的胜利,这也是在洋货进入初期国人惊奇和恐惧的主要原因。但随着大量国外器物所承载的先进造物理念的引入,国人对洋货已经普遍接受,逐步接受了西式的现代化理念,也艰难地开启了中国近代化的历程。

二、国货运动与器物的德育功能

"大学云物有本末,事有终始,知所先后,则近道矣。既曰物有本末,岂不以道为本,器为之末乎。又曰事有始终,岂不以道开其始而器成其终乎。"近代以来,在中国传统造物体系遭遇压力的情况下,原本以传统器物为基础构筑的思想和体系也逐步崩溃,开启了新的历程。对此,近代史学家陈旭麓有精彩的评

---

① 佚名.时髦派[N].申报,1912-01-06(22).
② 姚贤镐.中国近代对外贸易史资料(1840—1895)[M].北京:中华书局,1962:1403.
③ 李长莉.晚清"洋货流行"与消费风气演变[J].历史教学,2014(1):3-11.

论："在这个过程中,正是来自西方的商品改变了中国社会的面貌。它没有大炮那么可怕,但比大炮更有力量,它不像思想那么感染人心,但却比思想更广泛地走到每一个人的生活里去。"①洋货不仅改变了中国的生活方式,也影响到国家的造物理念、制度规范和思想文化。

以"国货运动"为举措,凝聚国人人心,提升爱国情怀,构建民族意识。大量洋货的进入,对中国传统造物体系产生了冲击,也影响到中国的经济发展。在这一局面下,从晚清开始,中国开展了多种形式的抵制洋货运动和提倡国货运动。1905 年,面对华人在美国受到的不公正待遇,国人通过抵制美货来维护民族尊严。1905 年 5 月 10 日,上海商会召集各帮商董举行大会,提出了抵制美货的建议。在随后的商会福建商董会议上,商会会长曾提出了五条具体抵制的办法:"一、美来各货(包括机器在内)一概不用;二、各埠一律不为美船装载;三、华人子弟不入美人所设学堂读书;四、美人所开之行,华人不应聘为作买办及翻译之事;五、美人住宅所雇一切佣工劝令停歇。"②在上海抵制运动的助推下,全国掀起了更大范围的抵制运动。在此过程中,国人的民族意识和民族自尊也得到了彰显。1931 年 7 月,朝鲜人在吉林省因租地引发的问题与国人产生冲突。随后,日本人为了保护朝鲜人引发了"万宝山事件",继之朝鲜媒体在国内诋毁中国,引发了大规模的排华活动。在此背景下,中国出现了大规模抵制日货运动。9 月 23 日,南京各界 20 万民众集会,决定彻底抵制日货,永远与日本绝交。上海更是宣布了严格的管理举措,对购买日货的相关人员进行惩戒:"一、公务人员购买日货者停止其职务并褫夺其公权,如系党员并开除其党籍;二、人民购买日货者褫夺其公权;三、商店售贩及运输日货者,封没其商店,同时照国产粮食及原料供给日本者同处;四、搜集本县全县日货,除留一部分作陈列外,解送交江苏水灾义赈会支配赈助灾民。"③从被迫开放中国市场,洋货大量倾销时起,国内就出现了各种使用国货的声音。但在西方大规模器物冲击语境下,以及受不平等条约的影响,国人很难有明确的发展国货运动的举措。在多种因素影响下,以"洋"为尊的观念已经进入国民心中,这对中国民族产业发展带来了巨大

---

① 陈旭麓. 近代中国社会的新陈代谢[M]. 上海:上海社会科学院出版社,2005:231.

② 朱英. 清末商会与抵制美货运动[J]. 华中师范大学学报(哲学社会科学版),1985(6):94.

③ 张华.1931 至 1933 年抵制日货活动研究[D]. 济南:山东师范大学,2006:20.

的负面影响。民国建立以后,国货运动逐步兴起。1911 年,中华国货维持会成立以后,就积极宣传和组织各项提倡国货的活动。首先,在报刊上发表文章和进行演讲,积极推广国货。维持会发起人之一曾呼吁:近代中国产业衰退的主要原因是民众不用国货,而许多国货质量甚至比洋货都好。只有民众认可和接受国货,才能不断实现中国民族产业的发展。"吾国百业凋疲,债台高筑,国计民生已极危险,至于国产绸缎、呢布、皮革、磁(瓷)器、雕漆、汗衫、线袜、丝巾、毛巾、爱国布、洋烛、肥皂、火柴、牙粉、香水、纸墨,或优胜于舶来或向有之国粹,同胞不知利用,反将大好金钱掷于海洋,可痛可痛,是以后当抱定宗旨均用国货。"①其次,针对中国商业衰落中商人存在的各种问题,维持会呼吁商人能够积极向国外学习,讲究诚信,重新塑造中国产品在国民中的形象。"吾国商业之失败,实由道德之不修,欺弄诈骗,习以为常,以致信用日减,商业日衰,故维持国货更宜维持道德。并谓吾国丝、茶、豆三种为出口大宗,惟装配制造尚缺研究,维持会宜着力做去,幸勿希望政府助力,不图自进。"②最后,提倡使用国货,不仅仅是要国人自己使用,还要将中国优秀产品推广到国外,改变中国产品所遭遇到的各种情况。在国货维持会第十次会议上,王文典再次提出,要加强对海外市场需求的研究,积极推广和宣传国货。"吾国商品以丝绸为大宗,工精物美,实为各国所无,若能组织健全贩运公司运销外洋,获利之大岂可限量。……最好公举一位才干兼优者同往考察国外绸缎销去情形,俾得应时筹备推广销路,绸业前途必有裨益。"③

为了让民众更为清晰地了解和区分国货与洋货,维持会进行了国货调查,并出版了定期刊物《国货调查录》和《国货月刊》等。其中,对市场上国货调查主要涉及以下种类:一是纺织类,包括棉纱、毛绒线、线、毛巾被、浴衣、帷帐、抬毯、抬布、门帘、包袱、窗帘料、帷帘、帐料、线毯、绒毯、被单、枕套、枕心(芯)、围涎、尿布、布匹、绸缎、丝织风景;二是服饰类,包括鞋帽、裤子、卫生衫、汗衫、毛衫、马甲、衣着、手套、领结、领带、纽扣;三是日用类,包括橡胶鞋、橡皮制品、钢精器皿、珐琅、陶瓷器、玻璃器、赛璐珞品(即塑料)、草鞋品、藤竹器、漆器、铜锡、时钟、刀剪、火柴、手帕、牙刷、镜子、景泰蓝器、阳伞、纸伞、皂烛、热水瓶、扇、毛

---

① 国货维持会第二十四次宣讲纪要[N].申报,1913-01-07(7).
② 国货维持会第七次宣讲纪要[N].申报,1913-01-07(7).
③ 国货维持会第十次宣讲纪要[N].申报,1913-01-07(7).

巾、梳篦、箱包、皮件、铜铁床、建筑材料、油漆；四是饮食类，包括茶叶、藕粉、糖果、罐食、炼乳、糖蜜、海味、酱油、油、调味品、火腿、饮料；五是教育类，包括纸、纸板、颜料、墨水、运动用具、文具、玩具、美术用品；六是卫生类，包括化妆品、药品、医疗用品；七是烟酒类，包括香烟、雪茄、旱烟、皮丝、绍酒、啤酒、果酒；八是电器机械类，包括电灯泡、电筒、电池、电扇、电料、机械等。从最初的抵制洋货，到后来的国货运动，是近代中国认识不断加深的过程，也是探索中国转型发展的历程。在此过程中，原本受到洋货冲击的中国企业也能寻找到发展机会。在近代多次的国货运动中，无论是政府还是各种社会团体，都很好地运用和调动了国人的爱国心理，将购买和消费国货等同于爱国主义的表现。这种宣传和推广模式，在近代中国社会独特的历史背景下，极具意义和价值。这意味着，购买和使用国货的人对商品所产生的认同，可以转变为对国家和民族精神的认同。通过附加在商品上的意义，加强了民众的国家意识和民族意识。维持国货与爱国主义、国家富强联系在一起，凸显了器物在国家文化认同中所起到的重要作用和意义。

第二章　中国传统器物德育教育的形式与特征

中国传统器物以"实用"见长,从而成为古人日常生活中不可缺少的一部分,久而久之,人们无意识或有意识地将自己的主观情感、思想融入其中,器物便成了承载古人精神活动的重要物质基础。刘成纪在《中国上古器具观念的哲学发生》中指出:"在中国社会早期,人类制器的目的,绝不仅仅是为了实用和好看,而是以此为基础引申出更深广的哲学意义,即将器具作为天地人神之思的物态形式来看待。"[①]中国传统器物除了具有人们普遍认为的实用、审美意义以外,还有着更深层次的哲学内涵和人伦道德意蕴,中国传统器物以极具实用价值和艺术审美的形式向外传递着中国人特有的人伦道德观念,由此形成了以中国传统器物为载体的中国传统器物教化。在中国传统器物教化中,传统器物是教化得以进行的物质载体,"修身齐家治国平天下"的道德观念是教化要达到的最终目的,"文质彬彬"的君子是教化要塑造的理想形象,以儒家文化为核心的中国传统文化体系是教化的理论基础,它们共同构成了中国传统器物教化。

第一节　中国传统器物德育教育的形式

在几千年的历史发展中,留存下来的古代器物不计其数,它们以无声的言语诉说着曾经的故事。依托器物可感可触的实有形象,古代先民在器物的形制、纹饰、色彩等方面"精雕细琢",形成了一套以器物为核心,以器物的形制教化、器物的纹饰教化、器物的色彩教化为外在表现形式的中国传统器物教化体系。

一、器物形制的德育教化

传统器物的造型千变万化,形态各异,极具美感。在器物形制美感之下更重要的是,器物的造型同样与中国传统文化有着千丝万缕的联系,器物造型蕴

---

① 刘成纪.中国上古器具观念的哲学发生[J].暨南学报(哲学社会科学版),2017,39(8):90-96.

含哲理,显示出了以器物的形制暗喻人伦哲理的内敛性。

(一)不同器型之间"和而不同"

《国语·郑语》有云:"夫和实生物,同则不继。以他平他之谓和,故能丰长而物归之。若以同裨同,尽乃弃矣。故先王以土与金木水火杂,以成百物。"在"中和"思想文化的影响下,先秦器物在制作工艺中也蕴含了"和"的思想。在器名方面,依据器物造型的不同,中国古人用不同的名称命名器物。在食器中,有盆、钵、盘、碗、罐、壶、杯、瓶、碟、缸、瓮、坛、鼎、鬲、豆、釜、甑、爵、觚等不同形制。古代的食器并不是单一、一致的,而是错落有致、造型不同,并注重与其他器皿相组合,相配使用,这正反映了中国古代"君子和而不同"的教化思想。

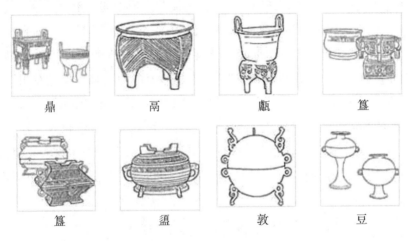

图 2-1 古代炊食器造型

同时,觚作为一种酒器,也引发了孔子的深切思考。周初,酒器的命名和容量有着明确的规定:一升曰爵,二升曰觚,三升曰觯。"一升曰爵,爵,尽也。二升曰觚,觚者,少也,饮常寡少也。三升曰觯,觯,适也,饮之体适然也。四升曰角,角,触也,不能自适,但触罪过也。五升曰散,散者,讪也,饮不知节,徒为人谤讪也。"①春秋战国时期,随着周王室逐渐衰落,礼乐形同虚设,觚的造型开始发生变化,觚的容量由二升扩大为三升,名为觚,实则觯,二升扩大为三升,按照周礼,"尊者举觯,卑者举角",表面上看觚只是容量扩充而已,实则是尊者降贵,卑者逾越,孔子感慨"觚不觚,觚哉!觚哉",正是以"觚"隐喻了当时君不君、臣不臣的社会混乱状况,以"觚"劝诫君臣各在其位,和衷共济,共同治理好国家。

---

① 文韬,张伟.儒家器物观与中国传统艺术造型[J].美术研究,2018(3):76-83.

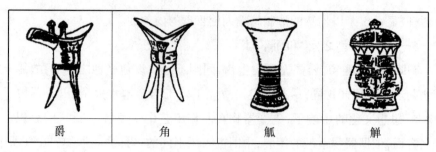

<table>
<tr><td>爵</td><td>角</td><td>觚</td><td>觯</td></tr>
</table>

图2-2　古代酒具造型①

(二)"模具"与"模范"

在制造器物的规格方面,为了能系统化地制作青铜器,使某类器物能够有统一的形制,西周中后期逐渐形成了成熟的模范成形工艺技术,如失蜡法、铸模法等技艺。这些工艺的基本原理是"先设计出一个模型,然后在上面翻出一对或一组外范,或者先设计一个母模,在此基础上制作出造型、纹饰、铭文相同,大小依次递减的子模,然后再翻数范"②。这便是模范的由来。模范在制器方面保障了器具在规格上的统一,同时也传递出了"尚同"的观念,如若出现不一样的器物,便意味着异端,对于这种异端的器具,《礼记·王制》赫然写着:"作淫声、异服、奇技、奇器以疑众,杀!"奇技与奇器被定为死罪,对于古人来说,这就绝非是器物层面的"创新",而是有悖乱纲常、惑乱人心的异端,为正道所不容。汉代王充在《论衡·物势》中说道:"今夫陶冶者初埏埴作器,必模范为形,故作之也。"后来逐渐延伸为"榜样",值得后辈学习的楷模的意思。

图2-3　商代陶印模,现藏于中国国家
　　　　博物馆

图2-4　春秋兽头陶模,现藏于中国
　　　　国家博物馆

---

① 黄亦锡.酒、酒器与传统文化[D].厦门:厦门大学,2008:106-107.
② 高纪洋.中国古代器皿造型样式研究[D].苏州:苏州大学,2012:29.

(三)器同则国统

东周末期,各路诸侯划分领地,自立为王,每个小国都有自己独立的国家运营体系和制度。在交通方面,因为各国没有统一的修路标准,因此车辆种类多样,道路大小不一,各国两个车轮之间的距离各有不同,车轨尺度混乱;在文字方面,形成了齐系文字、燕系文字、晋系文字、楚系文字以及秦系文字等具有各个地方特色的文字系统;在货币系统方面,布币、刀币、环钱和贝币(蚁鼻钱)构成了战国时期的四大货币体系,不同形制的货币在各个国家使用流转;在度量方面,一升在各诸侯国皆有不同,"邹国一升折合 200 毫升;齐国一升折合 205 毫升,秦国折合 226 毫升,楚国折合 169 毫升,韩国折合 175 毫升,赵国折合 199 毫升,魏国折合 117 毫升,东周折合 180 毫升,中山折合 225 毫升"[①]。在秦始皇一统六国后,"车同轨,书同文,行同伦,同货币,统一度量",在国计民生最重要的器物方面实施统一举措,巩固中央集权,从而快速形成了一段时间内稳定的、大一统的文化观。

(四)器物形制取象自然

唐宋时期,儒释道三家鼎立,器物的形制多以莲花为底本制作。佛教以莲喻佛,认为莲花是清净、圣洁、吉祥的象征;荷花也是道教的标识,道教中以荷描写仙境,认为荷花是"道瑞"的象征;莲花在儒家中,"出淤泥而不染,濯清涟而不妖""不蔓不枝""亭亭净植",其中蕴含了儒家修心养性的修身境界。莲花形状的器物,是儒释道三家的共同载体,共同塑造着中国古人的性格。

图 2 - 5　五代越窑青瓷莲花碗,现藏于苏州博物馆

(五)器物造型多元化趋势

唐代国力空前兴盛,外来诸国纷至沓来,唐以开放的姿态兼收并蓄,中国传统器物的造型表现出了多元化的趋势。中国的瓷器、丝绸、茶叶通过丝绸之路

---

① 顾钦.中国度量衡史话　第三章　度量衡的混乱期　春秋战国到秦统一六国[J].上海计量测试,2004(3):49 - 51

传向西方,中国文化走向了世界。在中外文化交流中,"罗马教皇和欧洲社会上层以身穿中国丝绸衣服和使用中国瓷器彰显其尊贵的地位,在此基础上让整个欧洲社会对中国文化产生了追捧和羡慕,形成风靡一时的'中国风'"①;而胡服、胡琴等器物使得唐代出现了一种新的社会风尚——"胡风",正是这种器物层面的交流对当时人们的思想观念产生了深刻的影响,更是促成了唐代开放包容观念的形成。而当安史之乱之后,唐同西方的交往大为减少,这从侧面反映了在国家安危面前,外族形制的器物表现出了极强的影响力。

图 2-6 丝绸、茶叶、瓷器

图 2-7 汉服、胡服与胡琴

(六)以器言"理"

在道器关系方面,宋代理学以"理"直接或间接地影响着宋代的器物造型。由于唐代儒释道三家鼎立,儒学日益显示出了其中的理论缺陷,宋代理学家范仲淹、欧阳修、胡瑗、孙复等人主张复兴儒学、重振纲常,重兴士风,并以此为目标著书讲学,一时学派林立。宋代理学家们也为儒家建立了一个贯通形而上与形而下的理论体系,以"理"为至高无上的本原,提出各种修养功夫从而达到"天理"的境界,譬如二程主张"格物致知",朱熹提出"居敬穷理"的功夫,王阳明主张"知行合一""致良知"的功夫。这种品格与追求同样通过器物的造型表现出来。宋代瓷器兴盛,瓷器线条流畅,注重雅洁的品格,"这类器型尤以梅瓶为代表,其瓶口小脖颈短、溜肩向下、上鼓腹渐收脚、小圈足落地,整个造型犹如亭亭

---

① 李松杰. 文化交流与文明互鉴的器物样本[N]. 中国社会科学报,2022-09-21(A09).

玉立的少女"①。这样的造型,简单而不失端庄。而宋代的茶盏整体上大沿口小圈足,呈现出收敛感的形体,与宋儒强调修身功夫的文人气质有着异曲同工之妙。

(七)以器言天人合一

在天人关系方面,周代的三足鼎、清代的三才杯等器物都代表了古代先民对天地人关系的理解与表达。《周易集解》中明确地说道:"鼎,三足,以象三台也。"《汉书·五行志中之下》中说道:"鼎,三足,三公象。""三台""三公"即周代设立的司马、司徒、司空的三公制度,司马、司空、司徒分别对应天、地、人之位,古代统治阶层以鼎三足象征三公的寓意将古代的能人志士牢牢锁在统治者建立的政治体制中。② 而明清时期流行的三才杯也是一种代表天人合一的器物。三才杯上有盖,天盖之;中有碗,人育之;下有托,地载之。这种形制的中国传统器物体现了古代先民对天地的敬畏与崇拜,对人的关怀和尊敬。

图2-8　商周三足鼎　　　图2-9　清乾隆豆青地粉彩鱼藻纹带托瓷盖碗

(八)器物形制的方圆之意

方圆形制的器物体现了古人对宇宙的认知和理解。例如,内圆外方的玉琮,它的内圆代表天,外方代表地,寓意天地相连;上圆下方的车舆,上有圆形盖弓帽,象征着天空的广阔和无限,下有方形舆,代表着地面的平稳和稳固;而外圆内方的铜钱则是古人对天地相生相克的理解,圆形代表天,方形代表地,寓意天地之间的相互作用和平衡。这种方圆形制的器物无时无刻不在加深着中国先民"天圆地方"的宇宙观。

---

① 董明利.宋代陶瓷美学特征的哲学探赜[J].内蒙古艺术学院学报,2022,19(2):145-149.

② 杜勤.试论鼎三足的喻象意义[J].华东师范大学学报(哲学社会科学版),2000(3):9-13.

　　方圆形制的器物除表示中国人的宇宙观之外,还凸显其伦理含义。内圆外方寓意对外与人和睦相处,处世圆通,对内仍然坚持自己的操守。文武大臣朝见天子,手执笏以记录君命,或者将要对君王上奏的话记在笏上,因此,笏对于君臣商讨国家大事十分重要。《礼记·玉藻》中还以笏制叙述了方圆在君臣关系之间的寓意:"天子搢挺,方正于天下也,诸侯荼,前诎后直,让于天子也,大夫前诎后,无所不让也。"①天子的笏上下方正,以表示天子大公无私,端方正直;而诸侯的笏上圆下方,表示诸侯须降让于天子;大夫的笏上下皆圆,大夫"上有天子,下有己君",因此需要处处退让。《宣和博古图》认为身份不同,造型有别:"故燕李与夫大射卿大夫则皆用圆壶,以其大夫尊之所有事,亦为臣者有直方之意,故用方;以其士旅食卑之所有事,示为士者以顺命为宜,故用圆。"②方圆在器物造型中表现出人伦的意义。

图 2 - 10　西周玉琮,现藏于中国
国家博物馆

图 2 - 11　秦陵一号铜马车

图 2 - 12　西汉五铢钱,现藏于中国国家博物馆

---

① 钱玄,钱兴奇,徐克谦,等.礼记[M].长沙:岳麓书社,2001:405.
② 高纪洋.中国古代器皿造型样式研究[D].苏州:苏州大学,2012:78.

总体而言,器物不仅仅是物质的存在,更是教化思想的传承和延续,这些传统器物通过形制的方式传递着古代先民的智慧和文明,教化后人言行应符合礼的规范,日后成为彬彬有礼的君子。同时,这些传统器物也教育着我们要尊重自然、崇尚美好、关怀他人。

二、器物纹饰的教化

中国传统器物的纹饰不仅有着极高的审美价值,还是一种文化载体和教化工具。这些纹饰以不同的题材展示着中国传统文化内涵和象征意义,潜移默化地影响着古代先民的价值观念。

(一)由神秘庄严的纹饰风格向"以民为本"的纹饰风格转变

周代与殷商纹饰最大的不同便是纹饰逐渐"接地气",体现祭祀场面庄重、狰狞神秘的兽面纹逐渐被自然简约的纹饰所代替,这意味着"神性"的消失,"人性"的凸显。殷商的器物纹饰呈现出"以神为本"的特征,这样的纹饰主要有饕餮纹、夔龙纹、凤鸟纹、蝉纹、象纹、窃曲纹、云雷纹、涡纹、连珠纹、重环纹、人物纹等等抽象的纹饰,其中,夔龙纹"头形如兽头,巨目獠牙,头上有不同式样的角,身体细长弯曲,长尾,有的无足,有的有足"[①],这些纹饰大部分并非现实世界的产物,神秘的氛围占据着主要地位。而到了周代以后,器物的纹饰趋向自然化,多为几何纹饰以及写实的动物纹样。被誉为"晚清四大国宝"的毛公鼎、大盂鼎、虢季子白盘、散氏盘等器物上刻铭文,内容涉及颂扬周代先王功业、庆祝赏赉等事迹,从中可以看出此时人性得到解放,"民"的作用开始彰显。

(二)寓意吉祥如意的动物纹饰

宋代以后,中央集权不断加强,一些图案成为统治者专用的纹饰,"宋徽宗在政和元年下诏:诸服用以龙或销金为饰,及以纯锦偏绣为帐幕者,徙二年,工匠加二等,许人告捕,虽非自用,与人造作,同严行禁之"[②]。这意味着,从宋代开始,龙开始成为统治阶层专用的图案,如果民间有人以龙为饰,则流放两年,制作的工匠同样受到处罚。到了明代,禁用条目更多,带有古帝王后妃、圣贤人物故事、日月、龙凤、狮子、麒麟、犀象等纹饰的刺绣、器皿、房屋为民间禁止,一些动物纹饰为文武官员所用,文禽武兽。明代流行有服色歌:"《文官服色歌》唱道:一二仙鹤与锦鸡。三四孔雀云雁飞。五品白鹇惟一样。六七鹭鸶鸂鶒宜,

---

① 马莉.先秦工艺美术概论[M].兰州:甘肃人民出版社,2013:213.
② 吴美凤.明代宫廷家具的纹饰与用色[J].紫禁城,2014(11):38.

八九品官并杂职,鹌鹑练雀与黄鹂。风宪衙门专执法,特加獬豸迈伦彝。《武官服色歌》唱道:公侯伯,麒麟白泽裘。一二绣狮子。三四虎豹优。五品熊罴俊、六七定为彪。"①用这些禽兽做装饰的织物有专门的名称,叫"补子",文官娴静儒雅,官服以禽鸟作为补子图案纹样用来彰显文官的贤德,武官勇武剽悍,官服以猛兽作为补子图案以此彰显武官的威仪。不同品阶的官员补子纹饰各不相同,禽兽纹饰是封建礼教制度下身份等级的标志。

(三)有人伦寓意的植物纹饰

古人通常在瓷器、玉器或是木器上雕刻或绘制梅、兰、竹、菊、松等具有象征意义的图案,梅凌寒独放,"天寒地冻,万木萧疏,唯有梅花傲然挺立,繁花满枝,冷香习习,传报春意";兰坚贞高洁,"滋兰之九畹兮,又树蕙之百亩";竹坚韧不屈,"咬定青山不放松,立根原在破岩中。千磨万击还坚劲,任尔东西南北风";菊清高桀骜,"宁可枝头抱香死,何曾吹落北风中";松顽强向上,"枯松倒涧壑,波涛所春撞。万牛挽不前,公乃独力扛"。古人从一些植物在自然中生的长状态看到了人的"品格","清华其外,淡泊其中"是梅、兰、竹、菊、松所共有的品格,也是古人心驰神往的理想人格,这些图案在潜移默化中塑造着中国文人的性格。此外,古人还以状如"祥云"的灵芝、四季花、缠枝纹等植物为纹饰象征"福"。儒家文化强调"德福一致",认为仁义的品德可以带来幸福的生活,《易传》讲"积善之家必有余庆,积不善之家必有余殃",以"福"暗示行德的必要性。

图 2 - 13　清粉彩梅花纹碗

---

① 何佳. 中国古代的造物人文观[D]. 苏州:苏州大学,2013.

图2-14　清斗彩团花菊蝶纹盖罐

图2-15　清淡黄地珐琅彩兰石纹碗

图2-16　宋黄釉黑彩竹纹瓶

图2-17　清斗彩缠枝花纹梅瓶

（四）叙事伦理画像

古代以宣扬孝子、义士、圣君、贤相等人物为主流思想，这些叙事人物画像绘在各类器物之表写实性强，形态各异，神情生动，栩栩如生，在表达审美意蕴的同时更传递了忠臣孝义的伦理观念。位于山东省济宁市嘉祥县纸坊镇的东汉家族祠堂武梁祠内部装饰了大量完整精美的画像，如"鲁义姑姊""梁节姑姊""曹子劫桓""完璧归赵""荆轲刺秦"等画像生动形象地展示出了当时人们赞颂的品德；明清时期景德镇瓷器常以"竹林七贤"为装饰，显示出了文人志士不与世俗同流合污的高尚品格。

总而言之,中国传统器物的纹饰与中国以儒家文化为核心的价值观念密切相关,在器物这一载体上,中国古代先民用富有"文学性"的画作形式,教化普罗大众向谦谦君子的形象靠拢。

三、器物色彩的教化

中国传统器物的色彩以"青、白、红、黄、黑"五色为主。这五种颜色在中国传统文化中有着重要的文化内涵和人伦意蕴,在中国传统文化中扮演着重要角色,对人们的思想和行为产生了深远的影响。

(一)五行相克是传统器物崇尚五色的理论基础

五行即"水、火、木、金、土",五色即"黑、赤、青、白、黄"。五色与五行一一对应。东周末期,邹衍以五行说来解释"天命"的更替,提出"五德终始说","五德"即"五行"之德用,他说:"五德从所不胜,虞土,夏木,殷金,周火。"邹衍把历史上的黄帝说成是土德,其色黄;夏禹则以木代土,其色青;商汤以金克夏木,其色白;周文王以火克商金,其色赤。《礼记·檀弓》记载,殷人崇尚白色,军队作战时的战马、祭祀用的"牺牲"都选用白色,而周代军队作战的战马、祭祀用的"牺牲"都选用赤色。"邹衍学说在秦汉影响很大,暴虐的秦始皇虽刻削无仁、焚书坑儒,却对邹衍之学加以采纳,他'推终始五德之传,以为周得火德,秦代周德,从所不胜,方今水德之始',其服饰色尚黑。"①中国传统器物崇尚五色,以五行相克为理论基础,以器物崇尚不同颜色的方式来表示统治阶层天命、王权的转移。

(二)中国传统器物以"黄色"为尊

秦汉以后,邹衍学说仍为历代皇帝所采用,王朝更替必改正朔、易服色。②服饰颜色体现了王权的正当性与合法性。清代,黄色为皇权贵族专用,等级最高的颜色是明黄色,只有皇帝、皇太后、皇后和贵妃才可穿用,一般臣子、庶民严禁使用。明黄色是凌驾于一切服色之上的神圣而不可侵犯的颜色,即使贵为皇太子,也不能在衣服上使用明黄色,只能在衣服的配饰,如朝带、吉服带及朝珠的绦带等细小不明显的部位使用明黄色。清代服饰反映了"以黄为尊"的等级教化观念。

---

① 王文娟.五行与五色[J].美术观察,2005(3):85.
② 王文娟.五行与五色[J].美术观察,2005(3):85.

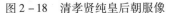

图2-18　清孝贤纯皇后朝服像　　　图2-19　清代乾隆皇帝朝服像

（三）以色彩表现人物形象

明清时期,戏曲盛行。京剧脸谱是演员在脸上以黑、红、白、黄、青五色为主体颜色绘制各种图案,用来表现京剧故事中人物的性格特征,其中京剧脸谱的不同配色有着特殊的含义和象征意义。例如,红色如关羽忠勇,白色如曹操奸佞,黑色如包公正直,蓝色如窦尔墩刚勇,绿色如徐世英暴躁,黄色如典韦骁勇,紫色如专诸稳重肃穆,灰色代表勇敢,金色、银色代表神怪形象。脸谱色彩蕴含着明确的教化机制。脸谱色彩以黑红白黄青五色为本体色,水红、明绿、茶褐等为间色,故事人物形象又与脸谱颜色内外一致,黑色、红色等颜色折射出正面的人物道德形象,白色、绿色等颜色反映了负面的人物道德形象。

总的来说,中国传统器物常常被描述为"简约、内敛、含蓄、深邃",这种美感与中国传统文化中的人伦道德思想密切相关。中国传统器物不仅仅是形式上的美,更是一种内在的品质和文化的表达,它不仅仅是一种视觉上的享受,更是一种文化思想、哲学思想以及人伦道德的隐性传承与表达。

图 2 - 20　京剧脸谱

第二节　中国传统器物的种类及其德育教育途径

按照传统器物使用方式、场合,以及象征意义的不同,中国的传统器物可以大致分为祭器、养器、明器三种。祭器制作精美、造型独特、寓意深刻,养器实用美观、富含哲理,明器形制多样、装饰精致、神秘庄严。每一种传统器物都有其独特的历史和文化背景,代表着中华民族的智慧和创造力,是中华文化的重要组成部分。

一、祭器及其教化途径

"国之大事,在祀与戎","凡家造,祭器为先,牺赋为次,养器为后",在国家事务的重要程度方面,祭祀是国家的头等大事;在建家立室的先后次序方面,祭器为先,由此可见,祭器在中国古代社会中有着极高的位置。

(一)以祭器教化民众敬天帝尊王权

作为拥有最高权力的天子,掌握着国家的重要祭祀活动——祭天,这便是世间的最高统治者称自己为天子的原因。何谓天? 古人认为自地以上都是天,就算高山林谷也属于天的范畴。《礼记·礼运》说:"山川,所以傧鬼神也。"因为山林川谷丘陵能出云为雨见怪物,故皆曰神,由于古人还不能科学认识各种自然现象,于是便将其归结为神的恩赐。这里的天也不仅仅是自然山川,它是一个抽象的名词,同时还涵盖着祖先,荀子在《礼论》中说:"故王者天太祖,诸侯不敢坏。"天太祖,就是以天作为世间最高统治者的祖宗,因此,祭天的对象自然是山川与祖先的合一。《礼记·祭法》中记载:"燔柴于泰坛,祭天也。"泰坛,就是在泰山之顶积土筑圆坛,坛上放置柴火,将玉以及牲(牛羊猪等)置于柴上烧,其中的气即可上达天帝。古人的观念中,泰山位于东方,是日初升之处,且海拔高,是最接近天的地方。天子通过祭天,垄断了天人沟通,这也不断加深了君权天授的思想,使得天子的王权不可撼动。"牧之野,武王之大事也,既事而退,柴于上帝,祈于社。"在这里,武王克殷后,燔柴,以气沟通上帝,就是为了让王权得到天帝的承认。①

在一定程度上,天就是世间最高权力拥有者的祖宗,统治阶级建庙祭祀祖先,而庶民不能立庙,只能在自己居住的家宅中祭祀先人。对于祭祀祖宗的庙,《礼记·王制》中有着严格的等级规定:"天子七庙,三昭三穆,与太祖之庙而七。诸侯五庙,二昭二穆,与太祖之庙而五。大夫三庙,一昭一穆,与太祖之庙而三。士一庙。庶人祭于寝。"②天子身着隆重的祭服,以纯色的牛为牺牲,象征着国家的"命脉"。中国以农业立国,牛在古代是田地耕作最重要的劳动力,元朝农业专家王祯在《农书》中说:"农为牛本,有功于世。"此外,在战乱的年代,牛既是用来耕田的劳动力,同样是一种资源,牛不仅可以像马一样拉车运输物资,牛皮、牛筋还可制作战靴、铠甲、束带、缰绳、马鞭、弓箭等,因此,各朝各代都有明确的规定,若无特殊情况不得宰杀牛。

(二)以祭器正君臣名分

祭祀活动对于古人来说是十分重要的,"敬则用祭器",祭器是表示对上天、自然尊敬的最直接的方式。祭器并非人人都能制造、能拥有,从周代制定礼制开始,祭器仅限于士阶层以上使用,"君子虽贫,不粥祭器"。祭器有着极高的地位,为统治阶层高度重视,拥有、使用祭器是地位的象征。《周礼·春官宗伯》曰:"以九仪之命正邦国之位:壹命受职,再命受服,三命受位,四命受器,五命赐则,六命赐官,七命赐国,八命作牧,九命作伯。"③"唐孔颖达谓:造祭器者应为

---

① 梅珍生.晚周礼的文质论[M].武汉:湖北人民出版社,2004:21.
② 钱玄,钱兴奇,徐克谦,等.礼记[M].长沙:岳麓书社,2001:174.
③ 杨天宇.周礼译注[M].上海:上海古籍出版社,2004:279-280.

'四命以上者',非四命的诸侯大夫、士若无田禄,不得造祭器。"①由此可见,祭器的制造和使用有着严格的等级限制,祭器是名分的象征。《左传·成公二年》中,孔子说:"唯器与名,不可以假人,君之所司也。名以出信,信以守器,器以藏礼,礼以行义,义以生利,利以平民,政之大节也。若以假人,与人政也。政亡,则国家从之,弗可止也已。"②孔子将"器"与"政""信义"联系在一起,可见,此"器"并非普通之日用器物,而是以特殊工艺以及特殊材料制作的用于祭祀的礼器,这些礼器蕴含着"仁、义、礼、智、信"等德行思想。古人将德行思想融于礼器之中,以提醒用者时时按照圣人的方式行事。

古人对于祭祀十分严谨,日常的吃穿用度不能高于祭祀用品,所有的祭祀用品不在市场上买卖,祭器无故不假,即使祭器不能用,也不会用于日常生活,"祭服弊则焚之,祭器弊则埋之,龟策弊则埋之,牲死则埋之"③。在某种程度上祭器甚至高于作为生存使用的器物,《礼记·曲礼》记载:"君子将营宫室,宗庙为先,厩库为次,居室为后。凡家造,祭器为先,牺赋为次,养器为后。"④在建造房屋时,宗庙是首先被建造的,其次是马厩、仓库,最后是居住的房子;在制作器物时,先造祭器,其次是放置牲畜的棚圈,最后是生活用具。古代更有"祭器未成,不造燕器"的礼制,祭祀活动所需要的器物以及祭器、养器的建造顺序决定了祭祀与平民百姓无关,祭器便成为身份地位的象征。祭祀活动主要由统治阶级主导实行,上到天子,下到士人,这便有了"礼不下士人,刑不上大夫"的说法。

二、养器及其教化途径

基于古人两重世界——神圣世界和世俗世界的理论,祭器是神圣世界的事物,养器是世俗世界的事物。广义上的养器是维持人们日常生活、进行人伦交往不可或缺的重要器具,养器是中国传统器物教化的主要媒介。从器物教化的角度来讲,器物有刑法这样的强硬教化。以古代的刑具——枷、锁为例,原本简简单单用来制约罪犯的器具也体现了教化的意蕴。"旧时的手铐——如我们印象中的林冲或武松在发配充军时所戴的梏——手铐是与套在他们脖子上的、用

---

① 李砚祖.人伦物序:《礼记》的设计思想[J].南京艺术学院学报(美术与设计版),2009(2):53-58.

② 杨伯峻.春秋左传注[M].北京:中华书局,2009:788.

③ 钱玄,钱兴奇,徐克谦,等.礼记[M].长沙:岳麓书社,2001:29.

④ 钱玄,钱兴奇,徐克谦,等.礼记[M].长沙:岳麓书社,2001:39.

方形木板制成的'枷'连在一起的……罪犯的手因长期由'枷'中的'梏'而被置于胸前,当他一旦被除去刑具(梏)而释放时,手也就自然地作恭敬状;以及这罪犯因长期戴着方形的木枷,使之坐牢只能坐有坐相、不能东倒西靠,随意妄动,当他一旦被除去刑具(枷)而释放时,这坐也就有了传统意义上的坐相:腰板挺直。同样,这罪犯因脚镣(桎)沉重,使得行走时疾徐有节、方方正正,当他一旦被除去脚镣(桎)而释放时,这行走也就自然而然成了方正稳重、疾徐有度。这坐有坐相、走有走样,逢人而作恭,从形象上说就是一名被改造好的传统意义上的规矩人。这当然要归功于服刑期间这'桎梏和枷'对他的反作用……所以儒生周怡在《囚对》一文中作如是说:'周子被罪下狱,手有梏、足有镣,坐卧有枷,日有数人监之,喟然曰:余今而知检也。手有梏则恭,足有镣则重,卧坐有枷则不敢以妄动,监之众则不敢以安言,行有镣则疾徐有节,余今而始知检也。'"①法令在于惩恶,而礼乐在于培养人的德行,驱民向善,刑罚这样的强制教化手段施加在社会的少数人身上,对于大多数人来说,教化还是以礼乐这样柔和的方式实施。无论是刑罚教化还是礼乐教化,都以器物为载体,驯化人的劣性,升华人的品格。"文明从制造器物开始,制陶、镕铸、纺织、雕刻、建筑和缝纫等是最早的器物制作活动,它们奠定了华夏文明的基石"②,而器物教化贯穿中国文化的始终。

（一）传统器物反映统治阶层威严尊贵

周代统治者——天子的衣、食、住、行因四时轮转变换,天子秉承着知时、顺时的行事原则,从而达到与天道同行的目的。春季,"天子居青阳左个,乘鸾路,驾仓龙,载青旂,衣青衣,服仓玉,食麦与羊,其器疏以达"③;夏季,"天子居明堂右个,乘朱路,驾赤骝,载赤旂,衣朱衣,服赤玉,食菽与鸡,其器高以粗"④;秋季,"天子居总章大庙,乘戎路,驾白骆,载白旂,衣白衣,服白玉,食麻与犬,其器廉以深"⑤;冬季,"天子居玄堂左个,乘玄路,驾铁骊,载玄旂,衣黑衣,服玄玉,

---

① 刘康德.论中国哲学中的"器物"与"道理"[J].复旦学报(社会科学版),2006(6):100-104.

② 闫月珍:器物之喻与中国文学批评:以《文心雕龙》为中心[J].中国社会科学,2013(6):167-185.

③ 钱玄,钱兴奇,徐克谦,等.礼记[M].长沙:岳麓书社,2001:198.

④ 钱玄,钱兴奇,徐克谦,等.礼记[M].长沙:岳麓书社,2001:220.

⑤ 钱玄,钱兴奇,徐克谦,等.礼记[M].长沙:岳麓书社,2001:228.

食黍与羹,其器阔以奄"①。天子在天的规范下上应天道、下治国事,以表示自己是上天意志的代言人。

在衣着方面,统治阶层以多彩而华美的裘与丝织品类为主,以天子最隆重的祭服为例,《礼记·郊特牲》中有描述:"祭之日,王被衮以象天。戴冕,璪十有二旒,则天数也。乘素车,贵其质也。旂十有二旒,龙章而设日月,以象天地。"②祭天时,天子身着绘有龙纹、日月等天子专用纹饰的大裘,头戴十二旒冕,显示出了天子至高无上的威严。而皇帝的正妻——皇后服饰烦琐,以珍贵的织物材料为基础,以精美的花纹图案、各种宝石、金银等贵金属为装饰,散发着皇室成员尊贵地位的气息。有时统治者会将自己的衣物或其他物件赏赐给官员,也用于官员的表彰,彰显出了立功者的荣耀。

在住所方面,"为之雕琢刻镂,黼黻文章,使足以辨贵贱而已,不求其观……为宫室台榭,使足以避燥湿、养德,辨轻重而已,不求其外"③,古人将"养德"与日常住所联系在一起,可以说"修德养性"是古代先民日常生活中不可缺少的一部分。唐长安城以皇城为中心向外扩展,"王者居中为尊,对百姓绳之以礼"。孔子说:"为政以德,譬如北辰,居其所而众星拱之。"天子居中位既可以控制四方,又有利于四方进贡。明清将"以中为尊"的思想推至顶峰,以故宫为例,故宫采用全国最高规格的建筑材料和建筑格局,体现着皇权的尊贵。故宫整体东西对称。中国古代贵族实行一妻多妾制度,作为皇帝唯一妻子的皇后,才有资格居住在中轴线上的寝宫,而其他妃嫔分别居住在东西两侧的十二宫中,这样的居住格局既清楚体现了后宫中的嫡庶尊卑关系,又包含着宗法秩序。除了凸显"以中为尊"的理念,建筑规模上同样反映了尊卑。"王宫门阿之制五雉,宫隅之制七雉,城隅之制九雉。经涂九轨,环涂七轨,野涂五轨。门阿之制,以为都城之制。宫隅之制,以为诸侯之城制。……有以高为贵者。天子之堂九尺,诸侯七尺,大夫五尺,士三尺。"④城墙高度、堂阶层次都有明确的等级。这种严格的等级制度,使人们清楚明白自己的社会地位,安分守己,从而达成统治者所需要的"稳定与和谐"。此外,在明清时期的建筑设计中,屋顶有着严格的等级区分。

① 钱玄,钱兴奇,徐克谦,等.礼记[M].长沙:岳麓书社,2001:237.
② 钱玄,钱兴奇,徐克谦,等.礼记[M].长沙:岳麓书社,2001:345.
③ 李玲.中国古建筑和谐理念研究[D].济南:山东大学,2011.
④ 李玲.中国古建筑和谐理念研究[D].济南:山东大学,2011.

庑殿、歇山雄伟宏壮,代表王权。重檐庑殿、重檐歇山为最高规格,为天子专用,其他人没有资格使用这样的建筑样式;而后妃居住的宫殿采用次一级的单檐庑殿或是单檐歇山。整个皇宫建筑气势雄伟、豪华壮丽,以高贵的气质诉说着封建帝王至高无上的权威和森严的等级制度。

住所是生活起居的主体,内置各种日常生活用品和家具,这些日用品和家具的使用蕴含着人伦观念。在生活日用器物方面,秦汉以前,席地坐卧是中国古人的生活方式,据《周礼》记载:"掌五几、五席之名物,辨其用与其位;凡大朝觐、大飨射,凡封国、命诸侯,王位设黼依。以前南乡,设莞筵纷纯,加缫席画纯,加次席黼纯。左右玉几。"①几与席既满足了人们日常生活起居的需要,也逐渐形成了一套礼仪。几为席地而坐时的凭靠之具,天子用玉几,公侯用木竹为几,尊卑等级明显。根据制席材料的精细程度,席分为莞席、藻席、次席、蒲席、熊席、苇席、篾席、丰席、底席、荀席以及蒯席等。席与几在统治阶层的生活中发挥着极大的作用,上到天子、诸侯朝觐、祭祀、飨射,下到婚丧礼仪,从而形成了坐仪。古人席坐时,"履不上堂",两膝向下着地,臀部放在脚跟上。事实上,缓解疲劳的坐姿应该是臀部向下,屈膝向上的蹲踞或屈膝交叉的盘坐。古代的坐仪并不是让人放松,而是包含着人伦意义。这种并不舒服的坐姿,以损伤卑者自己表达对贵者的尊敬之情。同样席的摆放也关乎一个人的品行,孔子说:"席不

图2-21　席与几案

图2-22　晚明黄花梨四出头官帽椅

---

① 翟睿.以礼而序:中国古代席坐方式与礼仪[J].南京艺术学院学报(美术与设计),2015(1):17-21.

正,不坐。"①席正,象征着君子中正的品行。到了宋代,高起居的生活方式确立,垂足而坐的家具太师椅出现。与现代沙发不同,中国古代的座椅一般摆放在书房、厅堂等严肃的场所中,一般不会出现在让人放松的场所中,并且它的材质以硬木为主,靠背、扶手与身体有相当距离,坐在上面前后不靠,以提示、规范坐者正襟危坐,体现严肃、庄重之感。

还有许多日用器物蕴含着人伦道德的含义。一是镜子。古人造镜以正衣冠,人对镜观照,不仅能照体,也能照心,"若心事端庄,则如冠裳济楚,意态自然精明;若念头尘俗,则蓬头垢面,不待旁观者耻笑而自心惶恐,又何能顷安耶"②,镜子成为古人修身养性的有力助器。在使用镜子的过程中,古人逐渐意识到"以史为镜可以知兴替,以人为镜可以明得失",具象的镜子抽象化,成为个人命运和国家局势的映现。二是玉器。《考工记》中记载:"天子用全,上公用龙,侯用瓒,伯用将。"天子用纯色的玉,上公用四比一杂色的玉石,侯用三比二质地不纯的玉石,伯用各占一半的玉石。在以等级维持社会秩序的古代社会中,通过玉的纯色与否就能辨别一个人身份的高下贵贱。古人以玉比德,君子无故玉不去身,从天子到士人除了服丧时期,都需佩玉在身,当佩戴玉之后,步伐沉稳,从而达到君子"足容重"的仪态,否则,步伐紧促,身上佩戴的玉便会发出互相碰撞的声音,失去了君子应该保持的仪态。因此,随身佩戴玉器,起时时提醒的作用,让人不断反省自身,在日积月累的修身中将自己塑造成品行高洁的君子。

此外,在人与人之间的交往中,通过器物表现出了君臣尊卑的等级观念,"凡挚,天子鬯,诸侯圭,卿羔,大夫雁,士雉,庶人之挚匹,童子委挚而退"③。天子用鬯酒作为见面礼,诸侯用圭作为见面礼,卿用羔羊作为见面礼,大夫用鹅作为见面礼,士用野鸡作为见面礼,庶民用鸭子作为见面礼,器物是身份的象征。拿取上层统治贵族的器物,同样有着繁缛的礼仪:"凡奉者当心……执天子之器,则上衡;国君则平衡,大夫则绥之,士则提之。"④捧这个动作与心脏的位置相对,捧着天子的器物,应该高于心脏,捧着国君的东西应该与心脏相平,捧着

---

① 刘兆伟.论语[M].北京:人民教育出版社,2015:216.

② 刘康德.论中国哲学中的"器物"与"道理"[J].复旦学报(社会科学版),2006(6):100-104.

③ 钱玄,钱兴奇,徐克谦,等.礼记[M].长沙:岳麓书社,2001:53.

④ 钱玄,钱兴奇,徐克谦,等.礼记[M].长沙:岳麓书社,2001:35.

大夫的器物,应该低于心脏,捧着士的器物,与腰相齐。通过器物所在的位置,既表示了尊敬之情,又体现出了统治阶层内部的等级差异,一上一下,一左一右,尊卑明矣。

在政治器物方面,玉玺与兵符是中国古代的政治信物。玉玺是政权的核心。在万物有灵的原始社会中,玉被认为是沟通神灵的媒介;而在封建社会确立后,玉成为神权、君权、政权合一的象征。秦代统一全国,丞相李斯奉始皇帝之命,用和氏璧镌刻成传国玉玺,上刻八字"受命于天,既寿永昌",作为皇帝发布政令的印鉴,是中国历代正统皇帝的凭证。《史记·秦始皇本纪》云:"上病益甚,乃为玺书赐公子扶苏曰:'与丧会咸阳而葬。'"秦始皇临终前用玉玺封书遗诏传位于公子扶苏,但被掌管玉玺的赵高篡改内容,赐死了扶苏和大将蒙恬,扶持胡亥登基,是为秦二世。[1] 可见,玉玺是保障官方政令发布、国家机关运行的根本,实现了中央对地方的高效管控,有着极高的政治和权力意义。中国古代朝代更迭,传国玺屡易其主,凡登大位而无此玺者,则会被讥为"白板皇帝",由此可见,玉玺是对帝王身份的认可。兵符是兵权的核心,是军事权力的象征。秦国兵符形如虎,从中一分为二,两半相合,就能成为某类事务践行约定的凭证,虎符"右在君,左在杜",虎符右符在国君手中,左符在地方军队长官手中,调动军队时,左右虎符相合,验明无误,即可按照皇帝指令发兵行动。

图 2-23　西汉淮阳王印

(二)传统日用器物反映普通民众长幼有序、忠贞不贰

普通百姓居住的房屋同样也体现着家庭内部之间的尊卑关系。北方民间的院落以四合院最为典型,坐北朝南,主要由正房、厢房、大门围成院落,家庭中

---

① 叶舒宪.白玉崇拜及其神话历史初探[J].安徽大学学报(哲学社会科学版),2015(2):74-83.

有威望的长辈居住在采光通风最好的正房,以示对长辈的尊敬,家中的晚辈则居住在正房前左右两侧的东西厢房内。

在衣着方面,民间百姓以粗麻布为面料,普通百姓便有"布衣"之称。古人以衣襟左掩且系成死结为尸的穿着,以示生死有别。《礼记·丧大记》记载,"小敛大敛,祭服不倒,皆左衽结绞不纽"①,而生人皆右衽,这是中原地区人的衣着方式。而一些少数民族地区的人穿"左衽"的服饰,"四夷左衽,罔不咸赖","夫翦发文身,错臂左衽,瓯越之民也"。由于在衣着方面中原汉族与其他少数民族地区的服饰存在差异,生者"左衽"作为异端的表现,成为落后、野蛮的代表。在儒家"尊王攘夷"的思想灌输下,"左衽"成为华夏文明沦陷的标志,南宋爱国诗人陆游写下了"尔来十五年,残虏尚游魂。遗民沦左衽,何由雪烦冤"的爱国名篇;王夫之反思汉族的历史教训,写道:"当石地割地之初,朔民之士民,必有耻左衽以悲思者。"因此,"左衽"在中华文明中一直是被排斥的态度。

古代信息闭塞,人与人之间通过寄信的方式传递消息,在拆信过程中,同样有礼的约束。如果是卑者给尊者寄信,尊者在信封的上面开口子拿信;如果是长辈给晚辈写信,晚辈从信封下面开口子拿信;如果是平辈之间写信,由于古人以左为尊,哥哥给弟弟写信,弟弟在左边开口子,弟弟给哥哥写信,哥哥在右边开口子。

此外,贞节牌坊、功德牌坊、宗族祠堂、碑刻庙成为当时社会宣扬和教化伦理道德的重要建筑。贞节牌坊是古代为表彰女性对丈夫坚贞不渝而建立的形似门的高大建筑,"从外形看,牌坊是一种高大的门洞式建筑,有单门、三门、五门之别。这样一种单体建筑看似简单,但承载的文化内涵却相当丰富"②。明清时期的徽州是贞节牌坊最多的地区之一,牌坊一般建立于重要的空间位置,比如村口、街头,向更多的人展示节烈女性的事迹,让人们能够观瞻、教化当地的女性。"比起国家层面口头的褒扬与宗族层面的倡导,贞节牌坊在空间上释放出的威慑以及号召达到了更为有效的宣传效果,通过这种空间建筑传递出不断的、无言的、有效的社会心理暗示,在心理暗示的影响下,越来越多的女性走上节烈之路。"③起初,女性在夫死后多为自愿守寡,间或有殉情而死之人,但后

---

① 钱玄,钱兴奇,徐克谦,等. 礼记[M]. 长沙:岳麓书社,2001:590.

② 徐淑霞. 儒学催化的牌坊文化解析[J]. 河北师范大学学报(哲学社会科学版),2010(1):134-138.

③ 王晓崇. 徽州贞节牌坊与节烈女性[J]. 社会科学评论,2007(3):34-39.

期理学兴盛,程颐的"饿死事小,失节事大"成为信条,大户之家攀比贞节牌坊数量愈盛,甚至贞节牌坊的数量成为地方官员政绩的明证,很多妇女被逼守寡,酿成了不计其数的妇女绝粒、吞金、上吊、跳井等诸多的悲剧。每一座贞节牌坊背后都有一段凄凉的故事,贞节牌坊是儒家以器物方式教化民众过程中的异化表征。孔子"爱仁",也"爱人",《论语》云:"厩焚。子退朝,曰:'伤人乎?'不问马。"①马厩被烧了,孔子首先问的是人而不是马,但不胜枚举的贞洁烈女却因儒家后学中的"礼教"而死,这是多么讽刺。贞节牌坊是古代女性的枷锁,功德牌坊则是男性的桎梏。"儒家为读书人构建的人生'三不朽'境界是'立德、立功、立言',告诫读书人'正心、修身、齐家、治国、平天下',将人们的成长、成功牢牢地束缚在封建王朝的桎梏之下,能做到修身、齐家、治国、平天下的人才算得上有功德,才是不朽的成功人士。儒家已经为人们指明了一条通向成功的道路,并在路途中树立了众多模范以便效仿,状元楼、功德牌坊便是为旌表模范人物而立。科举和儒学的关系更密切,科举制将儒家思想推进到了社会的各个层面,起到了保障儒家意识形态和儒家价值体系正统地位的作用。历代统治者重视科举,不仅是为选拔人才,更为巩固自己的政权。因为儒家德治主义维护着专制统治,是非常得心应手的统治工具。旌表科举功名不仅可以维持世道人心,更能鼓励人们心向朝廷,求取功名,忠君报国"②。

图 2-24　黄山市徽州区蜀源村"许氏节孝坊"③

---

① 刘兆伟.论语[M].北京:人民教育出版社,2015:219.

② 徐淑霞.儒学催化的牌坊文化解析[J].河北师范大学学报(哲学社会科学版),2010(1):134-138.

③ 图片来源:罗刚.千古悲欢阅沧桑 徽州古牌坊[M].沈阳:辽宁人民出版社,2002:27.

图 2-25　绩溪县冯村"进士第坊"①

三、明器及其德育教育途径

明器,又叫"冥器",《礼记·檀弓》言:"夫明器,鬼器也;祭器,人器也。"明器与祭器、养器相对立。在古人的观念中,人肉体死亡后,灵魂会去往另外一个世界继续生活,故在人死后,会随葬物品以供亡灵使用。《礼记·郊特牲》云:"魂气归于天,形魄归于地。"宋代哲学家、思想家朱熹就认为,人死气散,但逝者依靠子孙之气,已散之气仍有生聚的可能,"祖考之精神魂魄虽已散,而子孙之精神魂魄自有些小相属"。在古代社会中,每个阶层的死亡都有特定的名称:"天子死曰崩,诸侯曰薨,大夫曰卒,士曰不禄,庶人曰死……死寇曰兵。"②;因阶级高低殡葬时间也有所不同,"天子七日而殡,七月而葬。诸侯五日而殡,五月而葬。大夫、士、庶人三日而殡,三月而葬。三年之丧,自天子达"③,自天子到庶人,三年丧期之内"不贰事",以表示亲者对逝者的哀思和孝顺。生时,人应该按照礼的规范行动,死后,葬、祭也要符合礼的规范,为了逝者能死有所归以及表达对逝者的哀思,便形成了"丧礼"或是"凶礼"。

首先,在丧具制作的时间方面古人有着精准的把控。因为人在五十岁之后便会逐渐丧失劳动能力,为了确保年迈者能在死后体面安葬,年迈者或者其亲属都会在一定的时期内开始预先准备高龄者死后的器具。《礼记·王制》记载:

---

① 图片来源:罗刚.千古悲欢阅沧桑　徽州古牌坊[M].沈阳:辽宁人民出版社,2002:10.

② 钱玄,钱兴奇,徐克谦,等.礼记[M].长沙:岳麓书社,2001:51.

③ 钱玄,钱兴奇,徐克谦,等.礼记[M].长沙:岳麓书社,2001:174.

"六十岁制,七十时制,八十月制,九十日修。唯绞、纾、衾、冒,死而后制。"①"岁制"为棺木,需要一年的时间才能制作完成,"时制"为需要三个月的时间才能制作完成的衣物,而"月制"为需要一个月才能制作完成的衣物。君子不会很早预先置办齐全丧具,如果能在一两天赶制出来的丧具,如绞、纾、衾、冒,绝不提前置办齐全,反之,如果提前置办齐全所有的丧具,则意味着希望亲人尽快离去,是为不孝。

其次,在坟墓方面,依据所处的社会地位不同,逝者坟丘的大小、衣襟棺椁、墓葬仪式从上到下都有严格的规定。天子的埋葬地称陵,诸侯称封,大夫称坟。在制作棺椁层数上,"天子之棺四重:水兕革棺被之,其厚三寸,杝棺一,梓棺二,四者皆周。棺束缩二衡三,衽每束一。柏椁以端长六尺"②。此外,"虞人至百祀之木,可以为棺椁者斩之;不至者,废其祀,刜其人"③。制作天子的棺木集整个王畿之力,一方面体现了王者的尊贵,君权至高无上,另一方面,也是检验臣子是否忠诚的手段。而公、侯、伯、子、男、大夫依次减一重,士不重。在棺椁厚度上,"君,大棺八寸,属六寸,椑四寸;上大夫大棺八寸,属六寸;下大夫,大棺六寸,属四寸;士,棺六寸",而庶人之棺只准厚四寸,无椁。在棺椁颜色上,"君里棺用朱绿,用杂金错;大夫里棺用玄绿,用牛骨鐏;士不绿"。在严格的等级面前,使用超越自己等级的棺椁便是罔上越礼,重罪重罚之。

再次是丧服,《礼记·大传》指出了丧服的六个原则:"服术有六,一曰亲亲,二曰尊尊,三曰名,四曰出入,五曰长幼,六曰从服。"丧服的核心是"己",从"己"以亲疏远近展开,"第二层是父母、昆弟、姊妹和子;第三层是祖父母、世叔父母、姑、从父昆弟姊妹、昆弟之子女、孙;第四层是曾祖父母、从祖祖父母、从祖祖姑、从祖父母、从祖姑、从祖昆弟姊妹、从父昆弟之子女、昆弟之孙、昆弟之孙女、曾孙;第五层则各自再外推一层。随着亲属关系的疏远,丧服之衰、裳、冠、屦、杖之式样和材料由粗变精、由重变轻,服期亦由长变短,这种变化是显示了服丧者的感情因亲疏关系不同而由如斩之痛到逐渐变轻的次序"④,体现了儒

① 钱玄,钱兴奇,徐克谦,等.礼记[M].长沙:岳麓书社,2001:188.
② 钱玄,钱兴奇,徐克谦,等.礼记[M].长沙:岳麓书社,2001:110.
③ 钱玄,钱兴奇,徐克谦,等.礼记[M].长沙:岳麓书社,2001:153.
④ 周飞舟.差序格局和伦理本位从丧服制度看中国社会结构的基本原则[J].社会,2015,35(1):26–48.

家"明人伦"的思想。

最后,当丧礼结束后,逝者的棺椁以土葬的方式安放到陵墓中。被称为"世界八大奇迹"之一的秦始皇陵墓依山而建,《水经注》曰:"秦始皇大兴厚葬,营建冢圹于丽戎之山,一名蓝田,其阴多金,其阳多玉,始皇贪其美名,因而葬焉。"①后世作骊山,与其说是一座山,不如说是一座城,秦皇陵依照都城咸阳设计,内城地宫放置始皇棺椁,是秦皇陵建筑的核心,东汉蔡邕《独断》说:"秦始皇出'寝'……陵上称寝殿,有起居、衣冠、象生之备。"②古人认为"事死如事生",因此古代陵寝布置了饮食生活用具,如同逝者生时的布置。秦始皇陵除了布置了生活的"寝",还有大规模的陪葬品,显示出了嬴政作为第一个皇帝的至高地位,兵马俑威严从容,披坚执锐,军容严整,气势磅礴,再现了秦始皇当年为完成统一中国的大业而展现出的军功和军威。《史记》记载,秦皇陵"穿三泉,下铜而致椁,宫观、百官、奇器珍怪徙臧满之。令匠作机弩矢,有所穿近者辄射之。以水银为百川、江河大海,机相灌输,上具天文,下具地理。以人鱼膏为烛,度不灭者久之"。以水银作江河湖泊,奢华至极,反映了秦皇帝至高无上的皇家威严和权威。尤其在墓室陪葬品方面,随葬品的数量多少反映了墓主人生前社会地位的高低。2011年在江西南昌发现的汉废帝刘贺的墓穴中,据考古学家统计,"海昏侯出土3000余件青铜器、3000件漆木竹器、500余件玉器、500件陶瓷器、约115公斤金器以及200版木牍竹简"③;而1975年在湖北省云梦县发现的秦朝书吏的墓穴,一棺一椁,在墓穴的随葬品中主要是文书竹简,约有1115枚竹简以及笔墨砚等书写工具,此外还有186件漆器、37件铜器、4件铁器、82件陶器、44件木器等明器。④ 二人尊卑上下,一目了然。

总而言之,中国传统器物种类繁多,每一种器物都有其独特的文化内涵和道德意义。这些器物不仅是中国传统文化的重要组成部分,也是中国传统文化的重要载体。通过审视这些传统器物,我们可以更好地了解中国传统文化的精髓和智慧,感受中国文化的博大精深。同时,这些传统器物也是一种能够实现

---

① 杨宽.中国古代陵寝制度史研究[M].上海:上海人民出版社,2016:184.
② 杨宽.中国古代陵寝制度史研究[M].上海:上海人民出版社,2016:185.
③ 杨军,徐长青.南昌市西汉海昏侯墓[J].考古,2016(7):45-62.
④《云梦睡虎地秦墓》编写组.云梦睡虎地秦墓[M].北京:文物出版社,1981.

道德教化的有效途径,它们所蕴含的道德和价值观念一方面以尊卑等级的观念在一定程度上维护着国家稳定,另一方面也引导着人们追求更高的精神境界。

第三节　中国传统器物德育教育的特征

以中国传统器物来传递人伦道德和文化知识的中国传统器物教化具有多重特征,其中包括制器尚象的造物理念、器以通神的隐喻特征、器以藏理的象征特征以及致用利人的实用特征。这些特征不仅反映了古代先民的人生观、价值观,还体现了中国古代先民对文化和道德的重视。通过中国传统器物的方式进行教化,人们在日常生活中接受文化的熏陶,在潜移默化中人们的自身素质和个人修养得到了升华。

一、制器尚象的造物理念

中国传统器物以"制器尚象"为教化理念的根基。"制器尚象"理念由《周易·系辞》正式提出:"《易》有圣人之道四焉,以言者尚其辞,以动者尚其变,以制器者尚其象,以卜筮者尚其占。"①"制器尚象"思想作为圣人之道,"制器"容易理解,即制造器物,而"尚象"有着十分丰富的含义,但"尚象"之意在《周易》中并没有得到详细阐发。因此,我们立足于"象",详细论述中国传统器物在制造过程中所尚"自然物象""人文意象"以及"天象"之意。

(一)制器尚"自然物象"

良器的标准是"天有时,地有气,材有美,工有巧"②,天时、地气、材料美、工巧,每一个准则无不渗透着"自然"在制作器物中的重要地位,并且在中国传统观念中,自然被视为至高无上的存在。因此,中国古人制器以"法自然"为准则在制造器物中模仿自然万物的形态,以"自然"为基础在表现实用与审美功能的同时,引申出了古代先民对人与自然关系的深切思考。中国传统器物制作主要以动物、植物、山水等自然物象为饰,这些自然物象不仅是器物的装饰元素,更赋予了中国传统器物灵魂和精神。中国传统器物制器崇尚的"自然物象"主要有动物形象、植物形象、山水形象还有人物形象。

---

① 宋祚胤. 周易[M]. 长沙:岳麓书社,2001:335.
② 郑玄,贾公彦. 周礼注疏[M]. 彭林,整理. 上海:上海古籍出版社,2010:1526.

中国传统器物中常见的动物形象有龙、凤、麒麟、狮子、鱼等,这些动物在中国传统文化中都有着特殊的象征意义。例如,龙是中国传统文化中的神兽,代表着权力、尊贵和神秘;凤是吉祥的象征,代表着美好、幸福和繁荣;麒麟是祥瑞的象征,代表着吉祥、安宁和福气;狮子是勇猛的象征,代表着力量、勇气和威严;鱼是富贵的象征,代表着财富、好运和顺利。这些动物形象代表着古代先民对美好生活的企盼。

中国传统器物中常见的植物形象主要有花卉、树木等。这些植物形象在中国传统文化中也有着特殊的象征意义。例如,梅花代表着坚强、高洁和清雅;菊花代表着高洁、坚贞和忠诚;牡丹代表富贵、荣华和美好;松柏代表坚贞不屈;荷花清新脱俗,"出淤泥而不染,濯清涟而不妖"。这些植物形象代表着古代先民的道德情感和文化精神。

中国传统器物中的山水形象主要有山、水、云、雾等。这些山水形象在中国传统文化中也有着特殊的象征意义。例如,山代表着高远、坚定和不屈;水代表着柔美、流动和生命;云代表着神秘、变幻和无限;雾代表着朦胧、神秘和诗意。这些山水形象代表着古代先民的审美和文化情感。

人作为自然界的一员同样也是古人制器模仿的重要对象之一。例如,商代的青铜人面鼎,以人面为纹饰,人脸宽而方,双耳肥大,颧骨高凸,双唇微闭,表情肃穆;西汉长信宫灯侍女跽坐,双手执灯,神态恬静优雅;还有以人物形象为主题的各类陶俑以及人物画像等。中国传统器物中的人物形象代表着古代先民对生死、人性的看法。

由于古代先民对自然的认识和理解相对较少,因此他们往往将自然界中的各种事物视为神圣的存在,对其怀有敬畏和崇拜之情,这种崇敬之情也体现在了器物制造中。古代先民制器崇尚自然物象,预示着遵循自然的规律和秩序是古代先民制造器物和工具的重要参考。在制造器物过程中,中国传统器物模仿自然物象以达到人与自然和谐的状态。

(二)制器尚"人文意象"

中国传统器物不仅仅是一件艺术品,在崇尚"自然物象"的基础上还展示出了崇尚"人文意象"的观念。正如著名美学家鲁道夫·阿恩海姆所说的那样:"原始艺术既不是产生于单纯的好奇心,也不是产生于创造性的冲动本身。原始艺术的目的,并不在于去产生愉快的形象,而是把它作为日常生活中重要的实践工具或是一种超凡的力量。"①中国传统器物在制器中展示的"人文意象"便体现了这种超凡的力量。

中国传统器物中的"人文意象"一方面表现为古代先民为自然物象赋予人伦的意蕴。古代先民总是可以为这些自然物象找到各自的人伦意蕴。这是因为古代先民的知识来源于对自然以及自然物象的观察和思考,他们认为自然中有大道,人类社会同样应该遵循自然发展的规律,因此,古代先民便产生了"天人合一""万物一体"的哲思。准确来说,这样的人伦哲思并非古代先民赋予自然物象的,而是中国古代先民从人的角度发现,自然物象的特征属性对修炼个人品性以及增进人际关系有极大的益处。中国传统器物中的"人文意象"另一方面表现为古代先民以人伦道德观念为原则制造日用器物。古代先民将一些具有人伦道德的意象之物作为器物的一部分以此达到审美与教化的目的,如葫芦形状的器物寓意"福禄",以五人尝三个缸中的酒为纹饰寓意"三纲五常"等等。

中国传统器物制器崇尚"人文意象",当我们看到这些中国传统器物时,不仅仅是被它精湛的制作工艺所吸引,更是被其蕴含的人文意象所折服。这些人文意象代表着中国传统文化内在的价值观念和精神追求,它们通过器物的形态、材质、工艺、图案等方面,传递着古人对自然、生命、美好生活的向往和追求。

(三)制器尚"天象"

中国传统器物制器在"人文意象"的基础上崇尚"天象"。中国传统器物以《周易》六十四卦卦象为纹饰既是表达制器崇尚"天象"的有力体现,同时也是"当时天文学知识发展成果的最直接和最基本的反映"②。

"天象"是古代先民对宇宙自然的理解。《周易·系辞》曰:"太极生两仪,两仪生四象,四象生八卦,八卦定吉凶,吉凶生大业。"③古代先民用《周易》六十四卦象来表达对天地人的深刻理解。据考古发掘的商周时期的器物显示,商周

---

① 鲁道夫·阿恩海姆.艺术与视知觉[M].滕守尧,朱疆源,译.成都:四川人民出版社,1998:178.

② 吾淳.中国古代"天"观念与知识的关系[J].上海师范大学学报(哲学社会科学版),2012(4):17-26.

③ 宋祚胤.周易[M].长沙:岳麓书社,2001:339.

器物上的字、图像与卦象类筮数易卦有关。如 2002 年洛阳唐城花园西周晚期墓中出土一件仿铜陶簋,其内壁腹部所刻的五组筮数、图画与《周易》六十四卦的巽、蹇、既济、睽、无妄卦象互相对应。① "天象"还是中国古代天文知识的反映,其中,考古发掘的古代王侯墓室最能反映中国传统器物在制造器物过程中注重"天文意象"。"兴起于西汉晚期的券顶墓,其券顶不仅是砖砌结顶技术的产物,也十分形象地重现了'天似盖笠'的天穹观念。东汉时期的画像石墓中也不乏将日、月、星辰刻石置于顶部的例子。如《米脂汉画像石墓发掘简报》介绍 4 号墓(砖券顶墓)前室顶部置太阳刻石,后室顶部置月亮刻石;河南唐河针织厂汉画像石墓在南北二室顶部均刻置天象图,有太阳、月亮、北斗、星宿及四环相套、四灵、长虹等等"②。这些绘制天文意象的器物体现了古代先民对天人关系的深刻理解。中国传统器物将"天象"观念融入器具中,以实现人"与天地合其德"的最高境界。

中国传统器物制器尚象始于自然物象,随着自然物象内涵的不断延伸,中国传统器物蕴含的人文意象逐渐凸显,若离开了中国传统文化这个语境,中国传统器物中的人文意象就会失去其深刻的文化内涵和独特的价值。进一步理解中国传统器物中的人文意象就会发现,"天象"是中国传统器物中人文意象的深刻内涵。中国传统器物制器尚象从自然物象到人文意象再到天象,丰富了"象"的思想内涵,"制器尚象"的造物理念成为古代先民造物过程中取之不尽的思想源泉。

二、器以通神的隐喻功能

器以通神是中国传统器物教化的隐喻特征。原始人类在自然界中是很渺小的,食物、温暖,缺少任何一个,人就会灭绝。人的生死被自然主宰,先民在认识自然、与自然抗争的过程中逐渐有了智慧,以为自然界有神灵在操纵着一切,于是逐渐形成了自然崇拜与天神崇拜的原始宗教,这便出现了中国古代最初的文明。对于古代原始先民来说,"神"的出现是源于他们把自然界作为"一种完全异己的、有无限威力和不可制服的力量与人对立的,人们同它的关系完全像

---

① 晏昌贵.西周陶簋所见筮数、图象考释[J].周易研究,2009(2):12-18.
② 赵超.汉代画像石墓中的画像布局及其意义[J].中原文物,1991(3):20-26.

动物同它的关系一样，人们就像牲畜一样服从它的权力"①，并且他们"将自然的东西，弄成了一个心情的东西，弄成了一个主观的，亦即人的东西"②，"在原始人看来，自然力是某种异己的、神秘的、超越一切的东西。在所有文明民族所经历的一定阶段上，他们用人格化的方法来同化自然力。正是这种人格化的欲望，到处创造了许多神"③。这些神有"天神""祖先之神""山川江河之神""日月星辰之神"，为了能够得到这些神灵的庇佑，中国古代先民以自然万物为材料制作器物，通过祭祀活动或是宗教仪式来沟通神灵。

"器以通神"是中国传统器物中体现的一种教化观念，它强调了器物与神灵之间的密切关系。古代先民把器物视为有灵性的存在，通过器物可以与神灵沟通，传递人与神灵之间的信息和情感。这种教化观念反映了中国人对于器物的崇敬和尊重，认为器物不仅仅是人类生活的必需品，更是寄托精神情感的重要载体，同时，这种教化观念也体现了中国传统文化中人与自然、人与神灵的和谐关系，强调了人类与自然之间的互动和交流。

三、器以藏理的象征特征

器以藏理是中国传统器物教化的象征特征，其蕴含的器以藏礼、器以藏情、器以藏乐等特征表现出了中国传统器物在礼仪、道德等方面强大的人文教化功能。通过器物表达的方式，我们可以窥探中国传统文化中的核心要义。

（一）器以藏礼

"礼"是中国古代先民日常生活中影响最深刻的思想范式和行为准则。关于礼的起源问题，影响最大的是"礼起源于祭祀"之说。"许慎《说文》云：'礼，履也，所以事神致福也，从示从豊。'徐灏笺云：'礼之言履，谓履而行之也。礼之名起于事神，引申为凡礼仪之称。'郭沫若《十批判书》：'礼之起，起于事神，其后扩展为对人，更其后扩展而为吉、凶、军、宾、嘉等各种仪制。'"④伏羲以俪皮（鹿皮）为礼，作琴瑟为音乐，这是最早的嫁娶嘉礼。神农氏种谷、田祭，这是最

---

① 中共中央马克思恩格斯列宁斯大林著作编译局.马克思恩格斯选集：第 1 卷［M］.北京：人民出版社，1972：35.

② 费尔巴哈.费尔巴哈哲学史著作选：下卷［M］.涂纪亮，译.北京：商务印书馆，1984：458.

③ 中共中央马克思恩格斯列宁斯大林著作编译局.马克思恩格斯全集：第 20 卷［M］.北京：人民出版社，1972：672.

④ 杨英杰.关于"礼"起源的再探讨［J］.辽宁师范大学学报，2000(6)：91 - 94.

早的祭祀吉礼。黄帝改"葬中野"、不起坟、不植树,以定丧期、制棺椁易之,这是最早的凶礼。夏禹征服三苗,誓师于众,这是最早的军礼。就礼发生的早晚顺序来说,嘉礼是最早出现的,这或许是出于人类生存与繁衍的需要。关于祭祀吉礼,我们再进一步思考:当时古人出于何种原因去事神?其中当然有想要获得福报的想法,除此之外,还有一个重要原因,那便是人出于对"天"、对"上帝"由衷的崇敬之情。人类如此渺小,而"天""上帝"掌管着世间万世万物的生灭变化,在绝对的力量面前,人只能臣服,祈求上天庇佑,以平抚人心中对死亡的恐惧以及对灾祸的不安,于是便产生了一系列的仪式,但死亡仍然不可能避免。

《礼记·礼运》中孔子答言偃:"夫礼,先王以承天之道,以治人之情。故失之者死,得之者生。……是故夫礼,必本于天,殽于地,列于鬼神,达于丧、祭、射、御、冠、昏、朝、聘。"①古人谈礼,离不开"天",天是礼的根基。孔颖达在《礼记正义序》开篇写道:"夫礼者,经天纬地,本之则大一之初;原始要终,体之乃人情之欲。"②从本体论的角度来看,礼起源于"天""大一",是天经地义之事。孔颖达将"礼"训为"理",宋儒在此基础上,更是把理作为最高的准则,以各种具体"礼"的规范达至"天理"。礼也离不开"情",从古人作礼的目的来说,"礼"是用来节制人的情感的,大喜大悲在古人看来既是一种无礼的表现,同样对个人的身体机能也无益。"礼"是中国传统器物教化体系的核心条目之一,并且有着十分丰富的内涵。礼在民为礼俗,以礼入善;礼在国为礼治,以礼治国;礼在器为礼制,以礼别尊卑,礼在事为礼仪,以礼掌事;礼在人为礼义,以礼节情。

礼俗。关于"礼俗"这一观念,最早出现在《周礼》当中,"'以八则治都鄙……六曰礼俗,以驭其民',汉代郑玄注解'礼俗,昏(婚)姻、丧纪旧所行也',唐代贾公彦疏解'六曰礼俗,以驭其民者,俗谓昏(婚)姻之礼,旧所常行者为俗,还使民依行,使之入善,故云以驭其民'"③。相比较来看,礼俗是以五礼中的"昏礼""丧礼"为中心形成的约定俗成的规范。婚礼,男女结成夫妻,意味着进入人伦交往的开始;丧礼,生命走到尽头,体现了对人的终极关怀。这些是上到天子,下到平民,几乎每个人都会经历的人生大事,正因为如此,《礼记》当中有大量的篇幅都在记述婚礼、丧礼。在如此广泛以及庞大的人口数量的影响下,

---

① 郑玄,孔颖达.礼记正义[M].吕友仁,整理.上海:上海古籍出版社,2008:882.

② 郑玄,孔颖达.礼记正义[M].吕友仁,整理.上海:上海古籍出版社,2008:1.

③ 郑玄,贾公彦.周礼注疏[M].彭林,整理.上海:上海古籍出版社,2010:41-42.

自然而然地形成了具有规范和约束意义的习俗。

礼治。礼上承天,礼是"天之经""地之义",是天经地义之法;礼下启人,礼是处理君臣、父子、夫妇、兄弟、朋友之间的准则,是实现人与人之间的关系达到"中""和"这一理想状态的途径,这也使得礼具有现代意义上"法"的含义。孔安国释《尚书》"天秩有礼,自我五礼有庸哉"为"天次秩有礼,当用我公、侯、伯、子、男五等之礼以接之,使有常;以五礼正诸侯"①。在这里,礼承担着社会政治的功用,礼是国家上下有序的尺度,君主按照"礼"的规定治理国家、管理社会。《周礼》设官位、定职分,成为古代中国治国安邦的根本大法。天官"主治",家宰总御六官,辅佐君王;大宰调和众官。地官"主教",大司徒掌管全国各地的地图和国家的人口。春官"主礼",大宗伯掌管天、地、人之礼。夏官"主政",大司马以"九法""九伐"②绳正诸侯。秋官"主刑",大司寇掌管刑罚之事,使民去恶向善。冬官"主事",司空即百工掌管营造之事。尽管历代官职建置不同,但根本上还是以《周礼》为圭臬。

礼制。"君子小人,物有服章,贵有常尊,贱有等威,礼不逆矣"。《礼记·礼器》说,"礼有以多为贵者""有以少为贵者""有以大为贵者""有以小为贵者""有以高为贵者""有以下为贵者""有以文为贵者""有以素为贵者",通过使用礼器的数目彰显"尊贵"。③ 当礼上升为典章,变成了国家运行、社会有序的手段,成为不可触碰的底线,不遵守礼就有企图颠覆社会、乱天下的嫌疑。在器物这一层面上,礼是等级和秩序的象征,是国家有序的保障,因此,统治阶层在衣、食、住、行、用等日常生活用物的方方面面确定了礼制,如筵席制度、舆服制度、墓葬制度等。

礼仪。《周礼·春官宗伯》记载:"凡国之大事,治其礼仪,以佐宗伯。凡国之小事,治其礼仪而掌其事,如宗伯之礼。"④礼仪是在"事"中呈现出外在化的行为规范,是治理国家大小事务的手段。钱玄在《三礼通论》中详细论述了中国

---

① 孔安国,孔颖达.尚书正义[M].黄怀信,整理.上海:上海古籍出版社,2007:151.

② "九法""九伐"是衡量诸侯行为的标准。"九法",即制畿封国、设仪辨位、进贤与功、建牧立监、制军诘禁、施贡分职、简稽乡民、均守平则、比小事大,这九条是诸侯应该遵守的,是诸侯的职责所在;"九伐",即冯弱犯寡、贼贤害民、暴内陵外、荒野民散、负固不服、杀亲、弑君、犯令陵政、外内乱鸟兽行,这九种情况出现,当出兵讨伐之。

③ 胡新生.礼制的特性与中国文化的礼制印记[J].文史哲,2014(3):66－78,166.

④ 郑玄,贾公彦.周礼注疏[M].彭林,整理.上海:上海古籍出版社,2010:723.

古代的礼仪,如向位之仪、跪拜之仪、脱履之仪、盥洗之仪、授受之仪、迎送之仪、饮食之仪、奏乐之仪等等,全方面规定了人的行为。儒家所讲的"礼仪"是外在礼仪规范与内在"礼义"道德的高度统一,旨在通过外在的"礼仪"、外在仪式行为陶染内在"礼义"的塑造。

礼义。《礼记·冠义》记载:"凡人之所以为人者,礼义也。"孟子说:"人之所以异于禽兽者几希。"人与动物之间的区别很小,这很小的差别就在于人讲礼义。礼义是内在化的品质,是人之为人的精神,它关乎每个人的德行操守,是人安身立命的基础与立身行事的准则。礼义是恭敬之心。《孝经·广要道》记载:"礼者,敬而已矣!故敬其父,则子悦;敬其兄,则弟悦;敬其君,则臣悦;敬一人而千万人悦,所敬者寡而悦者众,此之谓要道也。"[1]当礼脱离了外在化的仪节形式,成为内心的遵循,在这种程度上,敬即是礼,礼即是敬。礼义是仁德之心。子曰:"克己复礼为仁。"内在的"礼义"必然通过外在的行为得以向外传递,符合"礼"的外在行为自然也会将"仁德"积淀于人心中。

礼是儒家文化组织社会结构的规则体系,它既有法的功能,也有道德的约束作用,"礼的本义和功能是对人之放任的约束,构成上下的级差秩序和左右的彬彬有礼"[2]。礼并非冰冷的条目,礼不仅显示秩序化的"理",同样彰显着"以百姓心为心"的情。张载说:"礼非止著见于外,亦有'无体之礼'。盖礼之原在心。……人情所安即礼也。"[3]张载将外在的礼剥离,找到了礼的本原,从效验的层面上,把"人情所安"规定为礼,他认为礼的作用在于"节情"。

(二)器以藏情

《论语》中,宰予认为守丧三年太长,一年足矣。他问孔子,为何丧期为三年,孔子解释说因为孩子出生三年后才能脱离父母的怀抱,三年"不礼不乐"是为了回报父母三年的呵护,失去父母的痛苦也不会有让人还有乐之情、有心思去考虑礼仪,甚至一想到父母不在,吃饭睡觉都会不安,这种情感延续不止三年,五年、十年都有可能。正是出于孝之情,才有了三年丧期的礼仪习俗。秦汉以后,随着时代的发展,各种礼仪越来越烦琐,重于表面形式,各种各样关于"礼"的典章卷帙浩繁。除了《周礼》《礼记》《仪礼》等作为儒家经典,关于礼的

---

① 邱彬.先秦儒家礼义思想的主体性探析[D].曲阜:曲阜师范大学,2016.
② 陈来.儒家"礼"的观念与现代世界[J].孔子研究,2001(1):4-12.
③ 林乐昌.张载礼学论纲[J].哲学研究,2007(12):48-53.

著述还有很多,如朱熹的《文公家礼》、邹谦之的《谕俗礼要》等,以及各类对"三礼"的注疏,其中最为重要的一条准则是礼因情而出。

王阳明看到邹谦之写的《谕俗礼要》后说:"古礼之存于世者,老师宿儒当年不能穷其说,世之人苦其烦且难,遂皆废置而不行。故今之为人上而欲导民于礼者,非详且备之为难,惟简切明白而使人易行之为贵耳。中间如四代位次及祔祭之类,固区区向时欲稍改以从俗者,今皆斟酌为之,于人情甚协。盖天下古今之人,其情一而已矣。先王制礼,皆因人情而为之节文,是以行之万世而皆准。其或反之吾心而有所未安者,非其传记之讹阙,则必古今风气习俗之异宜者矣。此虽先王未之有,亦可以义起,三王之所以不相袭礼也。若徒拘泥于古,不得于心,而冥行焉,是乃非礼之礼,行不著而习不察者矣。后世心学不讲,人失其情,难乎与之言礼!"①也就是说,如果把礼作为外在的形式,与内在的情相比,情更为根本,礼建立在情之上。王阳明还以"舜不告而娶""武之不葬而兴师"的"事"来说明这个道理。单独看"不告而娶""不葬而兴师",是不符合礼的规范的,也不符合人情的,如果做出这样的事,是为"不孝""不忠",但是,舜、武之前并非有不告而娶、不葬兴师的准则,也并非是考证某部经典,而是在这件事上体察,舜出于无后的孝情,武王急于救民,在衡量各种情况、条件的基础上,依据心中的良知,顺真情,不得已而为之。

情是人心而动的抽象概括。个体因感物、感人、感事而动,则情出。《中庸》里提出了人情的四个状态:喜怒哀乐。《礼记·乐记》中以音乐表现出了人的哀心、乐心、喜心、怒心、敬心、爱心等六种情感。《礼记·礼运》言:"何谓人情?喜、怒、哀、惧、爱、恶、欲七者,弗学而能。"喜、怒、哀、惧、爱、恶、欲等情是情感"已发"的表征,不用学习就有的情是人的自然情感。这些情感中有真情,有妄情。真情以礼顺之,妄情以礼克之。

真情是见孺子落井,不因"交于孺子之父母"、不因"誉于乡党朋友"、不因恶其哭声而救,而是出于"恻隐之心";真情是父母生病需要子女照顾,不是子女基于考虑在照顾父母之后能有一个孝子的名声做出赡养父母的行为,也不是基于考虑在照顾父母之后能获得更多的好处或是利益做出的孝敬父母的行为,而是出于真孝情,不忍父母生病受累;真情也是苏轼悼念亡妻之作《江城子·乙卯

---

① 王守仁. 王阳明全集:上[M]. 吴光,钱明,董平,编校. 上海:上海古籍出版社,2015:171.

正月二十日夜记梦》中的："十年生死两茫茫,不思量,自难忘。千里孤坟,无处话凄凉。纵使相逢应不识,尘满面,鬓如霜。夜来幽梦忽还乡,小轩窗,正梳妆。相顾无言,惟有泪千行。料得年年肠断处,明月夜,短松冈。"短短几十字,每一个字都写出了苏轼对亡妻无尽的忆念,这样的哀情,感情真挚,"发乎情,止乎礼"。

对于妄情,南宋理学家朱熹提出"存天理,灭人欲"这一概括性的命题。"在朱熹看来,人心之全德,莫非天理,但它也不能不坏于人欲。所以,为仁者必当有以战胜私欲而复于礼,使事事皆能出于天理,那么,本心之德也就能够复全于我了。"[①]何谓天理? 何谓人欲,朱熹有非常清楚的解释:"饮食者,天理也;要求美味,人欲也。"可见,朱熹肯定了人正常的自然欲望,并没有扼杀人全部的物质需要,但是超过了"礼"的范围,便是"妄情",是"人欲"。在配偶方面,"古者天子后立六宫,三夫人,九嫔,二十七世妇,八十一御妻"(《礼记·昏义》),"诸侯一聘九女"(《春秋公羊传·庄公十九年》),"卿大夫一妻二妾,士一妻一妾"(《白虎通·嫁娶篇》),所处的社会地位决定了拥有妻妾的数量。"昏礼者,将合二姓之好,上以事宗庙,而下以继后世也。故君子重之。"(《礼记·昏义》)男女结合,娶妻生子,是为天理,符合礼的规范,但是家有贤妻仍不满足,还想要三妻四妾,超出了礼的规范,这便是人欲,是为"妄情"。在乐舞的规模上,周礼规定,天子八佾,诸侯六佾,卿大夫四佾,士二佾。当孔子得知鲁国大夫季氏"八佾舞于庭"后,说:"是可忍也,孰不可忍也。"中国古有"在其位,谋其职",如果在礼制的规定范围之外行事便是僭越,是有异心的表现,也是人欲的膨胀。在祭祀、宴飨、随葬时,天子享用九鼎八簋,诸侯使用七鼎六簋,大夫五鼎四簋,士三鼎二簋,数量的多少体现了尊卑上下的等级差异,物序就是人伦的体现,是安定天下的保障。可以说,礼在各个方面规定了人的外在行为和内在情感,在礼仪制度的保障下,人之"妄情"才不会肆意横流。

随着汉唐以后中央封建统治的加强,以"圣人教化"为目的的"人文礼教"[②]被统治集团扭曲成了维护自身利益的"封建礼教","三纲五常""三从四德"成为统治集团宣传的口号,明清时期流传的"君叫臣死,臣不得不死;父要子亡,子

---

① 吴长庚. 朱熹"存天理灭人欲"理论的重新认识[J]. 江西社会科学,2009(12):7-13.
② 吴长庚在《朱熹"存天理灭人欲"理论的重新认识》一文中提出"人文礼教"这一概念,认为礼教的目的在于规范人的行为,教人有礼。

不得不亡"亦是如此。在长期的压迫中,"真情"被打压,人们的思想逐渐被封建礼教麻痹,"礼"甚至成了杀人的工具。其中也有大儒猛烈批判礼教。戴震直言:"酷吏以法杀人,后儒以理杀人。"鲁迅看破了礼教吃人,写下:"我翻开历史一查,这历史没有年代,歪歪斜斜的每页上都写着'仁义道德'几个字。我横竖睡不着,仔细看了半夜,才从字缝里看出字来,满本都写着两个字是'吃人'!"①这样"逆人情"的做法恰恰与"天理"背道而驰,因为天理本自然,《中庸》有"喜怒哀乐之未发谓之中,发而皆中节谓之和。中也者,天下之大本也;和也者,天下之达道也。致中和,天地位焉,万物育焉","中情"才是君子在礼的规范下应该达到的理想状态。

(三)器以藏乐

乐有乐(lè)与乐(yuè)之分。乐(lè)指肯定性的情感,如快乐、高兴、欢乐、愉悦、舒适、喜悦等情绪。乐(yuè)指有规律而和谐动人的声音,"以音、声为主要物质手段兼及舞、诗的综合性艺术活动"②。我们这里谈的主要是乐(yuè)。乐中包含着更为丰富的情感,喜、怒、哀、乐、敬、爱等。在古代,乐可以培养人的品德,修身养性,"有乐终而德尊,君子以好善,小人以听过","有则改之,无则加勉"。据考古发现,中国音乐早在史前八千年便已经产生,出土于河南舞阳县的贾湖骨笛成为中国最早的乐器实物,是中国音乐的源头。经过测试,从形制、音阶、音准以及律制等方面所呈现的特性来看,骨笛与现代气鸣乐器的声学品质不相上下,并且四声自然音阶已经完全成熟,这表明原始先民在自然法则的体悟与实践中以音乐通达更高的境界。音乐形成一套完整的制度是在尧舜禹时期,从作乐的原初目的来看,"夔始制乐以赏诸侯",诸侯政教严明、五谷丰登、百姓安逸,意味着诸侯有德,天子将乐赏赐给他,因此观其舞,便可知诸侯德行的薄厚。不同的音乐代表不同的德行,《大章》表彰了尧生活简朴克己爱民的德行,《咸池》赞扬了黄帝德无不施的德行,《韶》称赞了舜继尧德的德行,《夏》颂扬了禹继尧德的德行。武王伐纣后,周公制礼作乐,乐成为治理国家、维持安定秩序的重要手段。周公设乐官,建立了一个以大司乐为首集行政与教育功能一体的国家机构,"以乐德教国子,中和、祗庸、孝友;以乐语教国子,兴道、讽诵、言

---

① 鲁迅. 狂人日记[M]. 成都:四川人民出版社,2017:12.
② 李曙明. 音心对映论:《乐记》"和律论"音乐美学初探[J]. 人民音乐,1984(10):24-29.

语;以乐舞教国子,舞云门、大卷、大咸、大韶、大夏、大濩、大武"[1],乐依附礼成为古代上层社会实施教育的主要途径。中国礼仪种类众多,一般分为吉礼、宾礼、嘉礼、凶礼、军礼五礼,乐贯穿其中,贯穿古人生活的各个方面,乐是教化人民最好的选择。

吉礼之乐。"吉礼"为祭祀之礼,举行大祭祀时,瞽蒙听到击拊的指令后,开始登堂唱歌。歌曲结束,听到击敔后,其他管鸣乐器开始演奏,"以六律、六同、五声、八音、六舞大合乐,以致鬼神示,以和邦国,以谐万民,以安宾客,以说远人,以作动物。乃分乐而序之,以祭,以享,以祀。乃奏黄钟,歌大吕,舞《云门》,以祀天神;乃奏大蔟,歌应钟,舞《咸池》,以祭地示;乃奏姑洗,歌南吕,舞《大韶》,以祀四望;乃奏蕤宾,歌函钟,舞《大夏》,以祭山川;乃奏夷则,歌小吕,舞《大濩》,以享先妣;乃奏无射,歌夹钟,舞《大武》,以享先祖。凡六乐者,文之以五声,播之以八音。凡六乐者,一变而致羽物及川泽之示,再变而致赢物及山林之示,三变而致鳞物及丘陵之示,四变而致毛物及坟衍之示,五变而致介物及土示,六变而致象物及天神"[2]。古人的祭祀对象有天、地、四方、山川等,因祭祀对象不同,演奏的乐曲、乐舞各不相同;乐曲演奏的次数不同,招致的神灵也不尽相同。祭祀活动除了奏乐跳舞,还有唱歌。乐在整个祭祀活动中激发了古人最虔敬、深沉、诚挚、热烈的情感。

宾礼之乐。"宾礼"为待客之礼,旨在"以宾礼亲邦国"。以明代皇帝宴飨为例,皇帝出席宴会,"大乐鼓吹振作,鸣鞭,乐止",皇太子、诸王、文武官员及藩王从官依次就座。"内使监令于御前斟酒司壶于皇太子、诸王以下各斟酒,细乐作,奏《太清之曲》,和声郎北面立,举手唱上酒,皇帝举终饮,皇太子以下皆饮,毕,乐止,酒再行,细乐作,奏《感皇恩之曲》,乐止。内使监令于御前进食,供食者自皇太子以下各供食,大乐作,和声郎唱上食,皇帝进食,皇太子以下皆食,毕,乐止,酒三行,细乐作,奏《贺圣朝之曲》,饮毕,乐止;进食,奏大乐,食毕,乐止,凡五进食皆如之。酒四行,细乐作,奏《普天乐之曲》,饮毕,乐止,进食;酒五行,细乐作,舞《诸国来朝之舞》,饮毕,乐舞止,进食;酒六行,细乐作,奏《朝天子之曲》,饮毕,乐止,进食;酒七行,细乐作,奏《醉太平之曲》,舞《长生队之舞》,饮毕,乐舞止,进食。其西庑斟酒进食之次亦如殿中,唯不用乐宴。毕,皇帝兴,

---

① 杨天宇.周礼译注[M].上海:上海古籍出版社,2004:326.

② 杨天宇.周礼译注[M].上海:上海古籍出版社,2004:327-328.

乐作,皇太子、诸王俱以次出"①。宾礼用乐体现了皇权至上,诸国来朝,彰显了国家强劲的实力,国运昌盛,天下太平。

嘉礼之乐。"嘉礼"强调的是人与人之间的关系,涉及婚、冠、射、燕、朝贺、册立等喜庆等方面的事。宫廷用乐以大乐、中和韶乐为主,举行中宫朝贺仪时,女乐奏大乐《天香凤韶》歌颂中宫贤德:"宝殿光辉晴天映,悬玉钩珍珠帘帔,瑶觞举时箫韶动。庆大筵,来仪凤,昭阳玉帛齐朝贡。赞孝慈贤助仁风,歌谣正在升平中,谨献上齐天颂。"奏中和韶乐《圣安之曲》赞颂皇帝洪福齐天:"乾坤日月明,八方四海庆太平。龙楼凤阁中,扇开帘卷帝王兴。圣感天地灵,保万寿,洪福增。祥光王气生,升宝位,永康宁。"②而民间嘉乐以婚嫁居多,"《陶庵梦忆》记录了明代末期扬州的民间婚礼,用鼓乐,唱鼓吹,而花轿及亲送小轿一齐往迎,鼓乐灯燎,新人轿与亲送轿一时俱到矣。新人拜堂,亲送上席,小唱鼓吹,喧阗热闹"③,婚礼在鼓乐的衬托下,喜乐氛围浓郁。即使经过历史的冲刷,宫廷嘉乐土崩瓦解,民间嘉乐亦经久不衰,保存至今。

凶礼之乐。"凶礼"也是"丧礼",古代上层社会在丧仪活动中并无用乐,乐官和乐人没有任何奏唱任务,乐器、舞器仅作为明器用于陈设和随葬。在周人看来,丧礼是悲痛之事,在丧期之内,止乐不礼,哀其所哀,痛其所痛;而在民间,生者以"挽歌"哀悼逝者。

军礼之乐。"凡军大献,教恺(凯)歌,遂倡之。"④在军队出征前,瞽者领唱凯歌,鼓舞将士士气。天子出征归来后,奏凯,对有功将士行赏;但将军、大帅凯旋,只奏凯乐,不奏歌曲。《明会典》有载:"师还,奏凯献俘于庙社,以露布诏天下,然后论功行赏。"而"国朝大将师还,先献凯乐于太庙太社门外,不奏歌曲,伺告祭礼毕,然后于午门楼前,遍奏歌曲,皇帝常服御楼受献,百官朝服舞蹈称贺"。⑤由此可见天子与将军用乐之间的差异,这表现出了将军对帝王的尊敬之情。

四、致用利人的实用特征

致用利人是中国传统器物教化的实用特征,所造之物必须满足人的生活、

---

① 李妍静. 论明代宾礼制度下的礼乐[D]. 南京:南京师范大学,2014.
② 孙瑞璐. 明代嘉礼用乐研究[D]. 温州:温州大学,2018.
③ 孙瑞璐. 明代嘉礼用乐研究[D]. 温州:温州大学,2018.
④ 杨天宇. 周礼译注[M]. 上海:上海古籍出版社,2004:334.
⑤ 杨婵娟. 明代军礼用乐研究[D]. 太原:山西师范大学,2020.

生产需要是古代先民造物制器的先决条件。这种实用特征以利人为目标,表现为中国传统器物的生活实用功能和精神实用功能。

(一)传统器物以利人为目标

"器物当为人所用,而不是人被器物所制,亦即用物而不为物累,这是长久以来人们对待器物最根本的观念。"①利人是古代先民制器造物追求的目标。中国传统器物以人为根本服务的对象,这种以人为本的造物思想在中国传统器物与中国传统思想文化中表现得淋漓尽致。

在器物层面,中国传统器物的制造主体是人。"圣人"是中国古代器物的创制者,伏羲"作结绳而为网罟",实行结绳记事、发明渔网捕鱼;炎帝神农"设陶冶","斫木为耜,揉木为耒",发明陶器和农具;黄帝"始建宫室","作诸器物";尧、舜设垂官,围绕日常生产、生活制作器物供人们使用;殷周设百工制器造物。由此可见,"圣人"并非是拥有某种神秘的力量而获得制器造物能力的人,而是善于观察自然的"聪明人",这样的圣人是广大劳动人民的代表。中国传统器物的使用对象是人。从渔网、陶器到农具、衣服、宫室以及各类日用器物,每一类器物都是围绕人衍生出来的设计,这些器物设计之初的根本目的是服务于人。

在思想观念层面,儒家重礼,旨在用"器以藏礼"的方式教化社会各阶级。孔子主张用器物的材质、形制、纹饰等确定人的身份,制定合乎身份的礼仪制度来稳定社会上下秩序,孔子把"合乎礼"视为器物价值的根本。也就是说,器以藏礼——礼规范人是孔子器物教化的逻辑。《论语》中有"臧文仲居蔡,山节藻棁,何如其知也?"②这是说,臧文仲是鲁国的大夫,却使用"山节藻棁"这种天子用来装饰房屋的纹饰,这样的行为是不符合礼的,也是不明智的表现。孔子理想的社会应该是器物定名分,人依名分各在其位,各司其职。孔子的利人是隐性的,而墨子的利人是显性的。墨子是手工制造者的代表,他站在人民大众的立场上提出了器物"利人民百姓"的观点。在《墨子·非乐》中他有这样的论述:"仁人之事者,必务求兴天下之利,除天下之害。将以为法乎天下,利人乎即为;不利人乎即止。"③墨子认为不论是造物制器还是做人做事,都应该以"利

---

① 邵琦.中国古典设计思想的现代启示[J].装饰,2008(11):60-64.

② 刘兆伟.论语[M].北京:人民教育出版社,2015:61.

③ 冀昀.墨子[M].北京:线装书局,2007:163.

人"为前提,"利人"的事就坚持下去,"不利"人的事就应该停止或者不做。这里的"利人",并不是指有利于极个别人,而是有利于社会大多数的百姓。例如,墨子就认为器物上精美的纹饰、刻镂是贵族阶级对人民百姓的剥削,"无益于圣王的事业,也不利于百姓的生活起居"①,只会导致奢靡之风盛行,劳民伤财,人更是被物所奴役。墨子这种以人民大众为人本的思想是关乎国计民生的大智慧,可对当时的贵族阶级来说却是损害他们利益的。儒墨两家并推为先秦显学对后世器物影响深远。明末清初的理论家李渔倡导"凡人制物,务使人人可备,家家可用"②,他认为真正的器物利人是人人都能使用,家家户户都具备的。李渔从器物使用的范围和广度上说明了器物利人的道理。

(二)中国传统器物的生活实用功能

中国传统器物具有生活实用的一面。中国传统器物的生活实用一是指经久耐用,中国传统器物经得起长久的使用,为了实现这一功能,每一件中国传统器物都经历了几十道工序甚至几百道工序完成,有些中国传统器物即使历经了千年岁月的洗礼,现在仍然可以正常使用。中国传统器物的生活实用二是指灵活适用,中国古代先民依据不同的情况创制相应功能的器物,这类器物既能达到理想的使用效果,又易于操作,具有很强的适用性。

中国传统器物经久耐用。石器、骨器、陶器等材质的器物是古代原始先民最先使用的工具,石器、骨器、陶器质地坚硬、耐腐蚀,但用于生产、生活劳动较为艰难。随着社会生产力水平的提高,青铜器、铁器以及瓷器逐渐出现,这些器物不仅质地更为坚硬细致,而且在使用过程中损耗低,更便于操作。第一,中国传统器物具有较高的耐久性和稳定性。中国传统器物多采用自然界的材料,陶瓷的原材料是黏土,经过高温烧制后变得坚硬而耐用;铜器和铁器的原材料是金属,具有较高的强度和耐腐蚀性;木器则具有较好的韧性和耐久性。第二,中国传统器物经得起时间的考验。《庄子》中记载庖丁解牛的故事,庖丁技艺高超,刀在牛身上游刃有余,他手中的刀已经使用了十九年,由此可见,中国传统器物质量超群,品质一流,经久耐用,使用十年、二十年不成问题。第三,中国传统器物的制作工艺通常十分精湛和复杂,这样才能够制造出精致的产品和高质

---

① 余静贵.论墨子的工艺美学观[J].民族艺术,2017(6):54-56.
② 李渔.闲情偶寄[M].上海:上海古籍出版社,2000:228.

量的器物。在制作瓷器时,需要经过多次烧制、上釉等程序;而在制作青铜器时,则需要进行铸造、鎏金、打磨等环节。这些繁杂的制作环节都是为了保证制作出来的器物具有实用性。

中国传统器物灵活适用,依据不同材质的特性,制成可供日常生活之用的器物。利用陶瓷器、青铜器等器物的空间属性可以贮藏各种食物,以备不时之需,也可以煮饭烹调食物;利用铁坚韧有延展性的属性可制成各式的刀具、农具,满足人们日常生活的实际需要;利用竹木可塑性的特点,可以制作桌椅板凳、床柜盒箱以供日用;利用各类植物纤维不仅可以制成粗衣麻绳,遮体御寒,还可以做成纸张,供人书写。中国传统器物一物多功能,在古代先民的日常生活中扮演着重要的角色,发挥着重要的作用。

(三)中国传统器物的精神实用功能

中国传统器物不仅仅是为了生活实用而存在,它还具有精神实用的一面。中国传统器物的精神实用功能展示出了中国传统文化的精髓和内涵。中国传统器物的精神实用功能表现为追求高雅美观的审美想象和注重天人合一的文化内涵。

中国传统器物追求高雅美观的审美想象。中国传统器物常常以纹饰体现出高贵典雅的美学特点。在中国古代,陶瓷器、青铜器、玉器等都是重要的艺术品,这些器物在制作过程中不仅注重实用性,还注重美观性。在陶瓷制作方面,古代工匠们注重采用装饰技法,如刻画、印花、绘画等,将器物表面装饰得格外精美;在青铜器制作方面,古代工匠们善于运用浮雕、鎏金等工艺,使器物更加华美;在玉器制作中,工匠则更注重玉石本身的纹理和质感,通过雕刻手段,显示其晶莹剔透的美感。这些制作工艺的运用,让中国传统器物的美感更加深刻和独特。除了艺术品外,日常用具也同样注重高雅美观。在餐具方面,古代人们善于利用施釉、印花、划花、剔花、刻花等技法来装饰碗、盘、碟等器皿,增强了器皿的观赏性;在家具方面,古代工匠们注重髹漆、彩绘、雕刻、镶嵌等工艺,使桌椅、床铺、门窗、柜子等日用家具具有较高的艺术价值。中国传统器物以精湛的工艺技术达到了极高的审美想象。

中国传统器物注重天人合一的文化内涵。汤一介认为,所谓的"天人合一",是天与人相即不离的状态,"天有生长养育万物的功能,这是天的仁的表现。人既为天所生,又与天有着相即不离的内在关系,那么人之本性就不能不仁,故有爱人利物之心"①。天与人相即不离的状态通过世间万物联系起来。首先,从器物的纹饰来讲,中国传统器物通过一些自然元素来表达"天人合一"的文化内涵。如以器物上的花鸟、山水等图案,传递出了人与自然互动的和谐关系,以器物上的鸟兽纹象征君子之德。这些自然元素的运用,使器物成为自然和人文相结合的实例。其次,中国传统器物的制作工艺和技艺同样注重"天人合一"的理念,制作器物的工匠们挑选自然材料、精雕细刻,将器物制作成自然与人文和谐共生的艺术品。最后,在器物的使用方面,中国传统器物注重"天人合一"的价值取向。在宗教祭祀或是重要礼仪活动中,中国古代先民会使用特定的器具进行摆设或布局,以表达对自然和人文的尊敬之情。中国传统器物注重天人合一的文化内涵,是从自然和人文相互关联的视角出发,表达中华文明历经千年的审美观念和哲学思想。可以说,中国传统器物是中国传统文化核心思想——"天人合一"的物质典范。

中国传统器物在内以造型、纹饰,在外以功用,从内外两个层面向社会的各个成员渗透着教化的意蕴。器物蕴含的教化思想既有精华,也有糟粕。在个人成长方面,儒家的教化思想引导着人们德行的不断升华,儒家主张人在不断的修身功夫中能够达到像圣人一样的品格,父慈子孝,兄友弟恭,夫义妇听,长惠幼顺,君仁臣忠,这不仅是文字语言上的表述,更是生活实践中的行为,以自身的行为感化身边的人,正所谓"己欲立而立人,己欲达而达人"。但是,从社会管理角度而言,"封建大一统思想指导下的儒家教化,其政治目的是明显的,维持社会等级的分明,保证各项工作按部就班地施行,对统治阶级自身及其执政合法性的维护,等等。所以,与之相配套的三纲五常理论、等级有差思想均是围绕封建统治阶级自身的利益来运作和规定的"②。建构起一整套完整的礼乐制度的统治阶层使得成就人、发展人的初衷变成了求取功名的"傀儡",明清"八股取士"盛行,个性与自由被抹杀,人成为维护封建等级秩序的工具而被淹没在了历史的尘埃之中。

---

① 汤一介.论"天人合一"[J].中国哲学史,2005(2):5–10,78.
② 刘华荣.儒家教化思想研究[D].兰州:兰州大学,2014.

第三章　中国传统器物德育教育的功能与内涵

第一节　中国传统器物德育教育的功能

中国是器物大国,器物的种类十分丰富。在中国哲学中,器物与道理是统一的,道在器中,理寓于物中,人们常常以器寓道,礼藏于器。因此器物与教化之间有着十分密切的联系。器物是无意识的,它不能主动地将其中的礼呈现在人们的眼前,只能以中介或是载体的形式,依靠外界对其进行一定的解读。究竟什么是器物教化呢? 器物教化又是怎样发挥作用的呢?

"器物教化"是一种在中国存在了几千年的特殊的思想教育方式,它是指赋予特定器物以特定的思想观念,比如某些道德观念、政治思想、文化观念等,并通过这些器物对特定的人群实施教化,以达到预定的目标,其是一种有目的活动。"教化"是指人们将普遍认同的价值观念、道德要求、制度规约等在社会中广泛传播,将其内化为个体的内在品德,外化为社会行为,实现个体与社会之间的交往,也是一种社会实践活动。器物教化与传统的教化方式是不一样的,它是一种以物为载体发挥作用的特殊的思想教育方式。器物是由人设计制作出来的,只有经过精心设计制作的器物,才能更好地发挥教化的作用,虽然器物本身也会带有一定的教化功能,但是不一定能够很好地将其教化作用发挥出来,只有是经过人所创造出来的、赋予其一定思想的器物才能更好地挖掘发挥出其中的作用。器物文化中也蕴含着德育的功能,对人的品德养成具有重要的作用。

器物主要起到启发、引导、惩罚、社会象征等功能,器物教化的实现途经主要是以这几种为主:

一、器物德育教育的启发功能

器物为何对人有一种教化作用? 要回答这个问题,首先需要弄清楚什么样的器物才会具有教化功能。我国自古以来就有"器以藏礼"的说法,其中的"礼"开始指的是"周礼",再后来是指人类的一切礼仪文化。器中蕴含的"礼"

因素对人会有一种教化功能。但并非所有的器物都具有一定的教化功能,其中的"礼"是人赋予的,更多的教化功能也是人所赋予的。随着器物种类、数量越来越多,被赋予的"礼"的内涵也越来越丰富,首先隐藏在器物中的就是其启发功能。

认识是在实践的基础上,主体对客体的能动的、创造性的反映,需要通过认知主体发挥出其中的作用。器物教化作为联系人与人、人与社会之间的中介,在表达方式上是隐性的,因此其中所蕴含的信息是需要认知主体主动去发掘的、去领悟出的,这就需要认知主体自身有一定的知识结构、道德修养等。例如古代的一些文人字画,其本身蕴含着许多的深意,但器物本身不能主动地将其中的文人思想传递出来或是直接为人们所理解。就像禅意是宋代文人字画的突出特征,体现了文人士大夫们在绘画艺术领域的美学追求和人生境遇,现实社会中的种种挫折使他们将满腹苦闷寄于绘事,且以结交禅僧或雅集参禅为乐。因此,禅宗思想进入艺术的创作是自然而然的事情。他们往往借助蕴有禅宗思想的文人画创作来抒发情怀,大部分的文人字画所表达出来的是作者对人生的一种思考或是对自己内心深处情感的一种抒发。例如宋代的《岁寒三友图》《清明上河图》,以及一些山水画等都蕴含着作者的高尚情怀。后期,许多图案也用于瓷器、雕刻等器物中,同样,对于这些器物中蕴含的高尚情怀,不同的人所悟出来的道理是不同的。对于普通人来说,它们就是一些好看的花纹或图案;对于文人墨客来说,他们就能从其中领悟出高尚的人格、高洁的品质,悟出一定的人生道理。

中国人所推崇的是谦虚的美德,注重潜移默化的影响。每个人所领悟的道理,都是基于个人因素基础之上的,但是这不适合所有人,是基于特定的人群的。在中国古代,人们十分重视人与人之间的身份、地位等的差异,并且这种差异也体现在器物上。古代不同身份的人所使用的器物是不同的,其不同主要体现在规格、尺寸与数量上,那么器物使用的规格、尺寸与数量就对人有一种启发作用,指引着人们去识别出人的身份地位。比如说,同样是使用"豆"(先秦时期的一种食器),不同阶层的人使用的数量是不一样的,"天子之豆二十有六,诸公十有六,诸侯十有二,上大夫八,下大夫六"。这些差异强化了人的等级差别观念,警示人们不要越位,要安分守己。而这种等级观念正是当时为民、为臣或为君所要遵循的人伦规范。类似的例子还有许多,比如不同等级着装的差异、日用品的差异等。① 古代对使用器物的规格、数量都有相应的规定，人们根据他人所使用的器物就可判断出他的社会地位。古人对器物上的纹饰也有相对应的规定，人们从瓷器装饰的颜色、纹饰上识别出其身份、地位等。明朝时期由于景德镇的地理优势、资源优势等，1369 年，朱元璋将浮梁瓷局改建为御器厂，专门为皇家烧制御用瓷器，称之为皇家御用瓷。御器厂采用皇家独有、旧时皇家专用的优质高岭土资源，以中国独有且王室专用的黄釉为基础创作出极为珍贵的皇家五彩云龙纹饰。御器厂还将宋影青、明大红一体烧制，称四朝三釉技法。浮雕金工艺，则以千足真金为原料，釉质纹样部分黄金含量高达 18 帕，这在当代国际制陶业也属领先。当时皇家所用的瓷器有着严格的规定。首先就颜色来说，黄色是天子才能用的颜色，以皇家专用的黄釉为基础的瓷器，专供天子使用，其他的大臣、平民是不能使用的。瓷器上所使用的图案，龙纹是典型代表之一，是身份的象征。龙纹是历代瓷器上的主要纹饰，特别是在元明清三朝。由于不同朝代甚至同朝代不同皇帝在位时期的龙纹都有明显不同，因此龙纹成为鉴别瓷器年份的方法之一，连龙爪的数量也成为参考标准。瓷器上龙纹的爪主要有三爪、四爪、五爪三种。在元以前，龙基本都为三爪，从元代末期开始，龙爪的数量被前所未有地关注。而到了明代，更是规定皇帝所用的瓷器才可以用五爪龙，其他皇室成员和普通百姓只能使用四爪龙图案，这种规定一直延续到清代。因此，也可以说，在明清两代的瓷器上，如果出现五爪龙，大致可确定为是专门为皇帝烧制的官窑瓷器。同一时期、同一种类的两件瓷器，比如同样是明代成化时期的花瓶或者同样是清代康熙时期的碗，有五爪龙图的瓷器肯定贵于龙纹为四爪的瓷器。除了龙爪的数量，不同时代龙的发、睫毛、须也有很大差别。②

　　这就是器物教化中的启发功能。启发功能在于循循善诱，使人们主动发现蕴含在事物中的作用、道理。然而，器物教化中的启发功能在于人的理解能力，因此器物教化发挥作用的第一个途径是通过认知主体运用自己的知识结构、价值基础去对器物进行理解，人们通过自身去发现其中的意义，从而提升自己，达到预设的目的。

---

　　① 李兴华,韩建磊. 论传统器物的教化功能[J].南昌大学学报(人文社会科学版),2014,45(5):44-49.
　　② 林琳.瓷器:五爪龙价超四爪龙[N].广州日报,2010-02-16.

二、器物德育教育的引导功能

所谓引导在于通过一定的手段、途径使人们朝着预期的目标不断地发展。器物教化中的引导中也有强制性的引导，所谓强制性是指通过某种特殊的手段按照一定的社会道德规范来要求人们。任何一种道德规范都是对人提出一定的道德要求，使人知道应该"做什么、如何做"。人们将"礼"赋予器物，由人们设计创造出来，故器物就拥有了教化功能中的引导作用。这种引导作用主要体现在两个方面：一方面是思想引导；另一方面是行为引导。

思想引导主要是指器物上的图案、文字、造型对人思想观念上的一种影响作用。器物的造型设计等方面也体现着设计者一定的思想。思想引导主要是将自己对人们的道德要求赋在器物上，再将器物放置到人们的日常生活中去，起到的是一种"润物细无声""潜移默化"的作用，在无形之中人们就会受到这种思想的影响，朝着器物中所蕴含的意义发展。例如《岁寒三友图》以松竹梅来比喻君子之交，《二十四孝图》时刻提醒人们百善孝为先。思想引导是一种潜移默化的引导，这种效果会因个体的差异而不同。① 孔子注重对学生的引导，使学生善于发现事物中的道理。同时，在器物中也含有一定的文化意蕴，文化对于人来说，具有重要的影响作用，文化对人的影响也是潜移默化的，教化人于无形之中。和法律不一样，文化不具有强制性，文化影响着人们的交往行为和交往方式，影响人们的实践活动、认识活动和思维方式，也会在一定程度上提高人的精神境界。人们在制作器物的时候，也会相应地融入一定的文化元素，其中的文化内涵对人也会起到一定的启发作用。例如，历史悠久的皮影戏也含有一定的教化功能。皮影戏是让人们通过白色布幕，观看一种平面偶人表演的灯影来达到艺术效果的戏剧形式，而皮影戏中的平面偶人以及场面道具景物，通常是民间艺人用手工刀雕彩绘而成的皮制品，故称为皮影。皮影戏是我国出现最早的戏曲剧种之一。它的演出装备轻便，唱腔丰富优美，表演精彩动人，千百年来深受广大民众的喜爱，因此流传甚广。在皮影戏的表演过程之中，人们可以将人物事迹改编成故事将其演绎出来，而在改编故事的时候就可以融进人们的观点、思想、价值观等，这就形成了富含教育性的故事，也赋予了皮影戏教化功能。皮影戏的教化功能有两层：一是通过宗教的方式宣传与人为善等教义；二是承

---

① 李兴华,韩建磊. 论传统器物的教化功能[J]. 南昌大学学报(人文社会科学版),2014,45(5):44–49.

担着明伦理、扶正义的社会教化功能。早期皮影与宗教的宣传活动有关,最初是宣扬教义,教化人们向善向上,例如讲儒教忠孝节义的《善恶图》《忠孝图》等。在一定程度上,皮影戏还承担着社会教化的责任,通过演绎历史人物与故事,辨忠奸,寓褒贬,演悲欢,劝善行善。在皮影的唱本里常会有这样的词:"国有道出的是忠臣良将,家有道出的是孝子贤孙,害人之心不可起啊,做人要的是一身正气。"正是通过这样千百年的传唱,艺人们将最基本的社会道德与伦理规范传达到了千家万户,深入每一个乡村和城镇,不知有多少人,在皮影戏台前接受了社会伦理的启蒙教育。① 由此我们可以看出,器物具有对人的一种引导功能,培育人的发现能力和创造性。

行为引导是根据器物本身的设计来到达某种目的,主要在于纠正人们的错误行为。古代人在违反法律之后,必定会受到一定的处罚,其中有一项处罚措施是流放。在流放过程中,会有官府人员负责将人押送至目的地,在此期间犯事之人手上须戴上枷锁,脚上还要戴着脚铐。在当时,枷锁、脚铐是最常见的刑具,也是对戴罪之人的一种约束。由于长期戴着方形的枷锁,犯人双手必须要时刻置于胸前,不然脖子就会受不了,因此他们在行动过程之中必须坐得端正,不能东倒西歪。时间长了,犯人就会感受到传统教化中方正、恭敬、彬彬有礼之人的一种礼仪,在拿下枷锁之后,他们也就有了传统意义上的坐相——腰板挺直。由于脚上戴着脚铐,犯人走路时就会脚下沉稳、方方正正,形成一定的规范。这也会使其认识到自己所犯下的错误,纠正他的错误行为。这就是对人行为的一种引导。行为引导具有强制性,就像在面对枷锁的时候,其没有选择,必须按照器物的设定来规范自己的行为,使人们反思自己以往的种种行为,认识到自己的错误之处,以达到器物预设的一定的目标。同样,在我们的日常生活之中,桌子椅子的设计对人们的行为也有着一定的引导作用。比如以前的太师椅,靠背与椅面呈 90 度直角,中国人讲究坐的姿态,它正符合中国人"正襟危坐"的礼仪要求,这叫坐有坐"相",这个相,既是形式,又是内涵。椅凳的构造也充分反映了礼的规范,使人们自觉成为克己复礼的实践者,也是符合中国文化精神和审美取向的一种姿态。木为本,实有情,一个椅子可伴随几代人的成长,承载岁月记忆。这种要求反向而言即"道在器中",中国传统器物无疑是其中之

① 张娜.浅谈皮影艺术的社会和教育功能[J].大众科学(科学研究与实践),2007(24):110.

集大成者。椅子的设计也旨在引导人们时刻注意自己的言行举止要符合"礼"的规定。这主要是指器物教化中的引导功能,器物教化不仅在以前发挥着作用,到今天依然有着重要的影响。

三、器物德育教育的惩罚功能

一种价值观念要发挥作用,必须要将其内化于心,外化于行,同样,一个人的道德修养是由外到内,从他律到自律的一个过程。古代社会是一个十分严密的等级社会与十分讲究"礼"的社会,道德和"礼"在当时就相当于我们现在的"法律",拥有着重要的地位。在那时,从天子到诸侯,从士大夫到平民都有相应的规定,并且这种规定有着严密的等级区分,任何人都不能行使越过规定的权力,否则会受到相应的惩罚。比如豆是中国先秦时期的食器和礼器,豆作为礼器常与鼎、壶配套使用,构成了一套原始礼器的基本组合,成为随葬用的主要器类。用豆之数,常以偶数组合使用,故有"鼎俎奇而笾豆偶"的说法。但是并不是所有人可以使用的豆的数量都是一样的,不同阶级的人可以使用的数量是不一样的:"天子之豆二十有六,诸公十有六,诸侯十有二,上大夫八,下大夫六。"这种差异就时刻提醒着人们不能够越过自己该做到的本分,强化了人们的等级差别观念。各等级之间不能越位,特别是等级低的不能越过自己的等级使用高规格的器物,否则就会受到一定的惩罚。正是出于对惩罚的恐惧,人们不敢有任何的僭越,安守本分地使用符合自己身份的器物,不敢有丝毫的差错,最终表达出人们对器物中所含等级秩序的认可与遵守。

社会等级观念是随着阶级社会的出现而产生的,中国古代服饰也始终体现着社会等级观念的影响。服装成为表现着装者身份等级差别的重要手段,具体表现在服装色彩、服饰图案以及服饰配件等方面都有着严格的等级规定与穿着要求,如以不同的官服色彩与装饰图案代表官职品级的等次,以服饰的材质和数量的差异来标示着装者身份的尊卑。[①] 中国古代不同阶层的人所能穿的衣服的图案、颜色、质料等都是不同的,清代时期皇帝服饰有朝服、吉服、常服、行服等,最为我们熟悉的应该是龙袍了。穿龙袍时,必须戴吉服冠,腰间要束吉服带,以及挂朝珠。龙袍以明黄色为主,也可用金黄、杏黄等色。清朝皇帝的龙

---

① 王晓光.关于中国古代服饰的等级观念问题[J].黑龙江社会科学,2007(4):121 - 123.

袍,据文献记载,绣有九条龙。另外,龙袍的下摆,斜向排列着许多弯曲的线条,名谓水脚。水脚之上,还有许多波浪翻滚的水浪,水浪之上,又有山石宝物,俗称"海水江涯",蕴含了"一统山河"和"万世升平"的寓意。其颜色也有严格的规定,《诗·小雅》有诗句"朱芾斯皇,室家君王",意思是说天子所用的芾是纯朱色,诸侯则用朱黄或赤色,故由此可辨别身份等级。皇后服饰上的图案一般以凤、牡丹为主,加上花边修饰边缘,官服主要品种为长袍马褂。大多数军政人员都戴像斗笠一样的较小的帽子,按冬夏季节有暖帽、凉帽之分,根据官阶的不同,"顶子"的颜色和质料也不同。不同的臣子在不同场合穿的衣服也是不一样的,对于皇帝嫔妃来说更是如此。同样的道理,对于平民来说,其服饰的图案、质料、颜色也有严格的规定,每一等级的人都不能触碰自身等级之外的服饰。

器物德育教育以多种方式发挥着重要的作用,传统的器物教化、道德教化与当前的道德教育还是有区别的。当前的道德教育主要是强调人们主体的认同与主动的接受内化,更重要的是主动的宣传与教育。例如老师的德育课,更多的是在引导学生,让学生懂得该如何做,知道什么是对与错,主动权在于主体自己手里,不具有强制性。但是传统的器物教化不一样,传统器物教化更多的是依赖以教化对象对器物上的"礼"的理解与感悟。例如,古代对于每一阶层的人们都有相应的规定,就像服饰、车马等,每一阶层的人能使用的都不同,若有逾越,必定会受到处罚,具有一定的强制性。

四、器物的社会象征功能

一定的内容要以一定的形式表现出来,器物蕴含着设计者的思想观念和某个时期的社会现象等,具有一定的符号性功能、象征性功能。形态、材质(质感)、纹饰、色彩、温度等元素,构成了器物的表象,它们的特性、组合和分解,足以改变器物的价值和命运。器型是器物研究的起点,它提供最基本的样式。器型总是首先被凝视,而后器物进入被嗅闻、抚摸和把玩等多层级感知的状态。在这一过程之中,器物中所蕴含的思想,所表达出来的人们的身份、地位,所展现的社会现象等就具有一定的象征性。

首先,从器物的器型来看,器物的形状中蕴含着一定的原则,比如说器物反映人的思想性,体现了人与人的社会关系,展示了社会的和谐有序。中国人在性情上追求"中庸",在人际关系中推崇"平实""和谐",同样,这也成就了中国传统家具温润而厚重、中庸而平和的品质特征。箱柜的中和之道体现在不同材质的相得益彰，比如明代的铁力木圆角柜，整个柜子以铁力木为主，门板五抹四段芯板均为瘿木镶嵌，体现了不同材质的美感。除了在造物的设计中能够取长补短，兼容并蓄，古人在造型设计中也讲究其中和。比如明代柜子是圆角柜，少有坚硬的棱角，与中国人中庸而平和的品格相互呼应。柜脚也是外圆内方，与中庸平和的理念相适应。器物的制作往往会体现出人们的想法，体现人与物的关系，展现出心与物、文与质、形与神的统一。

其次，从器物的材质来看，教化观念也占据着重要的地位。在金属中，青铜器具有高贵性，所能使用的人是皇室或贵族，平民百姓则是不能使用的，而平民百姓用的更多的是铁器，铁器更平民化。同样，古玉器为等级制的物化，对于玉的使用，不同身份的人也有不同的规定。秦以前，"九鼎"象征君权；秦以后，玉玺成了君权的象征。秦始皇制成一枚传国玺，以后各代帝王认为得了此玺的才是真命天子。以玉为玺的制度，一直沿袭到清朝，乾隆皇帝厘定的 25 枚宝玺，绝大多数为玉制。汉以后各代规定，达到某一等级的人才有资格得到某一形制的玉玺；唐代就明确规定了官员用玉的制度，不同的官员所能使用的玉是不同的。同时，玉也被赋予了道德、文化观念等。这是从西周发展起来的，源于民俗，被儒家学派推崇，赋予其一定的思想性，使玉更加具有生命力，后被历代加以利用，被民众接受。比如说我们常常"以玉比德"，用来比喻君子的高洁。不同等级的人持的玉是不同的，所代表的身份也是不同的，专用于人身装饰的佩玉品种相当多，有璧、环等，再往后更有镯、扳指、带钩、司南佩，清代还出现了翎管等等。若是按照佩戴的不同部位进行划分，则还分为发饰、耳饰、腕饰、腰佩饰等。凡此类人身之装饰，现代统称为首饰。佩玉除了作为身份等级的区分标志之外，也是用来象征君子道德的重要饰物。古人创造的"玉有五德"就是在借物喻人，寄托君子品行的理想观念，"君子比德于玉"也是儒家的用玉观。古代，玉象征着伦理道德观念中的高尚品德。玉器在人们的生活中发挥着重要的作用，人们常以玉效德。据考古发现，新石器时代，这一时期的玉器被赋予了沟通天地的神器的功用，在许多重大的祭祀活动中，玉是人们与上天沟通的一种工具。随着封建社会的发展，从春秋时期到汉代，玉器被视为统治者身份的象征，"完璧归赵"这个典故就深刻地表达了玉在社会中的地位。

再次,器物的色彩和图案也是使用者身份地位的象征。器物上色彩的使用也是令人十分瞩目的一点。就像前文中所提到的,明清时期,黄色是皇帝才能使用的,而大臣与平民百姓是不能使用的,就像官服,一般人是不能私自制作使用的,否则会受到一定的惩罚。还有对于在器物上所用的图案,不同身份、地位的人能使用的图案也是不一样的,有着明显的等级制度的规定。就像官员身上所穿的官服,其目的就在于显示出于百姓的不同,也为了彰显出官员的身份、地位。官服就是封建等级制度的一个缩影。官员们的品级不同,相应的官服不同,自然而然连官服上的图案也不同,所以说通过官服上的图案和花纹,我们能看出中国古代官员的品级制度。

最后,器物在使用上也有不同。前文提到,明朝时期,朱元璋将浮梁瓷局改建为御器厂,专门为皇家烧制御用瓷器。在当时,御窑厂烧制出千件瓷器,从中挑出一件最好、最完美无瑕的送到宫中,其他的一律打碎埋入地下,不准流入民间。从中我们可以看出严密的等级制度,这也是当时社会制度、风气的表现。最后谈到社会思想性对人们的影响,例如先秦时期的食器被赋予了"尊老"的道德思想,还拿"豆"来说,《礼记·乡饮酒义》记载:"六十者三豆,七十者四豆,八十者五豆,九十者六豆,所以明养老也。"[1]当时,对于食器豆的使用在人们的观念里自然而然地形成了一定的规矩,无须任何人的说教。就像在现在,警察在人们的心中就是一种威严的形象,人们开车在路上看到警察就知道要遵守交通规则。有些地方会设置警察的模型,当开车的人看到警察的模型,就知道要遵守相应的交通规则,不能超速、不能超车等,无须真的警察到场。这就是器物的社会象征功能。

"器物教化"在社会中存在了几千年,必然有其自身发展的特征。器物教化的启发、引导、惩罚、社会象征等功能,就是器物在不断演进过程中所形成的具有特色的部分。

---

① 韩建磊.论"器物教化"[J].燕山大学学报(哲学社会科学版),2021,22(6):52-58.

第二节 中国传统器物德育教育的内涵

一、中国传统德育教育体系的组成部分

(一)皇权教化中的器物

在中国传统社会漫长的发展历程中,统治阶级逐步制定了一套以皇权为中心的官僚体制和管理制度。这些制度不仅是庞大的封建王朝得以有序运转的基础,同时也对人们政治生活中的各个层面和各种器物产生了广泛的影响。为了维护封建统治,实现皇权下的等级意识和教化目的,许多有固定规制的朝中器物应运而生,成为皇权教化的工具之一,这从朝中冠服方面便可窥一斑。随着礼制的发展,皇家官员们所佩戴的官帽和穿着的服饰在长期演变发展的过程中不断多样化和复杂化,其蔽体御寒的基本功用和装饰美化的审美功用逐渐转变为分辨官员等级位阶的功能。如从史书和现代影视剧中,我们总会看到古代皇帝上朝时会戴一顶有"门帘"的帽子,这种帽子叫作"冕旒"。其顶为冕,前后的珠串为旒,故曰"冕旒"。"旒"又叫"玉藻",其数量根据阶级地位不同而有级别的区分。不同身份的官员所戴的冕旒的主要区别就在于玉藻所用珠子的材质、条数以及颜色等的不同。冕旒制度起源于黄帝时期,到周朝逐渐完善。《周礼》中记载:"天子之冕十二旒,诸侯九,上大夫七,下大夫五。"一般来说,帝王之冕,前后各有十二根玉藻,诸侯则有九根,官位越低,玉藻数量越少。因此,冕旒不仅是为了美观,更是地位的象征,尤其是皇帝的冠冕更是皇权至上的体现。不仅如此,冕旒还有规范皇帝行为的作用,如皇帝戴上冠冕,走路就不能太急、坐姿就不能不端,否则冕旒就会碰撞出声响或者滑落。长此以往皇帝自然而然就会生出"威严之气"。此外,冕旒的珠帘能够在皇帝与官员之间隔出一个安全的距离,能够遮挡皇帝表情,使皇帝的心思不容易被揣摩,从而塑造出高深莫测、神秘威严的皇帝形象,用距离感让臣子们产生惶恐与敬意,暗示臣子们"不可直面圣颜"。冠冕左右两边还有叫作"充耳"的玉,又称"塞明",这是为了提醒皇帝要谨防佞臣谗言。官服在设计和穿着方面也有十分严格的要求,《辞源》中对官服进行了定义:"指等级社会中用以明辨官品等级的服饰。"这点明了官服中内含的皇权意识形态。官服是遵循等级秩序和礼法规定下的物化体现,

"贵贱有级,服位有等,……是以天下见其服而知贵贱"①。从官服产生之初,其形态就打上了明显的等级烙印。从一品到九品,每个官阶都有不同的装饰标准,身居高位的官员服饰华丽多彩,普通官员的服饰纹疏彩淡,通过不同的服饰符号来强调各自的等级,区分上下尊卑和社会地位,体现皇权的至高无上与臣子们的辅佐地位。② 还有一种从宫中达官贵人中演变而来的"腰牌",又叫"符牌",最早起源于夏商周时期。腰牌通常用金、玉、铜、木等制成,同时也是一种身份的象征。明代以后,腰牌制度愈加严格,不同身份等级的人佩戴不同材质、形状的腰牌,同样体现了皇权制度中基于礼制的等级教化。

(二)社会德育教化中的器物

在主要以道德治理天下的古代中国,器物不仅在皇权教化中占有重要地位,器物中承载的社会教化作用也很明显,并在社会生活的各个层面以多种器物文化形态表现出来。古代衙门和书院中的各类器物,同样也是实现社会道德教化的载体。在古代的衙门中,具有教化作用的器物有很多种,主要包括匾联、坊亭等。衙门中的匾联指的是用于衙署、宫殿、祠庙、寺观、亭台、楼阁等建筑物的匾额和对联,是中国建筑文化的特色。人们在衙门中坐卧行走,都能感受到匾联所传达的道德教化思想和告诫。另外,亭坊建筑一定程度上成了承载道德教化功能的建筑符号,它们不仅是直接对百姓进行道德教化的场所,而且在约束为政者的行为方面也起到了重要作用。在中国古代衙门亭坊中的圣谕广训、官箴戒约以及申明旌善,都体现出了对于地方官员和黎民百姓的行为约束和道德教化。③ 而在唐宋兴起的书院教学中,也有通过经典书籍的教授和书院内外的环境布置,通过耳濡目染、潜移默化的教育方式达到教化的目的。在古代经典的教授方面,书院作为传播儒家传统文化与价值观念的重要基地,主要以"四书五经"等经典著作和大量历史典籍作为知识教育与道德教化的载体,通过知识之美充实道德之美。除去书院依山傍水的外部环境,通过自然之美净化心灵,古代书院内部的建筑也具有道德教化功能。作为书院主体建筑的讲堂、祠

---

① 贾谊.贾谊新书[M].上海:上海古籍出版社,1989.
② 谢欣.古代官服的符号学意义[J].艺术生活(福州大学厦门工艺美术学院学报),2017(6):28-33.
③ 朱紫祎,孙春晨.我国古代衙门文化的道德教化功能:以内乡县衙为例[J].唐都学刊,2015,31(6):53-57.

堂和藏书楼,严格按照儒家"居中为尊"的传统理念呈中轴对称逐次排列。同时,为了满足书院日常讲学与不同学派开展会讲的现实需要,书院讲堂均设计成一面全开敞式堂屋,而且开敞的正面呈轩廊形式。如此设计,既适于自由灵活的讲学和会讲,又便于听众过多不能容纳之时自然向外延伸,使所有参与者不受墙壁门窗之影响,都能够接受平等的教育。古代书院这种开敞的建筑风格充分体现了"有教无类"的教育宗旨与"学术自由"的教育风格,同时对于个体成长与社会发展都有着重要意义。①

(三)家庭德育教化中的器物

自先秦以来,中国的传统文化从未离开过"礼"的教化。随着儒家思想成为正统的教育思想,"礼文化"也被贯彻到中国先民们的思想和行为中,同时贯穿到了先民们日常生活的器物之中,对我国古典家具尤其有着重要且深远的影响。受儒家礼教的熏染,宗法礼制在中国人的日常用度包括家具的设计上都有明显的体现。中国传统家具,如床、榻、椅、屏等,不仅是日常生活起居中的实用品与陈设品,也包含了诸多的民俗文化、社交礼仪,还具备了区分长幼尊卑、亲疏远近的功能。在中国传统的家具布局中,厅堂布局最为讲究和严格。《荀子》曰:"长幼有序,则事业捷成而有所休。"这种秩序感在置于中堂的家具上体现得非常充分。大户人家的厅堂里,常出现一种由八仙桌、太师椅、长案和花架等组合而成的"中堂"。"中堂"是中国传统建筑中的主体部分,是迎宾宴客、承载礼仪的重要场所,也是人们日常起居的主要活动之地,地位至高无上。主宾、尊卑、上下、长幼的关系,通过各种家具和陈设器物传达出来,也表现了中国人"孝悌忠信、礼义廉耻"的伦理观。从传统文化角度来看,中堂也正是其立身治家精神的充分体现。中堂家具根据陈置在堂屋上的位置,功能也有所侧重。依传统惯例,太师椅的座序以左为上、右为下,无论长辈还是同僚皆宜按"序"来入座,即使是身处位尊之人,在不行仪式时,也只在右边落座,一是表示谦恭,二是表示虚位以待。一个家的厅堂设计和器物摆设,印证了这个家的伦理道德操守,更证实了中华民族优秀传统的教化意识无处不在,器物文化源远流长。

---

① 杜华伟,谢致远.古代书院道德教化的现代启示[J].西北成人教育学报,2012(2):35-36,42.

二、中国先民价值观念的表达途径

(一)透显"利人""尚和"的造物观念

1."兴利节用"的利人造物观

在中国古代的造物思想中,墨家始终以"是否利人"为制器的价值标准和造物的根本旨归,体现了"利人"的造物观,即造物要以人为本的价值观念,墨子将其称为"兴利"和"节用"。《墨子·非乐》提出:"利人乎,即为,不利人乎,即止。"墨家所谓的"利",乃指"天下之利""万民之利",所有器物设计制作、产品好坏的衡量,都以此为原则,合乎此者为是,背乎此者为非。① "兴利"作为墨子造物思想的纲领,体现了造物利人的实用性,用墨子的话说,就是"去无用之费"。从正面来说,它以"三便"②为具体原则:一是要"便于生",二是要"便于身",三是要"便于利"。从反面来说,制器"不以为观乐也""不以为辟怪也",即不为观乐而设计,也不为纯粹的装饰美而设计。③ 无论正说还是反说,墨子表达的观点始终是:器物是为了满足人们生命的基本需求而创造的,实用性和功能性是器物的第一性,是古代"合格"的器物所必备的基本条件。同时,"节用"思想是墨子造物设计原则中与"兴利"相辅相成的另一个重要方面,墨子认为所有的设计与制造,不应该只重实用,还强调节用。④ 所谓"节用"就是,只考虑器物的实用性和功能性,把不必要的尽可能省去,达到"节用"而"利人"的目的。

墨子"兴利节用"的人本主义造物观,在其关于古代服饰、宫室、车船等日用器物的制作方面均有所论述和体现。在房屋建筑方面,为了利国利民,要以"节用"为造物的价值标准。《墨子·节用》开篇就提道:"其为衣裳何? 以为冬以圉寒,夏以圉暑。凡为衣裳之道,冬加温,夏加清者,芊鉏;不加者,去之。"即做衣服是为了冬天御寒,夏天避暑,满足基本的生命需求。同时做衣服要"适身体,和肌肤而足矣,非荣耳目而观愚民也",在满足人们基本需求的基础之上,强调制衣的合体性和舒适度。墨子还说:"暴夺民衣食之财,以为宫室,台榭曲直

① 胡茜茜.墨子"节用"思想对现代产品设计理念的影响[J].艺术科技,2017,30(3):264-265

② 邱春林.设计与文化[M].重庆:重庆大学出版社,2009:9.

③ 胡茜茜.墨子"节用"思想对现代产品设计理念的影响[J].艺术科技,2017,30(3):264-265.

④ 胡茜茜.墨子"节用"思想对现代产品设计理念的影响[J].艺术科技,2017,30(3):264-265.

之望,青黄刻镂之饰。为宫室若此,故左右皆法(而)象之。是以其财不足以待凶饥,赈孤寡,故国贫而民难治也。"因此,利民是利国的基础,"当为宫室,不可不节"。《墨子·辞过》中也论述道:"当今之主,其为舟车,与此异矣,全固轻利皆已具,必厚作敛于百姓,以饰舟车,饰车以文采,饰舟以刻镂。女子废其纺织而修文采,故民寒,男子离其耕稼而修亥缕,故民饥。人君为舟车如此,故左右象之,是以其民饥寒并至。"这体现了车辆舟船设计与制造也应以"节用"为原则,若"饰车以文采,饰舟以刻镂",必然造成制造成本的提高,引起"民寒""民饥",是不便于人们生活甚至威胁人们生命安全的,因此"当为舟车,不可不节"。①

2."文质彬彬"的尚和造物观

在墨子"节用利人"的造物基础上更进一步,孔子"文质彬彬"的思想在造物方面有了更为广泛的发挥。"文质彬彬"是指文与质的和合统一,基于"文质彬彬"的造物思想和器物审美旨趣也在中国先民的造物实践中逐渐被塑造起来,体现了中国传统造物中"尚和"的价值观念。"文质彬彬"一词来源于《论语·雍也》,孔子言:"质胜文则野,文胜质则史。文质彬彬,然后君子。"②在孔子原本的语境中,"质"为内在品质,而"文"则为外在表现,所谓"文质彬彬",也就是二者之和谐境界,即内在品质与外在表现的和合。"文质彬彬"这一命题,是孔子伦理哲学思想的重要内容之一,是对"君子"人格所做的重要规定。但"文"与"质"的关系在更宏观的儒家思想视角中,并不仅限于伦理思想范畴,而是可以适用于其他领域。③ 在器物制作方面,便体现为"文质彬彬"的尚和造物观,即器物内在质性与外在形式的和合相应。

"乐者,天地之和也;礼者,天地之序也。和,故百物皆化;序,故百物皆别。"我国传统设计深受儒家礼乐文化的影响,在各类设计制造活动中,通过造型、纹饰、结构等各方面元素来象征特定的政治和伦理观念的做法屡见不鲜。尤其是古代的礼器,本来就是专门在祭祀、庆典等礼仪活动中使用的,其实用价值早已

---

① 翁春萌.墨子造物理念对构建两型社会设计观的启示[J].包装工程,2010,31(6):13-14,24.

② 张应鲲.中国传统造物思想"技以载道、文质彬彬"的时效与普适[J].新视觉艺术,2013(5):23,41.

③ 徐磊,高波.论"文质彬彬"的设计学意义及其与《周易》设计思想的关系[J].山东艺术,2020,29(6):68-73.

退化,它作为一种"器"主要的作用就是让人们在特定场合领悟到其蕴含的"道"。而由于此特定场合是礼仪场合,礼器就应具备特定的"文",即具备符合其在文化传统中特定地位和作用的特定外观和装饰,而人们从礼器的"文"中就应该能够领悟到儒家的政治理想和人格理想。这种设计观念对我国传统设计文化产生了深刻影响。在各类设计制造活动中,工匠根据器物的属性、用途、材质、形状、颜色等来判断其蕴含的道德意义,或者从特定道德意义出发来选材、造型、装饰,这已经成为传统设计的有机组成部分。以玉雕工艺为例,玉石本身只是石头,当人们慢慢地在玉石上注入了"德"的观念之后,玉石就有了特殊的内涵。儒家有"君子佩玉"的传统,德高望重的君子佩饰上带玉石的挂件,使玉石具有了"比德"功能,而在玉器加工的过程中就必须考虑到玉器的这种特殊意义,使其外在形态符合这种材质所蕴含的特殊文化意义。又如中国古代的漆器、瓷器等,在内容与形式、材料与工艺、功能与装饰等方面相得益彰,彼此制约平衡,呈现出基于文质和合的审美和造物偏好。

(二)表达"真善美"的价值取向

中国传统器物不但体现了古代先民"尚和""利人"的人文造物关怀,还表达了"真善美"的价值取向,在具体器物中教人求真、劝人为善、促人向美。器物的各个方面作为"真善美"价值的物化载体,在中国先民与器物的日常互动中,引发作为价值主体的人之内在精神的自然转变与高尚情感的自然生发。

1. 真:"抱朴守拙"的自然气韵

传统器物之"真善美"体现在"真"的一面,表现为"抱朴守拙"的自然气韵。"抱朴守拙"是一种不加过分雕琢的自然姿态,体现的是一种物我交融的精神气韵。在古代社会,中国人并不把自然世界当作纯粹外在的客体,人与认识对象往往物我为一。在观察世界时,中国人常把主体的自我融于对客体的关照中,通过理解关照对象来体验和完善自我。① 与西方精致的描绘人的雕塑、绘画艺术不同,中国传统的雕塑、绘画等艺术常以自然景物为呈现对象,情感的表达更为内敛而深沉。中国传统艺术中常见的描绘对象有瘦山、枯木、残荷、空亭等,人在其中所占的部分不大,凸显的是一种人外之自然气韵,撑开的是物象外之辽阔禅意,追求的是一种性灵之自在。如果说西方器物是一种"经意"的艺术,

---

① 王蔚,王胜霞,陈春红.中国传统园林与英国自然风景园:不同哲学背景下的自然美[J].中国园林,2006(6):92 – 94.

那么中国传统器物则是一种"不经意"的艺术。中国的艺术,不能仅凭眼睛看,用各种技法加以分析解构,而是力求超脱眼、耳、鼻、舌、身、意的局限,要用心感受,体会器物中由内而发的精神气韵。"自然"也是中国传统美学中永恒的主题。如中国传统园林的"一步一景",往往是通过自然元素营造一种无序中的秩序,体现的是一种"朴拙"的真实之美。园中样貌枯槁的怪石,没有过多的人工雕琢,给人自然而然的生发之感,朴拙、自然。古代文人雅士也常常在园林中赏景、闲谈、散步,如此一来便可想而知,这种"抱朴守拙"的自然美,能够让人的内心如园中松柏般淡泊,如林中湖面般平静,使人达到心如镜般空明的地步,在休闲游园中,也能够体会自然之"真"境界。

2. 善:"天人合一"的审美境界

传统器物之"真善美"体现在"善"的一面,表现为"天人合一"的审美境界。"天人合一"是古代中国人处理精神界与自然界关系所持的基本思想,其突出特征是人的存在与自然的存在互相包含:人化于自然之中,自然也融化于人之中。① 中国先民对于"天人合一"的审美化境界追求大致体现在两方面:一是材料源于自然,二是物象取于自然。在取材于自然方面,可以雕塑和建筑为例。中国的雕塑都开凿于山体之中,就如为大家所熟知的敦煌莫高窟中的造像,宛然从山中自然地生长出来一样,体现了一种浑然天成的"天人合一"的艺术审美境界。又如天然的木材,在宫殿、祭坛、寺庙、民居等各类中国传统建筑中的应用十分广泛。而且,木材不仅在中国古代建筑中使用广泛,在家具、木刻、印刷、工艺器物以及各种生活器具等方面的应用频率也很高。② 在取象于自然方面,可以传统器物的造型、纹饰与传统绘画为例。《周易·系辞》中说道:"仰则观象于天,俯则观法于地,观鸟兽之文,与地之宜,近取诸身,远取诸物。"这记录了中国先民的文化生活和心理经验,体现了其在与万物互动中取象的基本情状。如先秦时期大量仿生造型的器物,以及纹饰中的兽面纹,都是中国先民取象于自然的创造。又如宋代瓷器中的经典题材——松、竹、梅,这些自然物象也被广泛应用于瓷器纹饰当中。再如颇具中国特色的山水花鸟画,其"天人合一"的艺术气韵更为明晰,有着鲜明的中国传统艺术风格。以上各类器物形态,无不体现

① 王新婷.中国传统文化概论[M].北京:中国林业出版社,1997:243.
② 王立娟,姚冠男.自然美的诠释:木材在中国传统建筑中的应用[J].中国建材科技,2018,27(4):86-87.

着中国先民"天人合一"的审美境界。

3. 美:"材美工巧"的整体圆融

传统器物之"真善美"体现在"美"的一面,则表现为"材美工巧"的整体圆融。善是"天人合一"的价值观念在器物中的体现,那么器物之美作为善的进一步深化和体现,同样不能违背"天人合一"的造物宗旨。《考工记》中说:"天有时,地有气,材有美,工有巧,合此四者,然后可以为良。"①其中谈到了良器的诞生所需的四个条件:天时、地气、材美、工巧。前三者均来源于自然,只有"工巧"含有一定的人为成分,并且"巧"指的也是"巧夺天工"之巧,而并非是"浮华淫巧"之巧。美的器物伴随天地之气交融而生,体现了人与造物、人与天地之间的整体圆融。"天地有大美而不言",真正的美不是一种能够用语言所概括的美,天地之大美就在天、地、物、人之间的互动中体现出来了,即依凭天地的自然环境气候,美材能够诞生于天,美器能够成就于人。因此,在与器物的不断互动中,通过美的创造,能够促人向美,让人通达并体验到更为深层的生命整体圆融之美。如在中国特有的茶文化中,由盖、碗、托三件套组成的茶盏就代表了天、人、地的和谐统一,缺一不可。② 另外,在诸如丝绸、漆器和青铜器等具体的造物领域,我们也都能够发现中国传统造物"材美工巧"的魅影。③ 而从器物给人的直观感受来讲,也能够体现"材美工巧"所成就的中国传统器物的整体圆融之美。如宽博大气的汉服,融合了天地之灵气,体现了中华民族深刻的文化内涵造物精神和内敛含蓄的东方韵味,达到了人与自然相生相通的外在艺术和实用形式。④

三、中国先民精神信仰的物化依托

(一)体现对天地自然的崇拜

在人类文明的早期,"万物有灵"的观念普遍存在,"山林、山川、丘陵,能出云,为风雨,见怪物,皆曰神"。原始社会,由于生产力水平低下,先民对于自然界的认知不足且模糊不清,因此对一些未知的自然现象产生了畏惧之感,认为

---

① 张道一. 考工记注译[M]. 西安:陕西人民美术出版社,2004:10.

② 佘锡珍. 天人合一与中国传统造物设计[J]. 陶瓷科学与艺术,2020,54(4):71.

③ 乔凯. 材美工巧造物思想研究[D]. 济南:山东大学,2008.

④ 王煜,伍魏. 浅析《考工记》"车"中"天人合一"设计思想在汉服设计中的运用[J]. 纺织报告,2020,39(12):45-46.

存在着某种未知力量主宰这一切,为了求得生存,建立与此神秘力量的关系,而将祭祀作为沟通人神之间的重要手段。① 中国地处亚洲,地大物博,自古以来便以农耕为主,生产生活都十分依赖于大地的供养。然而光有土地是不够的,还需要有适宜的外部环境,即天的气候调节作用。中国传统的二十四节气,便是中国先民依据自身劳作经验和对天地自然之气的观察记录,并配合农业生产活动总结出的一套自然运转规律。进入农耕时代后,靠天吃饭导致的对风调雨顺的期盼,使得整个社会从上到下都加重了对天地自然的崇敬之情,由此,便产生了对天神、地神的崇拜和信仰。②

《礼记·王制》中记载:"天子祭天地,诸侯祭社授,大夫祭五祀。"对天地的祭祀活动,也是天子的特权。古代为开展祭礼所设立的建筑,可分为祭天建筑和祭地建筑。祭天建筑有秦汉时的圜丘坛(一种圆形的祭坛),目前天坛南部也有一圜丘,它是由石块一圈圈地围成的祭坛,其数量、规制处处与"天数""9"所配套,如望柱及台阶数都与"9"有关,体现了中国先民对自然之天的崇拜。③ 除此之外,祭天建筑还有汉文帝时的五帝坛等,祭地建筑有社稷坛(用来祭祀社神和稷神的坛庙)等,均表现出先民对天地的崇拜之情。对于祭祀所用的器物本身来说,其形制也与一般器物有所不同。如碗用于祭祀时,其物质功能已经转化为精神功能,尺度和形态也随之发生变化。1978 年陕西扶风齐村出土的西周厉王时的簋,通高 59 厘米,口径 43 厘米,重达 60 公斤,还有一个沉重的方形底座。这种器物功能类似于大碗,但形制如此之大,显然已由物质功能为主转变为精神功能为主。④ 㝬簋是周厉王为祭祀活动而铸制的青铜重器,其硕大的形制规格再现了周厉王在祭祀上天时的神圣与庄严之感。

---

① 胡永兴.古代中国祭祀的文化意蕴探析[J].云南开放大学学报,2018,20(2):57 – 61.

② 余茜.秦汉时期帝王祭礼建筑研究[D].西安:陕西师范大学,2011.

③ 王小回.天坛建筑美与中国哲学宇宙观[J].北京科技大学学(社会科学版),2007,70(1):157 – 161.

④ 吴蔷薇.汉代造物艺术的文质观[J].山东省青年管理干部学院学报,2008,135(5):142 – 144.

图 3 - 1　西周趩簋

（二）表达对祖先的崇敬与追怀

《中庸》云："践其位，行其礼，奏其乐，敬其所尊，爱其所亲，事死如事生，事亡如事存，孝之至也。"古人认为孝祖敬宗，不仅仅是在感情上尊崇与追忆已经逝去的先人，还需要将他们当作活人一样孝敬供奉：为其建造合乎礼制的宗庙，设立相应的神主，使祖先们的神灵有所居，有所依。① 中华民族为了崇拜祖先并祈求祖先亡灵赐福降祉的宗庙祭祀活动，遂代代相传不绝，名目愈来愈多，成为中国传统礼学和习俗中一项极其重要的内容。如林惠祥先生所说："祖先崇拜在中国最为繁细，而且也很特别。对于祖先的崇敬可谓达于极点。食物、冥钞及别物的祭献，木主的供奉，忌辰的举行，祠堂的设立，每年的扫墓，春秋的大祭，以及此外许多事件合成一个中国式的祖先崇拜的系统，其中有些与野蛮人相同的，但其繁细的程度终非别地方所能及。"其中宫廷中举行的帝王宗庙祭祀典礼，正是最繁细和隆重的祖先崇拜活动的典型代表。② 以《周礼》中天子宗庙祭祀涉的物件为例，便包含多种祭祖器物，如盛放神主的"匰主"、盛放食物的"笾豆"、盛放谷物的"簋簠"、盛放牲肉的"鼎俎"、给祭品保鲜的盛冰之器"冰

---

① 朱丹丹.唐以降品官士庶祭祖礼之物器研究[D].杭州：浙江大学,2016.

② 余和祥.论宗庙祭祀及其文化特征[J].中南民族学院学报（人文社会科学版）,2001(5):61-65.

鉴",供祖先神灵凭依的器物"玉几"以及各类酒器和玉器等。秦汉以后,虽然在由皇室举行的或存在于民俗中的大型典礼活动中仍保留着原始公共宗教的遗迹,但对于普通民众而言,他们的宗教心态主要寄托在以祖先崇拜为核心的家庭宗教上。以祖先崇拜为核心的家庭宗教寄托着古代中国人最基本的人生关怀,人们通过祭祖仪式寄托其对于同出之祖的缅怀以及对祖考的敬仰,并以此教化子孙、强化家族内的宗法关系。① 在祭祖仪式中同样包含许多器物,有为祖先供奉饮食之用的盛器,如樽、簋、铏、俎、笾、豆等;有供祭祀之人清洁之用的器物,如罍、洗、篚等;还有供降神之用的器物,如香桌、香炉、香盒、装灰瓶、火炉、汤瓶、香匙、火箸等。如此繁细的祭祖器物的编排和祭祀之礼的设计,体现出中国先民对养亲事亲的重视,同时也表现出了对祖先的崇敬与追怀之情。

（三）寄托对美好生活的向往与希冀

中国传统器物中的各类意象还有着吉祥的寓意和赐福的功用,其中的人物、走兽、花鸟等,通过双关、谐音、象征等手法,寄托了先民对美好生活的向往与希冀。汉代哲学家董仲舒认为,当天子授命,或有功德时,会出现麒麟、凤凰等预示吉祥的动物。由此可见,凤凰、麒麟、雁雀等动物在汉代是美好事物的象征。在汉代器物中有许多凤鸟朱雀、雁鱼鹤龟等造型,都表现了当时人们对幸福和富足等美好愿望的追求。② 在中华民族思维中,如果指称特定事物语词的语音跟另一抽象概念的语音相同或相似,记录这个事物的语词和抽象概念之间就很容易产生语音关联,这种关系渐渐凝固,经过约定俗成,就使得这个语词负载上了特定的文化信息。③ 在器物文化方面,人们常常取客体的形象暗示某种超自然、超客体的精神或观念,并使之符号化。吉祥观念的产生、象征与谐音,都与中国这种较特殊的思维方式有着很重要的关系。器物中的吉祥图案,是为人们的生活祈求吉祥、驱避邪恶的,用于表达中国先民们对诸如多子多福、财富积累、安康长寿等人生理想的憧憬与向往。葫芦就是一典型的吉祥观念的符号,具有丰富的吉祥企盼的内蕴。由于"葫芦"谐音"福禄",人们认为葫芦"福

① 金尚理.疑神宗教与人伦理性:从"祖先崇拜"看中国传统文化的人生关怀[J].复旦学报(社会科学版),2003(3):41-46.

② 吴蔷薇.汉代造物艺术的文质观[J].山东省青年管理干部学院学报,2008,135(5):142-144.

③ 雷黎明,李轲."蝙蝠"形象的符号化及其中外文化内涵[J].华夏文化论坛,2021(1):263-268.

禄寿"齐全,是吉祥之物,因此民间常以其象征吉祥。① 除了葫芦这种植物性的吉祥象征,还有许多动物性的吉祥象征,如在传统建筑、书画、瓷器等器物中,常常会出现蝙蝠的形象。蝙蝠纹在清代的官窑瓷器中较为多见,常单独装饰或与其他纹饰组成吉祥图案,如五福捧寿、洪福齐天等。其"蝠"与"福"同音,是吉祥和福气的象征。在传统建筑、书画等器物中,也可以见到大量的蝙蝠纹。明清时期是我国瓷器吉祥纹样发展的顶峰时期,达到了"图必有意,意必吉祥"的鼎盛阶段。如下图这只清乾隆白青花五福捧寿菱口大盘,盘面的五只蝙蝠象征五福,与盘中间的团寿纹组合在一起,就有了福寿双全的美好寓意。除蝙蝠外,常见的瑞兽纹还有龙、凤、麒麟、仙鹤、梅花鹿等。

图3-2   清乾隆白青花五福捧寿菱口大盘

中国传统的吉祥文化绵延不绝,各种具有吉祥寓意的器物流传至今,虽然内涵与功能发生了变化,但其中对于美好生活的祈愿则贯穿古今。如今中国人每逢过年、开业等喜事,也总会进行贴福字、放鞭炮、赠红包等活动,其中均保留着中国古代先民们长久浸润下的吉祥文化意蕴,寄托着人们对美好生活的向往与希冀。

(四)承载对"仁义忠信"的人伦诉求

《孟子·告子上》中说:"有天爵者,有人爵者。仁义忠信,乐善不倦,此天爵也;公卿大夫,此人爵也。"意思是,仁爱、正义、忠诚、守信,是人之自然天性,因而能够乐于行之而不感到疲倦。自孔孟以来,中国人便崇尚仁义忠信的人伦价

---

① 孙英丽.解析中国传统吉祥符号:葫芦纹[J].大众文艺(理论),2009(19):81.

值,并将其承载于各种象征性的人神与器物之中。作为十分具有人格魅力的关公,其道德品性被不断升格,成了一种因人格典范形成的中国传统民间信仰。关公被后人推举为"忠""信""义""勇"集于一身的道德楷模,成为中国封建社会后期上至帝王将相,下至士农工商广泛顶礼膜拜的神圣偶像。① 在关公的一生中,他策马扬刀,驰骋疆场,征战群雄,辅佐刘备完成鼎立三分大业,谱写出一曲令人感慨万千的人生壮歌。祭祀关公的祠庙遍布神州大地,中国很多地方都有关帝庙,在很多寺庙都供奉了石雕关公像。关公像可分为两种,其中手持青龙偃月刀刀尖向下的关公像代表忠义。关公不仅被兵家尊为武圣,还被商界奉为财神,关公之所以能被称为"圣""神",归根究底是因其有着"仁义忠信"为根底的强大民族文化的精神凝聚力。"英雄有几称夫子,忠义惟公号帝君",关羽的封号经过宋、明、清的步步加封,最后在清光绪五年被封为"忠义神勇灵佑仁勇威显护国佑民精诚绥靖翊赞宣德关圣大帝"。从关羽到关公再到关帝,由品格崇高的历史人物转变为威严的神灵,人们借由对关帝庙和关公像的参拜和祭祀,承载了对"仁义忠信"的人伦诉求。

---

① 魏鹏飞.论关公信仰的儒学特征及其传布广泛的原因[J].洛阳理工学院学报(社会科学版),2017,32(2):5-9.

第四章　中国传统器物德育教育体系的实现途径与方式

在中国古代社会,教化是古代统治者实行控制的一种重要方式,教化体系的平稳运作,不仅与社会的稳定有关,也关系到王朝的兴盛。[①] 教化百姓的方式有很多,比如通过官学或社会中的书院来宣讲等。在这些教化方式之中,与人们生活直接相关的就是器物教化。"器物教化"是指通过器物来实施思想引导、教育与警示等,在形式上表现为器物教化人。器物教化在传统中国非常常见,几乎遍布人们的衣食住行等各个领域。[②] 研究器物教化体系如何实现器物教化,借助什么方式,利用什么途径,就需要将器物置于古代社会立体的教化体系("礼"—规章典籍—器物)中,这样才更好地理解什么是"器以载道",以及器物如何在仪式、空间和日用这些方面对人进行约束并且进一步在更加宽阔的领域与更高的层次上对人进行关怀。

第一节　仪式中的器物德育教育体系

仪式作为古老的文化现象,一直以来在人类社会中发挥着诸多且巨大的功能。在这些功能中,就包含着教化功能,它也是仪式实现其他功能的中介环节。自周公"制礼作乐"以施行教化开始,中国古代的思想家与统治者都非常重视运用礼仪对于各个阶层进行德育,将其政治、社会、人伦价值和理想巧妙地融入各类仪式中,让人们在参与仪式的过程中受到"德"的浸润。[③]

中国在五千年文明赓续传承中因高度发达的礼仪文化而被称为"礼仪之邦"。钱穆先生对于中国的"礼"给予了极高的评价:"礼是中国文化之心。"《礼

---

① 陈丽.清代教化体系及其变化[J].沧州师范学院学报,2016,32(4):1-5.
② 韩建磊,周文清.传统社会"器物教化"的条件分析[J].文化学刊,2021(6):36-38.
③ 杨巧.道之以德,齐之以礼:传统社会的教化之道:中国古代思想政治教育仪式研究[J].西北民族大学学报(哲学社会科学版),2013(4):138-143.

记》中有这样的一句话："礼也者,理也;乐也者,节也。君子无理不动,无节不作。"中国的"礼"包含着极其深刻而广泛的内涵。礼是按照道德理性的要求制定的社会生活规范,既是国家的规章典制,又是人们进行一切社会活动的准则,更是一系列庄严隆重的典礼仪式。可以说,所有的社会等级、社会秩序、自然相处之道都集中地浓缩到了仪式之中,我们可以认为古代的"礼教"主要就是仪式的教育。

器物与礼仪之间的关系密不可分。自古以来,中国就是一个礼仪之邦。自周朝以来,历代统治者将礼仪规范以典章制度的形式确立起来,这对维护社会的正常运转、维系阶级统治都起到了十分重要的作用。正所谓"不学礼,无以立"。在漫长的历史长河中,中华文化深受儒家传统的影响,而"礼"则是儒家思想的核心内容,是中国士大夫确立自身行为规范的依据。同时,它也是维系中国社会长治久安的重要因素。中国人深受"礼"文化的影响,这种影响也深刻地反映在礼仪中。

自周朝以来,统治者在确定礼仪规范的时候,也将器物纳入其中,使得器物的形制、外观及其使用方法等都被放置在了一套成熟而完备的礼仪规范中,这样做的目的是约束人民的行为,维护统治阶级的政权地位。由此可见,器物与礼仪之间的关系密不可分。

"礼"形式的出现最早在上古时期的宗教祭神仪式之中。《说文解字》的"示部"中对于"礼"做了如下解释:"礼,履也,所以事神致福也。从示从豊,豊亦声。"甲骨文的"豊"如图 4-1 中的 1、2、3 所示,上部是两个"玉"字(即"珏")。关于下面的部分,主要有两种说法,一种说法是指某种高脚的盘,类似于豆,古代用作祭器,盘中放着两串"玉",玉在古代是贵重的物品,用玉敬神表示人对神的敬重。"豊"自然是在举行礼仪、敬神了。另外一种说法是,下面部分是"壴"字。壴是鼓的象形初文。古代举行祭祀仪式时,除了用贵重物品做祭品外,也必须奏乐,而在先民们看来,物莫贵于玉,乐莫重于鼓,击鼓奏乐,捧玉奉献,无疑是最高、最神圣的仪式。由此,便有了"豊"字的构形思路。甲骨文中的"豊"字,即为一面鼓和两串玉的象形白描:下面是鼓,鼓面、支撑鼓体的架子,以及鼓体上方的标杆和装饰物;上面的标杆两侧,各有一串玉石。可以说,在很早的时候,礼与器的关系就十分密切了。

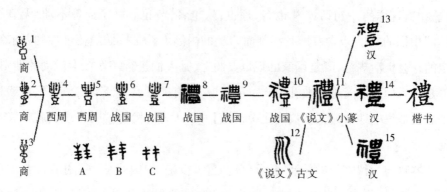

图 4-1 "礼"字演变图

因而,早在孔子删书订礼之前,便有"经礼二百,盛仪三千"这样的说法。《周礼春官·大宗伯》将这些礼整合为吉礼、凶礼、宾礼、军礼、嘉礼这五礼。随着《周礼》在汉代取得权威的地位,这种对于礼的分类也被之后的王朝和社会所接受,成为后世修订礼典的纲目,如《政和五礼新仪》《明会典》《大清会典》等等,甚至朝鲜王朝的礼典也称为《国朝五礼仪》。《仪礼》和《礼记》主要从教化礼仪的角度重点描述了八礼,即冠、昏、丧、祭、朝、聘、乡、射。《大戴礼记本命》则强调有九礼,"冠、婚、朝、聘、丧、祭、宾主、乡饮酒、军旅,此之谓九礼"。[1] 不管这些礼以什么类别、方式进行分类,笔者认为,这些礼都包含着深厚的道德教化内涵,发挥了一定的德育功能。本节根据中国古代的教育目的以及国家功能将仪式分为以下五类:政治教育仪式、外交仪式、社会教育仪式、人生教育仪式、军旅教育仪式。

一、政治教育仪式中的器物德育教化

政治教育仪式主要指的是统治阶级针对各个阶层,尤其是对普通民众进行宣传、灌输"礼"的内涵、进行思想教化和确定统治合法性的重大国家仪式。

中国古代为了确定政权合法性,自先秦以来,"天命观"就是中国古代王权政治意识形态的核心观念。至西汉时期,以董仲舒为首的儒家学者在"天命观"的基础上改良提出了"天人感应",将天道和人事牵强比附,"道之大原出于天,天不变,道亦不变",从宇宙发生的角度论证了以元统天、以天统君、以君统天下的合理性,为天赋皇权、皇权至上提供了重要的思想基础。儒家思想特别是其

---

① 杨巧.道之以德,齐之以礼:传统社会的教化之道:以中国古代思想政治教育仪式研究[J].西北民族大学学报(哲学社会科学版),2013(4):138-143.

"天命"思想正式确立了封建皇权时期的主导意识形态地位,成为中国政治文化和民族政治心理的重要组成部分。

"任何统治都企图唤起并维持对它'合法性'的信仰。"在"天命论"的精神基础之上,皇帝"奉天承运"便成为其统治合法性的重要来源。"帝王之事,莫大乎乘天之序"(《汉书·郊祀志》),"受命之君,天之所兴。四方莫敢违"(《白虎通·文质》)。如何证明自己是天命之所归、天人之枢纽,使人们对其权力产生认同和信服,是每一个皇帝,特别是开国皇帝必须要解决的首要问题。"王者比受命而后王。王者必改正朔,易服色,制礼乐,一统于天下"(《春秋繁露·三代改制质文》)。由于仪式有其严整的程序、隆重盛大的场面、神圣的象征性气氛,自古以来就是沟通天地、神人之间的媒介,也自然而然成为帝王们向民众建构其权力合法性的重要载体。①

对于帝王而言,改朝换代的头等大事就有一个"易服色"。很明显,帝王冕服的存在并非是为了实用性的日常穿着,而是主要通过对冕服形制的规定,将服饰赋予了天道、人伦的伦理精神,从而彰显出天子的权威和仁德。因而,在帝王冕服之中,"君权神授"就成了最为显著的伦理特征。

在中国古代,"尊天敬鬼"是特有的文化传统,这种文化传统同时也决定了中国传统文化中带有"天然的"迷信色彩。关于"天"的理解,古人固然各有所观,但总的来说是将天理解为"主宰之天"(自然的天)、"命运之天"(神秘的天)和"道德之天"(人化的天),而这几重天的意义往往是交叉重叠的,故统称"天道"。基于对此类"天道"的认知,"顺应天道,以治万民"几乎成为传统伦理的全部议题,故而帝土在登基、祭祀等仪式中穿的冕服"顺天道以为立"也就成为历史的必然。《周礼》曾提及:"王之吉服:祀昊天上帝,则服大裘而冕,祀五帝亦如之;享先王,则衮冕;享先公,飨射,则鷩冕;祀四望山川,则毳冕;祭社稷五祀,则希冕;祭群小祀,则玄冕。"②这就是我们在前面所讲到的六冕。为什么是"六"呢?是因为六与天数有关。古书有云:"天一生水,地六成之。"所以取六,有俯览天下之意。事实上,此种取天道之数以示敬天之情的举措在冕服的设计中可谓比比皆是。比如,在冕冠中的綖板,取前圆后方,意为天圆地方;冕服衣

---

① 杨巧.道之以德,齐之以礼:传统社会的教化之道:以中国古代思想政治教育仪式研究[J].西北民族大学学报(哲学社会科学版),2013(4):138-143.

② 钱玄.周礼[M].长沙:岳麓书社,2001:199.

玄裳缥,以应"天玄地黄"。再如,冕冠中的旒珠,其取数十二旒,取长十二寸,都是顺应天道之举。还比如,冕服中的章纹取日、月、星辰,这也是为了达到敬天的目的。将天的权威通过符号化的方式移植到服饰上来,冕服自然也就有了至高无上的权威性。①

二、外交仪式中的器物德育教化

中国古代非常讲究国与国之间、地区与地区之间的交际礼仪。自周代以来,中国的统治者就制定了一系列的"外交礼仪",希望借"礼仪"对周边诸侯国进行勉励与制约,减少或者避免出现相互侵犯和欺凌的现象。这种礼仪便是"聘"礼,所谓"聘"就是问候的意思。

《礼记》云:"礼尚往来。往而不来,非礼也。来而不往,亦非礼也。"因而"礼"讲究一个有来有往的双方互动。聘礼来往在先秦古籍中表现为报礼、报币、报书、报使这四个方面。② 其中,"报币"为物质方面的交流。宾国聘问时,需要通过"聘"与"享"向主国赠送礼品;在聘礼结束以后,主国也需要向来聘的宾国赠予"贿"。《说文解字》中将"贿"解释为"财"的含义,又常与"财""货"等字连用以表达器物、财货的意思。"器用财贿"在《左传》中是常用语。如,隐公十一年,秋七月,鲁、齐、郑三国灭许,"郑伯使许大夫百里,奉许叔以居许东偏……乃使公孙获处许西偏,曰:'凡而器用财贿,无置于许。我死,乃亟去之'"③。同时,"贿"字也表达遗人以财物的行为,在聘礼中,它是临别时的馈赠,以答谢宾之来聘,是宾返回时的赠礼,是聘礼中体现"尚往来"的重要仪式。双方在交往的过程中,是以尊重对方为前提的,这样才能"尚往来",我们可以在西周时期的聘礼往来中窥见一二。西周时期,诸侯国之间、诸侯与王室之间的聘礼往来是外交中非常重要的一个环节,聘礼中物的交换实际上是诸侯国之间、诸侯国与王室"礼尚往来""对等性"及"重礼轻利"意蕴的象征,恰如彭林所说:"礼的精神,是以谦虚恭敬的态度尊重对方,希冀对方能以同样的态度来对待自己。"④平王东迁之后,王室衰微,五霸争权,聘礼与其赠贿也有了不同的性

---

① 蒋建辉.中国服饰文化的伦理审视[D].长沙:湖南师范大学,2015.
② 黎虎.周代交聘中的"礼尚往来"原则[J].文史哲,2009(3):124-132.
③ 杨华.左传译注:精编本[M].北京:商务印书馆,2015:18-19.
④ 彭林.礼与中国人文精神[J].孔子研究,2011(6):4-13.

质与意义,出现了如"厚来薄往""厚来不往"等施报不平衡的现象①,虽然各国仍然与邻国继续交往,却不再遵循礼义精神,只谋求一种服务于自己利益的务实性外交。

西汉时期,中国古代外交制度已经形成了相对完整的体系——朝贡制度。朝贡制度起源于先秦时期,秦统一六国后,中国形成了大一统的局面。由于古代中国幅员辽阔,为了方便管理,划分了不同的管辖区域,分别由地方人员进行管理。朝贡制度深受先秦分封制的影响,直至清末朝贡制度才逐步走向消亡。

中国古代是靠儒家意识形态的忠孝同构,将家庭伦理的孝外推为忠君,构建了以皇帝为核心的中央官僚体系、以地方士绅为核心的县以下自治和以家族为核心的基层组织的传统结构,靠儒家意识形态来维系天下。在这种体系下,皇帝一人独占国家最高权力,具有至高无上的权威。皇帝统治下的中国也是天下文明教化的中心,是"天朝上国",作为统治者的皇帝本身也是美德的集大成者,这样的美德能够对"化外之民"产生强大的吸引力和感召力,使得四方诚心向化。② 维持天朝体面是维持王朝合法性基础的重要部分,同时,天朝意识也成为一种根深蒂固的思维习惯,在深受儒家思想影响的皇帝和大臣们看来,朝贡体制是理所当然的。③

在这种观念以及制度下,所有与唐朝有外交关系的国家,都被纳入其外交体制之中。这些国家的情况不尽相同,与唐朝关系也有不同,因而,唐朝在接待这些国家的使臣的时候,所给的待遇也不相同。首先,在唐朝的观念中,就已经有了中国居于天下之中,周边国家环绕着中国这样的认知,这是秩序观念的深化。其次,在唐朝的外交体制中,对于交往各国都有等级划分,这个等级是唐朝设定的,这种等级设定沿用了中国古代的"五服"思想。因此,对待外国使臣的接待工作,也需要按等级进行。鸿胪寺(唐代外交部门)管辖的典客署,职责为招待外宾,"凡朝贡、宴享、送迎预焉,皆辨其等位而供其职事。凡酋渠首领朝见者,则馆而以礼供之"。等位是其中的关键因素,具体来说,"三品已上准第三

① 王睿.略论西周到春秋聘礼赠贿风气之演变[J].江苏科技大学学报(社会科学版),2019:11-16.

② 果海英,郭福祥.清前期中西宫廷交往中的礼品考察[J].故宫博物院院刊,2018(4):141-155.

③ 王泉伟.天朝意识与明清中国的朝贡外交[J].国际政治研究,2017,38(1):93-117.

等,四品、五品准第四等,六品已下准第五等"。如果使臣是第一次访唐,没有官阶,鸿胪寺有另外的规定,即"其无官品者,大酋渠首领准第四等,小酋渠首领准第五等。所乘私畜抽换客舍放牧,仍量给刍粟"。级别不同,来唐使臣的各方面待遇不同,这是唐代外交中接待礼仪的等级特色。

朝贡时,中书侍郎接受贡使国书,从西阶升殿上奏皇帝,有关人员接受贡品。此时,"蕃主入,其有献物陈于其前。侍中承制降敕,蕃主升座。蕃主再拜奉贽,曰:'某国蕃臣某敢献壤奠。'侍中升奏,承旨曰:朕其受之"①。皇帝就座后,贡使入,呈上贡品。侍中降旨,贡使入座,声言贡献,侍中接受。献贡品时,贡使需"再拜",且言辞谨慎谦卑。而这一过程中,唐朝皇帝端坐不动。此后,"蕃使再拜以退。礼部尚书出奏其国所贡方物,未审付所司,侍中承旨又宣曰:'制可。'然后引方物付所司"②。退之前,贡使还需"再拜"。朝贡时奏乐,营造庄严气氛。朝贡出错,轻则被驱逐,重则被治罪。不难看出,唐朝统治者与朝贡使者的地位有别,前者高高在上、接受膜拜,后者毕恭毕敬,顶礼膜拜。正是通过详尽的符合"礼"的机制设计,唐朝统治者在朝贡之中享受至高的优越之感。朝贡之后,即行回赐。③

回赐由唐朝鸿胪寺典客署负责,地点在朝堂。回赐仍旧采用等级区别对待,依品级赐予束帛、衣物。如果命妇为贡使,那么会按照其夫、子的品级赏赐,这体现了一种"妻以夫贵,母以子贵"的社会教化趋势。通过朝贡与回赐物品,唐朝将上下有别、高低有序的思想于无形之中传达给了藩国。

此外,唐朝皇帝对外交使节的赐物,并非百物皆有,通常只是纺织品,这就是"赐物"的真正含义。"赐蕃客锦彩","十段"为锦一张、绫二匹、缦三匹、绵四屯。唐朝与边境之外的居民有互市,但有些物品不许用来互市。唐朝的《关市令》规定:"锦、绫、罗、縠、绣、织成、绸、丝绢、丝布、牦牛尾、真珠、金、银、铁,并不得与诸蕃互市及将入蕃。"同是锦绫等丝织品,皇帝的赐物中有,但却不许互市交易,这是体现浩荡皇恩的独特性的一种方式。④

三、社会教育仪式中的器物德育教化

社会教育仪式主要是指传播、灌输社会规范、社会价值与社会秩序的社会

---

① 欧阳修,宋祁. 新唐书[M]. 北京:中华书局,1975.
② 董浩. 全唐文[M]. 太原:山西教育出版社,2002:5385.
③ 李叶宏. 唐朝贡赐贸易中的等级制度[J]. 求索,2014(1):159-163.
④ 孟宪实. 大唐"朝贡"外交真相[J]. 读史札记,2014(4):78-80.

仪式和礼节。《仪礼》和《礼记》中描述与阐释的乡饮酒礼、礼射和士相见礼等都属于这一类仪式。

（一）乡饮酒礼

乡饮酒礼兴起于周代，一直延续到清朝后期，是我国历史上源远流长、参与度最为广泛的民间礼仪教化手段。乡饮酒礼主要有两个类别：一是乡的行政长官乡大夫邀请乡学考核中的贤能者在乡学庠或序中饮酒的仪式，兴举贤能而宾礼之，有倡导尊重人才风气的目的；二是行政长官为了序正齿位，提倡尊老养老的风气，每年年末的时候会邀请乡中老迈年高者饮酒的仪式。在第二种仪式中，待老者们入座后，也会有一定的礼仪制度："六十者坐，五十者立侍，以听政役，所以明尊长也；六十者三豆，七十者四豆，八十者五豆，九十者六豆，所以明养老也。"这句话的意思是，在给这些老人排座次的时候，六十岁以上的人可以坐着，而五十岁的人却只能站着，以便随时听候吩咐。坐着的人面前摆放着盛放各种食物的礼器，叫"豆"，年龄不同，可以享用的食物数量也不同，六十岁的人可享用三种，七十岁四种，八十岁五种，满九十岁以上的老人则可以享用六种。无论是礼器、制度还是仪式，都是为了在参加乡饮酒礼的过程中教化民众，使得民众懂得尊长养老的道理，以培养他们孝悌的行为。

图4-2　清末佛山举办乡饮酒礼图（清代吴有如绘制）

（二）礼射

礼射是指以射箭活动为中心的仪式。

古代礼射属于男子之事，《礼记·射义》记载："故男子生，桑弧蓬矢六，以射天地四方。"①因而家中有男孩子出生的时候，第一件事就是父母要用弓箭射天地和四方，以期他成为一名胸怀大志的人。礼射要求是头顶天脚立地，身正行端，要想射中靶心，须"心平体正，持弓矢审固；持弓矢审固，则射中矣"。礼射从本质上讲是通过使用弓的过程中逐步引导射手学习礼乐，达到"心志正，外体直"的教化过程。

礼射也是促使射手反躬自省自我社会角色的重要教化方式。"仁者如射，射者正己而后发，发而不中，不怨胜己者，反求诸己而己矣。"《孟子·公孙丑上》中就说到，射箭的人必须先端正自己的姿势然后才发射，发射而没有射中，不埋怨胜过自己的人，而是要反过来找自己存在的问题，进行自省。由此可以看出，礼射活动在德行方面首先强调的是自己的德行修养，是个人道德反躬自问的途径，射以观德，从射箭中的行为、动作看到个人的德行。②

孔子曰："君子无所争，必也射乎！揖让而升，下而饮，其争也君子。"这是说君子与人无争，如果一定要说君子有争的话，那么大概也就只有射箭了。在射之前先要作揖，要礼让，射箭结束下了堂之后就要饮酒，胜利的和输了的都要饮酒，而且是让输的先饮，赢的陪着输的饮，这才是真正的君子。这体现了礼射对于礼的重视，揖让是一种谦让，下而饮，赢的先让输的饮酒，是一种谦卑，是礼射君子之道的体现。不仅仅是喝酒方面有所讲究，礼射还为胜负选手规定了明显标志，胜者要脱左袖、戴扳指和护臂，持紧弦的弓，表示能射；负者则要穿左袖、脱扳指和护臂，持松弦的弓，表示射败。③

射的教育包含在礼的教育之中，也存在于射的器物之中，其教育就是培养君子风度、高尚志节的人格。④

（三）士相见礼

士相见礼的每一处仪节都体现了"礼者，自卑而尊人"这样的精神内涵，强

---

① 程昌明.礼记:射义[M].呼和浩特:远方出版社,2004:209－210.

② 王悦.礼射的演绎及当代教育价值探析[D].南京:南京师范大学,2018.

③ 王军.论礼射及其体育文化价值[J].体育文化导刊,2011(6):124－129.

④ 姜广义.周代射箭教育探析[J].体育学刊,2017,24(2):35－38.

调通过自谦的方式来表达对他人的敬意。

对于相见的仪节,《仪礼·士相见礼》有所规范:"士相见礼。挚,冬用雉,夏用腒。"士人相见要以雉(即野鸡)作为见面礼,"不以挚,不敢见"。之所以用雉作为见面礼,是因为雉的特性——《白虎通》云:"士以雉为挚者,取其不可诱之以食,摄之以威,必死不可生畜,士行威介守节死义,不当转移也。"由此可知,士人之间以雉为见面礼,实际上是以雉不受利益引诱、不怕强权震慑、宁死不屈的精神互相勉励,进而培养君子的节操。儒家对君子修身的要求在毫无说教的相见仪节中巧妙地表现了出来。

四、人生教育仪式中的器物德育教化

关于人生教育的仪式是指从人的出生到去世这一整个生命周期内的某个人生节点所举行的仪式,这种仪式的举行通常是为了培养个体符合社会要求的人生观、价值观与世界观,如《礼记》中的冠礼、昏(婚)礼、丧礼等。

(一)冠礼

在早期有关"礼"的讨论中,冠礼一直颇受重视。《礼记·王制》中列举"六礼":冠、昏、丧、祭、乡、相见。冠礼居于首位,也称为"礼之始"。"凡人之所以为人者,礼义也。礼义之始,在于正容体、齐颜色、顺辞令。容体正,颜色齐,辞令顺,而后礼义备。以正君臣、亲父子、和长幼。君臣正,父子亲,长幼和,而后礼义立。故冠而后服备,服备而后容体正、颜色齐、辞令顺。故曰:'冠者,礼之始也。'是故古者圣王重冠。"[1]

冠礼的主要仪节有筮日(选择吉日)、筮宾(选择德高望重的人担任加冠的正宾)、三次加冠(缁布冠、皮弁、爵弁)、醴冠者(正宾向冠者敬醴酒并致祝词)、为冠者取字、以成人之礼拜见尊长等。[2]

冠礼每一个仪节的设计与进行都包含着明确的教育目的,在冠礼进行的过程中,实施冠礼的器物包含了大量的教化信息,具体仪节之中无不体现礼义。冠礼的主要流程为"三加冠"。主持加冠礼的正宾给儿童装扮的冠者重新梳理

① 顾超一. 成人与入世:基于冠礼礼义的考察[J]. 国际社会科学杂志,2022(4):93 - 99.

② 杨巧. 道之以德,齐之以礼:传统社会的教化之道:以中国古代思想政治教育仪式研究[J]. 西北民族大学学报(哲学社会科学版),2013(4):138—143.

发饰,依次戴上缁布冠(春秋时期发展为用丝帛做成的玄冠、帷帽)、皮弁、爵弁并配以相应服饰,继而发表三次训诫之词。每次加冠完毕后,冠者需向观礼亲友展示穿戴服饰并表示谨记长辈教诲。在进行三次加冠的过程中,对于加冠的顺序以及冠的类别有着很明确的规定,地位最低的缁布冠放在最前,其次是地位较尊的皮弁,最后是最为尊贵的爵弁。《礼记·冠义》解释说:"三加弥尊,加有成也。"也就是在每次加冠的过程中,冠品类的上升,就提醒着冠者要使得自己的德行如同冠的珍贵程度一样不断增加。此外,三次加冠所用帽子分别由黑麻布、白色鹿皮、赤红色丝帛制成,代表了三层不同的意义。三次加冠,表面上赋予了冠者参与政治的权利、从军卫国的权利、参与祭祀的权利,但从三次不同的训词来看,如"顺而成德""淑慎尔德""以成厥德",均以德行训诫为加冠的核心内容。因此,与其说冠礼是社会角色转变的重要彰显,不如说是将道德伦理、政治伦理、社会伦理、家庭伦理以器物教化的形式内化于冠者心中。①

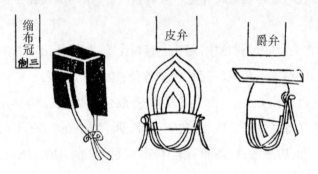

图 4 - 3 《新定三礼图》中的缁布冠、皮弁及爵弁

(二)婚礼

婚礼是从古延续至今最为普遍的"合二姓之好"的仪式。儒家同样从教育的角度深入挖掘了其内在含义,通过改造赋予了其教育的意义。

在现存的关于婚礼的各种著述中,《礼记·昏义》、程颐的《礼》、吕祖谦的《家范》等都明确记载有婚礼的仪文。由于对古礼理解不同,诸家所制婚礼在仪式的具体环节存在不少差异。尽管如此,其众望所系无非是通过仪式的向背曲折、升降周旋教化新人,以便营建"内外和理"的家庭伦理秩序。通过对婚礼仪

---

① 张铮.中国古代冠礼的道德教育功能及当代启示[J].湖北开放职业学院学报,2022,35(21):101-103.

式的进一步理解,可以发现婚礼仪式所传达的理念实际上是对于婚后日常生活规范的进一步延伸,然后凭借婚礼所化成的教化理想弥散于家居生活的时空之中。①

《仪礼》中详细记载了古代士人的婚礼要经过纳采(提亲)问名、纳吉(占卜并得到吉兆)、纳徵(订婚)、请期(选定婚期)、亲迎(迎亲)、成婚、拜见舅姑(拜见公公、婆婆)等仪节。在这些环节中,都包含着大量"礼"与"器"的互相交融,比如说在婚礼中出现的酒器——酒碗、酒杯等,用来举行酒仪。在《礼记·昏义》中记载:"妇至,婿揖妇以入,共牢而食,合卺而酳,所以合体同尊卑以亲之也。"孔颖达疏:"共牢而食者,同食一牲,不异牲也……合卺,则不异爵,合卺有合体之义。共牢有同尊卑之义。体合则尊卑同,同尊卑,则相亲而不相离矣。"在婚礼仪式中的合卺,即交杯酒,新婚夫妇在新房内共饮合欢酒,卺就是用作结婚时盛酒的器物。该礼仪举行于新郎亲迎新妇进入家门以后,本用匏(葫芦)一剖为二,将两器(瓢)之柄相连,以之盛酒,夫妇共饮,预示新婚夫妻从此结为一体,名为"合卺",后世改用杯盏,乃称"交杯酒"。此外,在古代婚礼中还会使用各种礼器,如香炉、香烛等,来表示、隐喻敬意和对新人的祝福之意。婚礼的仪节的逐步进行,也是器物结合仪式不断教化新人的过程。

(三)丧礼

除了冠礼与婚礼之外,丧礼也是一种重要的人生教育仪式。《礼记·昏义》记载:"夫礼,始于冠,本于昏,重于丧祭,尊于朝聘,和于乡射:此礼之大体也。"丧礼,关系到家庭和社会的人情薄厚,是儒家礼文化的重要组成部分。在中国古代礼仪之中,便有"礼莫重于丧"的说法。在《仪礼》中关于丧礼的描述主要有《士丧礼》《既夕礼》《士虞礼》三篇,分别从新亡到起殡以前、安葬、祭祀三大环节记载了丧礼的整个过程。

《仪礼》中的《丧服》篇幅较长,涉及面广,内容翔实,记载的丧服制度包括斩衰、齐衰三年、齐衰杖期、齐衰不杖期、齐衰三月、荡大功、成人大功、穗衰、荡小功、成人小功、缌麻等十一种。但一般详细叙述丧礼服制是按照五种主要的服制来叙述的,被称为"五服制度"。五服制度将丧服分为斩衰、齐衰、大功、小功、缌麻五种,根据亲疏、贵贱的等级差异来制作衣服,从时间、形貌、长短等各

---

① 杨逸.宋代四礼研究[D].杭州:浙江大学,2016.

个方面予以区分,通过制定不同的丧服、丧期来表达丧亲者内心深浅不同的情感。"五服制度"虽然内容烦琐,但熟悉规则的人可以根据服饰的不同,判断某人与丧者的关系以及这个人的身份等级等信息。

丧礼通过服制的外在表达,既能向外传达信息,又能表达悲伤的思绪,所以中国古人对丧服制度的规定极为复杂精细。五个等级的丧服服饰都是用麻布制成,因此服丧在民间又被称为"披麻戴孝"。但五个等级的丧服服饰用料与做工有较大区别。丧服根据亲疏远近的不同而衣饰不同,通过不同的服饰,可以判断服丧者与丧者的关系。斩衰是五等丧服中最重的一等,斩衰用粗生麻布做成,衣旁和下边不缝边,故称"斩衰"。服斩衰的对象最少,在本宗内只限于子为父、未嫁女为父、妻妾为夫、臣为君、诸侯为天子几种情况。齐衰次于斩衰。丧服用熟麻布制成,因经缝边,故称"齐衰",大体上,儿子、未嫁女对母(含继母),母为长子为齐衰。大功次之,丧服用熟麻布制成,比前者更精细,主要用于男子为曾祖父母、叔祖父母、堂伯祖母、堂姐妹等。小功再次之,为从祖父母、为外祖父母、为出家孙女、为母之姐妹等为小功。缌服是最轻的一种,丧服用细麻布制成,男子为族曾祖父母、族祖父母、族父母、族兄弟,为外孙、外甥、婿、妻之父母、舅父等。大体上,服丧的时间取决于血缘的亲疏关系。根据生者与死者血统的亲疏和尊卑之别,丧服形制和丧期的长短不同,以表示哀痛的深浅和丧礼的隆杀。丧礼礼制的目的就在于将仪式与等级、名分相对应,任何人不得僭越,从而赋予古代丧葬礼仪制度以严肃性和权威性。①

五、军旅教育仪式中的器物教化

关于军旅教育的仪式,根据运用仪式的不同时期可以划分为两个小类,一个是平时治军时候的教育仪式,另外一个则是发生战争时在战场上面的教育仪式。这两种教育仪式的目的都在于借用某种方式,达到教化的目的,从思想上提高军队的战斗力以及上至将军,下至普通军人们对于国家的忠诚度。

《左传·成公十三年》中提及:"国之大事,在祀与戎。"即祭祀(礼仪)与戎(军队)是紧密相关的。治军仪式是指在和平时期对军队的教育仪式,包括天子巡狩礼、大田之礼等等。战争仪式是围绕着战争展开的教育仪式,大军出征交

---

① 王宁.儒家丧葬礼仪的伦理研究[D].兰州:西北师范大学,2018.

战是一件非常重大的事情,因而出征之前必定有相应的仪式以提醒将士出征的重大性并提高士气。

在军礼仪式过程中,军礼通过军旗、鼓、金等器物来表现,军旗用来发号施令,是军队战术的核心,鼓和金则是进攻和撤退的信号,击鼓进军,鸣金收兵。没有战争时,君主会召集军队进行"四时畋猎",以猎练兵。和平时期的仪式称为"行军田役",通过鼓、金等信号,兵士在校场上进行基本功训练。中国古代军队出征的仪式大致有军祭、卜战、誓师、战祷等。以战祷为例,在双方军队即将交战之前,战祷毕则击鼓进军交战。

相传在远古时期,鼓被尊奉为通天的神器,主要作为祭祀的器具,在狩猎征战的过程中,鼓都被广泛地运用。由于鼓本身具有良好的共鸣效果,声音雄壮且传声很远,因而很早就在战场上得以使用。相传黄帝征服蚩尤的涿鹿之战中,"黄帝杀蚩尤,以其皮为鼓,声闻五百"。上古时代的战鼓,皆由鳄鱼皮制成,而鼓皮选用鳄鱼皮,是取鳄鱼的凶猛习性以壮鼓声。到了周代,据《周礼·地官司徒》记载,当时已专门设置了"鼓人"来管理鼓制、击鼓等事。鼓人所管理的鼓有各种用途,如祭祀用的雷鼓、灵鼓,乐队中的晋鼓等。其中,专门用于军事的叫"汾(音)鼓",据《说文解字》的解释,这是一种长八尺,鼓面四尺,两面蒙革的大鼓。此外,路鼓、晋鼓等也用于军旅,这些鼓以后发展为各种规格的战鼓,在军事上得到普遍运用。

在战场上,合理地运用战鼓,可以极大地鼓舞士兵,提高士气,是一种将取得战争胜利的意愿以击鼓的形式在仪式中体现出来的方式。"一鼓作气,再而衰,三而竭"讲的就是战鼓的运用。

第二节 空间中和日常使用中的器物德育教育体系

所谓教化,即教而化之。儒家历来重视教化,从荀子的"论礼乐,正身行,广教化,美风俗"到董仲舒的"教化不立而万民不正,教化立而奸邪皆止",都是希望通过教化培养民众仁、义、礼、智、信的品德,彰显为圣为贤的价值观。西汉初年,贾谊提出"教者,政之本也",主张"教"与"法"相连以推行儒家思想。随着这一主张被统治阶层采纳,儒学教化也成为一种统治方式得以广泛推行。在具体的实施过程中,儒学教化需要借助多重渠道和载体,比如说借助空间。中国古人对于空间的认知可以追溯至《道德经》:"埏埴以为器,当其无,有器之用。凿户牖以为室,当其无,有室之用。故有之以为利,无之以为用。"老子向世人揭示了空间的本质:空间是由"空心"和实物围合的边界共同组成,实物边界之所以有意义,是因为内部有"空"。① 古人将这种本质放在整个社会的空间中来看,认为对于人类有价值的是空间本身,而不是它的外壳。又比如说通过人们日常使用的器物、日常所遵守的规范与礼仪等将意识形态贯彻到社会的方方面面中,以达到"礼之教化也微,其止邪也于未形,使人日徙善远罪而不自知"的目的,完成既定价值的植入与传承。

对于传统社会中器物教化是如何形成的,本节从内外空间和具体器用这两条线进行分析研究。

一、皇权主导下的器物德育教化体系

(一)皇权下的场域

封建社会在中国历史上占据了大量的篇幅。不同于欧洲传统社会,在中国古代,封建皇帝是国家的化身,是国家唯一的代表。在皇权至上的社会背景下,相应的也就造就了以公共领域为特征的公共空间。

皇权主导下的城市公共空间的代表性特征有两点。

一是,皇帝名义上垄断了一切的公共资源并且成为公共表现的主体。② 就皇城的整体规划而言,隋唐时期的长安城以太极为基本模数控制单位,强调宫城、宫殿建筑、外郭城规模之间的九五关系,深受中国古代文化的影响,充分突出皇权"九五之尊"的至高无上。"九五"为《易经》中卦爻位名。《易·乾》曰:"九五,飞龙在天,利见大人。"因此,在古代"九五"又指帝王之位。以宫城皇城为模数,象征皇权涵盖一切。③ 由于国富民强,唐朝从立国之初就格外重视礼治教化的重要统御作用。唐朝继承了隋代的官僚体制,强化了"以文治国"的中央政权,加之科举制度的完善,实现了儒学的第二次复兴。社会文化的演变对城

---

① 殷涵楚.清代苏州城池体系与公共空间互动关系研究[D].北京:北京林业大学,2021.

② 赵轲.中国社会公共领域的发展与空间公共性演化[J].艺术品鉴,2017(8):433.

③ 焦泽阳.中国传统伦理与古代都城形态礼治特征的历史演进研究[D].南京:南京大学,2012.

市结构产生了明显的影响,以礼乐秩序为建设基础的唐代城市使用南北轴线贯穿全城,凸显出折中、对称的秩序礼教,宗庙和社坛按照传统"左祖右庙"的秩序在皇城内分布,促发礼治活动的公共化,成为礼治文明下城市教化结构的代表。① 就皇宫的空间位置而言,为了体现皇权受命于天和以皇权为核心的等级观念,皇宫建筑往往采用严格的中轴对称的布局方式,坐落于都城的中轴线上,是整座城市、整个国家中规模最大、等级最高的建筑群。以紫禁城为例,整体建筑设计沿用《周易》之中的"中正和谐"之意,呈现中间高两边低的布局,并且中轴线上的建筑高大华丽,轴线两侧的建筑低小简单。这种明显的反差,体现了皇权的至高无上;中轴线纵长深远,更显示了帝王宫殿的尊严和华贵。② 与其他建筑相比,皇宫对传统礼制的象征以及标识的作用表现得尤其明显和突出。无论是古代百姓还是如今人们,在故宫之中也能体会到其中明晰的森严等级观念和中庸思想。因而,宫殿建筑往往成为传统礼制的一类象征物和标志物。

二是,中国传统社会是一个"家国同构"的伦理共同体,"国"是最大"家","家"是最小"国",因而皇帝的内外生活环境和百姓的生活环境又有其相对物。明清时期的紫禁城,仅从皇城前的大清门到宫城内廷的乾清门,就需要跨越七道门墙,步行数千米,更别说走进更深的内廷了。以墙和门划分的层层深入的空间,极大地强化了皇权高不可攀的神圣与威严,隔绝了内廷与市井。"家国同构"观念的空间表达就是这样的院落空间形式,这也是最典型的中国传统空间形式的原型之一。"国""城""家"都是院落空间,只不过规模不同。院落空间形式的特征是围合,由围合而产生"内""外"。在中国传统建筑文化中,"内外"一词能十分精准地表达空间意义的精髓。古人强调内外有别,内者亲、外者疏,对家庭以外的人和事都保持一种消极的心态。这种内涵在建筑之中,通过空间中各种门窗、装饰、墙等的不同设计加以体现,又时时刻刻引导暗示着居住在其中之人。

(二)礼制下的器用

"礼者,天地之序",礼制强调社会的等级秩序,本质是维护统治阶级的内部

---

① 屈婧雅.社会转型视野下的宋代公共园林教化空间研究[D].重庆:重庆大学,2017.

② 焦泽阳.中国传统伦理与古代都城形态礼治特征的历史演进研究[D].南京:南京大学,2012.

关系,使每个人各安其位,不超越自己的地位和等级。在封建社会,儒家"明伦理,分等级"的思想十分有利于巩固统治,因而各代统治者都采用等级分明的礼制来维护社会安定。礼制思想在经历了春秋、战国、秦汉等时期的发展与丰富,逐渐演变成以儒家思想为核心的等级分明的礼制文化。《荀子·王制》中记载:"衣服有制,宫室有度,人徒有数,丧祭械用,皆有等宜。"下到平民百姓,上到天子都必须按照等级身份在衣食住行各方面遵循礼仪制度。

在这样思想的影响下,要体现皇帝尊贵的身份和地位,在器用上有相对具体的表现,最直接的就是通过颜色、装饰这两个方面来体现。在封建社会,不同色彩的选用有其特殊含义,正色和间色成为分尊卑、明贵贱的礼制符号。《考工记》中记载:"东方谓之青,南方谓之赤,西方谓之白,北方谓之黑,天谓之玄,地谓之黄。"青、赤、黄、白、黑这五种颜色因为与东西南北天地方位有联系而作为五种正色,正色代表权威与尊贵。每个朝代所崇尚的颜色都不同,秦朝尚黑、汉代尚黑、红,在之后的朝代中以黄色为主基调。① 正色高于间色,更加尊贵。此外,正色与间色之间还存在着道德方面的差异化地位,正色代表着一种标准性,并且隐喻着"真善美""正直"等品质。正是因为这种基于色彩使用规范而形成的色彩观念已经深植于人们的内心,中国古代社会也产生了一种横向、覆盖范围更广的规定,体现为基于色彩观念的社会秩序。② 在清代,黄色为皇家器物、服饰等使用的主色调,明黄色更是皇帝专属色调,除皇帝之外的任何人穿黄色的衣服,都视为一种逾矩,会受到一定的惩罚。正是出于对惩罚的恐惧,人们不敢有任何的僭越,安守本分地使用符合自己身份的器物,不敢有丝毫的差错,最终表达出人们对器物中所含等级秩序的认可与遵守。在装饰方面,常用的器物装饰纹样有山水纹、花鸟纹、龙纹等,非常丰富,其代表的含义也不尽相同,但是为了体现皇权至尊以及等级思想,一般只有皇族才能使用龙这一纹饰。因而在皇家建筑装饰、服饰、饰品等专用物品之中,龙形纹饰无处不在。皇帝的龙袍就是典型代表。由于龙代表高贵这一观念的长期渗透,古代普通民众对使用龙图案有强烈的向往③,他们通过抽象化的手法——在鸱吻上使用来隐晦地表现。

① 郑雨薇,吴智慧.论清代宫廷宝座的礼制文化[J].家具,2022,43(1):84-87.
② 王雅萌.人文的"物律":器物对人的塑造性影响[D].北京:中国艺术研究院,2019.
③ 邢平元,王海涛.龙文化与龙纹饰[J].黑龙江史志,2020(10):33-35.

二、公共空间下的器物德育教化体系

谈及公共空间,这一概念在不同学科中有着些许差别,但究其共同之处,可以将其概括为城市中面向公众开放的活动场所。由于公共空间这一概念在中国传统文献中并不存在,因而对其含义的解读需要借助西方的理论。西方城市规划学者 P. 杜理斯认为,基于可达性,可以将城市空间分为私密空间、半私密或半公共空间,以及公共空间。公共空间是指完全面向公众开放,不区分使用人群的场所,例如街道、公共园林等。① 我们这里所要讨论的城市空间就是指这种面对公众(百姓)开放的空间场所。

(一)城市规划空间中的器物德育教化

在中国古代社会,城市的政治体制和建城思想并不是以"人"作为出发点,因此广场这类公共空间,或者说这样"公共性"的空间是受到抑制的。古时人们深受儒家礼制思想影响,传统儒家所推崇的礼制在城市规划上也得到了传承,由此形成了自上而下严格遵循社会等级体系布局的典型中国古代城市形态。以皇权为主导的机构以里坊制将市民生活控制在其中。②

隋唐时期,严格的道路等级体系和里坊制度均体现了统治阶级强烈的等级与控制意识。城市中的道路成为皇帝和军队的专属物,象征皇权的至高无上,普通百姓是没有资格踏足的。在这一时期,城市并不存在真正意义上的公共空间,所谓的公共空间,都是相对的,例如应文化、宗教、贸易等需求而产生的寺庙、集市等场所,这些空间只服务于部分群体,并不向普通民众开放。当时只有作为中国古代城市商业活动的"市"才能承担部分城市公共空间的职能,满足市民对公共空间的需求。③ 隋唐时期,面对市民的市在城市中仍然呈现内向、封闭的形态。唐代,封闭的市制和东西两市制度更是里坊制的典型代表,为了有利于管理,统治阶层对市进行严格区域划分,实行定时启闭市门制度以及夜禁制度等。这样,作为市民最主要公共活动空间的市场处于严格的政治力量控制之下。由于政治力量的介入,坊市中的交往活动处于严格的控制之下,这种控制

---

① 殷涵楚.清代苏州城池体系与公共空间互动关系研究[D].北京:北京林业大学,2021.

② 伍芳青.基于古代文学和绘画作品的明清南京公共空间解读[D].长沙:湖南大学,2019.

③ 张娜.唐代长安城内市民家庭与坊市的关系[D].曲阜:曲阜师范大学;2008.

以一种"规训"的形式在器物中有所表现。在对市的空间划分方面,往往采用高高的坊墙将"市"围住,并通过各种墙对空间区域进行划分。据考,可以发现在市中,靠近皇宫的坊空间大于其他坊的空间,这种借助墙对市进行规划,赋予其整体一种秩序感,也体现了以皇权为中心的思想。为了有效地实施按时闭坊制度和夜禁制度,唐代长安城运用街鼓来提醒与警示人们中断交易并离开坊市,关闭坊门后,人们也严禁外出。为了使其更加"规范化",统治阶级还建立了严格的处罚制度。在《唐律疏义》的"卫禁""杂律"中,明确记载了长安城宵禁的条例,而在《新唐书·百官志》中记载了长安城城门及里坊门管理的情形:"日暮,鼓八百声而门闭;乙夜,街使以骑卒循行嚣呼,武官暗探;五更二点,鼓自内发,诸街鼓承振,坊市门皆启,鼓三千挝,辨色而止。"由此可知,入夜后城中有骑兵、暗探查访,纠察有无犯禁者,如果有发现违规的,便立即捉拿讯问。相传晚唐诗人温庭筠曾因酒醉后违反宵禁被逻卒打折了门牙。①

到了唐末,随着经济的不断发展,居民生活的需要,商业活动的不断扩张,这种布局模式越来越不能适应社会经济发展,在唐代后期里坊的"侵街"现象也已开始流行,而至宋代"侵街"现象已经成为普遍行为,在《宋史·李被传》中出现了"侵街钱",这意味着官方与民间彼此做出了妥协。总的来说,"侵街"现象的出现意味着市民阶层的日常生活、商业行为对礼制等级和统治管理有了很大的突破。明清时期的南京街道早已打破了整齐划一、严谨方正的城市格局,居民因商业需求自发地对街道空间进行一定的侵占,街道格局因为这种自下而上的建造,呈现出更富生活气息、层次更丰富的立面。②

(二)"侵街"现象中的器物

对于明清时期南京的"侵街"现象,我们以《南都繁会图卷》为研究对象,对其中带有引导性教化特征的器物进行阐述。

1. 权子

据《演繁露》记载:"晋、魏以后,官至贵品,其门得施行马。行马者,一木横

---

① 田耕宇.从唐代长安坊市与北宋汴京街市看商业经济对俗文学的影响[J].西南民族大学学报(人文社会科学版),2004,25(10):230-235.

② 伍芳青.基于古代文学和绘画作品的明清南京公共空间解读[D].长沙:湖南大学,2019.

中,两木互穿以成,四角施之于门,以为约禁也。《周礼》为之梐枑,今官府前叉子是也。"也就是说,杈子主要是设置在门前阻拦人马通行的,最初也只是用在街道上禁止人马通行的门前,如官府、官宅门前,规格较高。但随着经济商业发展,宋代的杈子不仅仅出现在官府门前,商业类的店铺前也设了杈子,来阻碍人马。杈子这类物品就是一种概念、思想的传达,当人看到杈子的时候,会不自觉地避让开。在《南都繁会图卷》就能发现杈子出现在商业类的店铺前。

图4-4 《南都繁会图卷》中的杈子

2. 酒幌、招牌

酒幌、招牌是店家招徕顾客的一种方式,悬挂在店家门前或立在店铺面前,经营特色、方式等店家基本信息均在招牌上有标注。《南都繁会图卷》中有上百个招牌酒幌,如"兑换金球""东西两洋""货物俱全"等等,让我们能够明晰地了解到当时南京多样的商业业态。酒幌、招牌所要传达的理念与杈子类似,是一种有意识、有目的性的引导。

图4-5 《南都繁会图卷》中的招牌、酒幌

三、家庭中的器物德育教化体系

在"渐民以仁,摩民以谊,节民以礼"的教化推行中,家庭教化是儒家非常重视的环节。

家庭是最重要和最基本的社会组织,所谓"天下之本在国,国之本在家",其教化推行至为重要。而民居建筑作为家庭生活的重要空间和普遍存在的物质环境,也成为教化施行的重要载体。①

(一)民居建筑空间中的教化

溯源历史,我国建筑作为辨贵贱、明等级的象征物起源甚早。在儒家经典

---

① 卢朗.传统民居建筑的儒学教化功能探析:以洞庭东、西山传统民居为例[J].苏州大学学报(哲学社会科学版),2015,36(6):173-179.

《礼记》中便有对建筑与伦理之间关系的清楚阐述:"范金合土,以为台榭宫室……以降上神与其先祖。以正君臣,以笃父子,以睦兄弟,以齐上下,夫妇有所。"儒家其他典籍也有类似阐述,如《荀子》中有"食饮、衣服、居处、动静,由礼则和节,不由礼则触陷生疾""衣服有制,宫室有度,人徒有数,丧祭械用,皆有等宜"等等。在儒家看来,建筑的重要功能似乎并不止于实用,更在于其辨贵贱、辨轻重的"礼"制象征物的重要意义。①

《礼记》有云:"夫礼者,所以定亲疏,决嫌疑,别同异,明是非也。道德仁义,非礼不成。教训正俗,非礼不修。分争辨讼,非礼不决。君臣、上下、父子、兄弟,非礼不定。""礼"是儒家的重要思想,在中国古代社会,它以构建整个社会的等级制度、伦理纲常、礼仪为主体,是整个社会秩序最为重要的价值取向。换而言之,只要生活在中国古代社会,无论是民众的衣食住行、家庭生活还是社会生活,都被裹挟到"礼"的规范之中。

传统民居建筑作为日常生活和诸多礼仪活动的场所主要以布局、体量、构件和流线等方式完成教化。

传统建筑儒学教化功能的形成与建筑制度有着密切关系。建筑制度是根据人们的社会地位对其屋舍的规模、体量、形制、用料和装饰等所做的规定,产生于宗周时期,后为儒家传承沿袭。汉以后,在儒学的教化推行中,官方在礼仪、法度、器物等方面均制定法令,将"教"与"法"相联系,"教之不从,刑以督之"。在这种"亦教亦法"的方略下,建筑营缮制度成为典章律令的重要组成部分。儒家认为,建立尊卑有序的等级制度是立国兴邦的社会基础,而政治秩序的毁坏往往从器物形制的僭越开始,其风若渐则难以遏止。等级制度下的建筑不仅要满足实用功能,更承担了辨别贵贱、长幼、内外的象征意义,对维护社会秩序有着重要作用。基于此,历代均制定有相关法令。建筑制度对屋舍的形式、尺度、装饰、构件等均有明确的规定,旨在通过建筑来区分神人之礼、臣庶之别,构建一个上下、尊卑、贵贱有别的秩序体系,以教导万民名位不同,礼亦异数。

从历史上看,建筑制度或因朝纲松弛而僭越违制,或因社会动荡而名存实亡,礼乐崩坏的情形并不鲜见。所以历朝历代才会反复颁行相关的制度,并以

---

① 江净帆.空间中的社会教化:以喜洲白族传统民居为例[D].重庆:西南大学,2010.

律法进行严格的管控。如《唐律疏议》规定:"诸营造舍宅、车服、器物……于令有违者,杖一百。"《大明律》也规定:"凡官民房舍车服器物之类,各有等第。若违式僭用,有官者杖一百,罢职不叙。无官者,笞五十,罪坐家长。工匠并笞五十。"《大清律例》则几乎沿袭明律。

以洞庭太湖东、西山民居作为调查分析对象,我们发现洞庭是商人故里,这里的人们虽富比陶朱,却多为庶民身份,其建造使用的居舍处于建筑等级制度末端,受到的约束极大。通过对东、西山明清传统民居的考察,我们发现大多能恪守律令,逾制现象极少。由此可见,建筑制度在对传统建筑诸多要素进行等级控制的同时,也对建造的最终结果起到了形塑的作用。

这种等级观念和礼仪规范施加于梁柱斗拱之间,自然成为赋予建筑以儒学教化功能的重要来源和推动力,影响深远。①

随着儒家文化逐渐深入人心,维系建筑的教化功能也成为一种自觉,并反映到建筑制度之外的诸多方面,如以中轴线对称的布局方式对儒家"尚中"思想的回应。

1.空间中的等级与秩序

"中"是中国传统文化的核心内容之一,也为儒家所推崇。儒家认为:"中也者,天下之大本也。"这句话的意思是说,中是天下最为根本的,在此基础上,"中"发展出了中正、中和、中庸等多重含义,体现了儒家的宇宙观、道德修养论和方法论。在中国传统社会中,"中"这一观念转换到了物质层面,也转换成了一种空间意识。在传统的民居规划中,大多体现了对"中"的崇尚,主要以中轴线对称的布局为表现。

以湖北鄂东新屋塆传统民居为例,从整个民居院落平面布局和组织来看,罗家大院符合最初设计者为三个儿子建造栖身之所的初衷。大院采取了成熟围龙屋常见的三堂两横形式②,其中堂屋部分是围龙屋最基本、最稳定的核心,也体现了长幼有序、中轴对称的空间形式及内涵。其内部三个生活单元的主体结构为一进三厅、两头四厢一围,既互为整体又相对独立。进而言之,封建社

---

① 卢朗.传统民居建筑的儒学教化功能探析:以洞庭东、西山传统民居为例[J].苏州大学学报(哲学社会科学版),2015(6):173 – 179.

② 吴卫光.围龙屋建筑形态的图像学研究[M].北京:中国建设工业出版社,2010:80 – 106.

会,长子如父,所以长子就住在中间,采用中庭式;而东边次子、西边幼子的居住部分,则分别采用三合天井式和排屋式。同时,大院以场坪、天井、走廊等作为连接单元,进行纵横封闭式的组合与过渡,形成院落内部人们交流和交通的轴线空间。其建筑沿南北子午线中轴两边对称布置,前低后高,错落有序。由此,新屋塆民居聚落休憩的礼序空间得以有序展开。①

空间中的"尚中"原则虽然自古以来就存在,但是其之所以能够稳定存在,很大程度上还是儒学教化推行的结果。采用中轴线对称的布局方式,规整端正,自是为了体现儒家不偏不倚、无过无不及的尚"中"思想。民居建筑布局及室内的中轴线,体现了人们对尚"中"观念的认同,也构建了家庭成员日常生活的行为准则。在以中为贵的观念下,"为人子者,居不主奥,坐不中席,行不中道,立不中门"。居、坐、行、立,皆应以长者处于中,然后再区分左右,以左为尊,长子居之,以右为卑,为次子之位……从而构筑起"父尊子卑,长幼有序"的伦常秩序。

在民居宅院内部,屋舍的体量规模、规格和空间序列也体现出"礼"的规范,并形成建筑物的差异与等级,以对应不同的功能及使用者在家族中长幼嫡庶的地位,使建筑与礼节仪式、伦理秩序等形成清晰的同构关系。当院落被分割为尊卑不同的若干等级空间后,这些空间中的活动与主人也被赋予了尊卑不同的等级意义。或者说,因为家族成员之间本身具有尊卑不同的等级意义,所以需要这些具有"礼"教意义的等级空间将其标识出来。按照"父尊子卑、长幼有序"的伦理要求,家族活动及个体被分配于等级不同的院落空间之中。②

这种空间中的等级与秩序,正是儒家所提倡的"礼"的核心,也是传统民居儒学教化功能的又一重要内容。③

建筑在中国古代的性别权力关系中扮演着极其重要的角色。从性别伦理视角审视传统建筑文化,可以发现,无论是民居住宅、纪念性建筑还是礼制建筑,尤其是在院落空间和居住空间的布局方面,男女有别、男尊女卑、男主女从

---

① 宋国彬.合和·尚中·格物:鄂东新屋塆传统民居的生态观念[J].装饰,2016(4):128-129.

② 江净帆.空间中的社会教化:以喜洲白族传统民居为例[D].重庆:西南大学,2010.

③ 卢朗.传统民居建筑的儒学教化功能探析:以洞庭东、西山传统民居为例[J].苏州大学学报(哲学社会科学版),2015(6):173-179.

的格局,得到了非常明显的体现和独特的表达。①

2."内外之分"与"夫妻之礼"的"礼"的隐喻

传统文化对男性中心主义性别格局的维护以及对女性的规训,从各个层面展开。其中,从建筑空间的分配入手,以"内外之分"作为基本准则,强调男女应当处于不同的空间,这是从物质空间维护性别伦理、巩固男权秩序的核心手段。内与外原本是一种空间概念,但是在中国传统文化的语境下,内外与男女相联系,具有独特的"礼"的属性。

(1)"内外之分"的界限

在传统民居的设计中,"前堂后室"的庭院式布局所构建的空间秩序,恰与传统礼教所宣传的"内外有别""男女有别"的伦理秩序形成了同构对应的现象。比如大部分古代民居中,都存在"仪门",仪门的存在,就是为了将内外空间进行分割,形成以大厅为中心的外宅和以堂楼为中心的内宅。前者为各种仪式和接待宾客之所,后者为主人与家眷生活起居之地,内外分明。《礼记·内则》有载:"礼,始于谨夫妇。为宫室,辨内外。男子居外,女子居内。深宫固门,阍寺守之。男不入,女不出。"仪门在区分内外之别、标识男女之防的同时,还蕴含了传统社会的夫妻之礼。夫妻在家庭中亦以此为"界",分主内外事务,各司其职。

在苏州很多民居中,还设有"备弄",从第一进贯穿至最后一进,连接各个区域,供女眷和仆人出入,以避男宾或主人,故亦称"避弄"。这些入口、通道或者门楼,以限定宅院中的流线和区域行使教化之道,在对人们的活动产生约束的同时,也使其意识到自己的身份与礼节规范,言行不可失当。

(2)"看不见"的女性空间

对于古代未婚女子而言,她们的主要活动空间限制于闺阁之中。闺房作为传统家居中一个特别的女性空间,规划设计上最大的特点便是高隐蔽性和私密性。大户人家的闺房一般设在二进以内的阁楼上靠天井的房间,其所在的位置限制了未婚女性的活动空间。以苏州拙政园为例,里面有个"小姐楼",在踏上通往小姐楼二楼的楼梯时,可以发现,楼梯被修得既窄又陡,这样的设计是为了不让这些闺阁女子出去,使其只能待在属于自己的空间里。这种楼梯的存在,

---

① 秦红岭.中国传统建筑文化中的性别伦理[J].唐都学刊,2013(3):17 – 21.

实际上也是一种"男主外女主内"思想的教化,同时也突出反映了传统家庭伦理观念影响下女性的从属地位与隔离特征。

女性结婚后,虽然对于她的人生而言,生活空间确实发生了改变,但是这个空间仍然承接了封闭而隔离的特征。从传统的家庭分工而言,已婚妇女虽可以"主内",但是这个"内"的限制非常大,她可以统率的范围还是以中门的妇孺为限——娣、妾、童年的子孙、在室的姊妹、侄女、子妇、侄妇,以及仆妇丫鬟等,其"主内"所包含的范围,不过是烹饪、浣洗、缝纫、育婴以及家庙祭祖中的伴礼者。在夫为妻纲的礼制之下,妻仍然处于从属地位。

《黄帝宅经》云:"夫宅者,乃是阴阳之枢纽,人伦之轨模。"中国古代传统民居,大多是通过空间秩序的建构来施行"礼"的教化功能,并使之清晰可感。日常生活在这样的环境中展开,也自然融入相应的伦理规范和礼仪实践,使主宾之间折中谦让,长幼之间尊卑有序,男女之间进退得度。这种空间中的"礼",在日积月累中得以反复地辨别、持续地训练和不断地强化,栖居于此的人们在不知不觉中已将其内化成为自觉的行为规范。①

(二)建筑装饰中的德育教化

寓教化于建筑装饰之中是中国传统建筑的一大特色,建筑作为人使用的特定场所,非常适宜承载社会风俗推行的内向教化。人们通过丰富的图案,寄托着对于美好、富饶的向往,凭借艺术语言进行着幸福、美满的追求,利用建筑装饰图像构件的立意对后辈潜移默化地进行伦理教育。②

这里以洞庭东、西山传统民居为例,探析古人在设计民居之时建筑装饰中的教化内涵。

1.民居建筑装饰的孝内涵的传达

孝悌为行仁开源,这一题材的建筑装饰在东汉画像石、画像砖中就已出现。元代郭居敬将二十四位古人孝道之事辑录成书,得以广泛流传,也逐渐成为建筑装饰的重要题材之一。东山春在楼,亦名雕花楼,乃金锡之兄弟为孝敬母亲而建。"春在"二字,取春天永在,历年长青之意。其前楼的檐口、六扇长窗的中夹堂板、裙板及 12 扇半窗的中夹堂板上,遍布"怀橘奉母""卧冰求鲤""亲尝汤

---

① 卢朗.传统民居建筑的儒学教化功能探析:以洞庭东、西山传统民居为例[J].苏州大学学报(哲学社会科学版),2015(6):173-179.

② 师容,赵永敏.中国传统建筑装饰艺术的教化作用[J].中国包装,2018(11):70-72.

药"等二十四孝题材的装饰木雕,人物生动,场景逼真。东山墨云堂"入孝出弟"砖雕门楼等处均有同类题材雕刻。宣扬儒家信、义、忠、恕的思想,倡导礼仪修养、效仿圣贤的题材也是东、西山民居建筑装饰中常见的内容。东山春在楼的正厅门楼上,左右兜肚便是以三国故事"斩蔡阳兄弟释疑,会古城主臣聚义"为主题的砖雕图案。春在楼的第一进雕花门楼刻有"聿修厥德"四字,取修行积德之意,左右兜肚分别为"帝尧访舜"和"文王访贤"的雕刻图像。梅、兰、菊、竹常用来比附君子品德操守,是礼仪修养的象征,在礼和堂"芝兰挺秀"砖雕门楼、惠吉堂的竹兰轩和敬修堂大厅等处的砖、石、木雕皆有这一题材。

2. 建功立业理想的督促

读书业儒是儒家教化的重要内容。自隋文帝开创科举制后,读书应试成为社会民众求取仕进、光大门楣的通道与阶梯。明代以后,洞庭商帮崛起,经商致富成为东、西山人的生存之道,仕进之风已远不如近在咫尺的苏州府城一带,即便如此,体现这一价值观的建筑装饰仍极为普遍。在西山堂里徐氏仁本堂的后厅门楼上,刻有"礼为教本"的匾额,左右兜肚分别是"衣锦还乡"和"状元游街",图案中持锣者鸣锣开道,新科状元气宇轩昂,骑着高头大马,春风得意。西山东村敬修堂砖雕门楼下枋雕刻了常见的"鲤鱼跃龙门",数条长须鲤鱼隐现在湍急的河流中,龙门则在左侧与祥云相连,雕刻精美。绍德堂、瑞蔼堂、伦彝堂等多处砖雕均有这一题材。东山明善堂砖雕门楼的左右兜肚在鱼龙变化的图案中还增加了鳌,取"独占鳌头"之意。粹和堂砖雕门楼的兜肚则雕有螃蟹图案。自古民间将大蟹称为"黄甲",科举甲科进士及第者的名单,因用黄纸书写,故亦名"黄甲",蟹也因此成为科举及第的象征。还有一些雕刻彩绘则通过谐音或"画谜"取意。凝德堂、熙庆堂和敦裕堂大厅的梁桁彩画,瑞蔼堂、遂高堂和明善堂门楼砖雕均有以毛笔、金银锭和方胜图案加以组合的图案,以谐音寓意在科举中"必定取胜"。明善堂照壁基座石雕图案则是白鹭和莲花,寓意"一路连科",皆是表达了读书取仕、金榜高中的美好愿景。

3. "礼""仁"与生命福祉的联系

两山传统民居的建筑装饰,在题材上并非单纯的儒学教化内容。以吉祥、富贵、长寿为主题的装饰图案在宅院中也随处可见,如以玉兰和牡丹组合寓意"长命富贵",以蝙蝠和铜钱组合寓意"福在眼前",还有由月季和鹌鹑组成的"四季平安",由柿子和如意组成"事事如意"等等。不同题材的建筑装饰并置于一宅,在施行儒学教化的同时,也融入人们祈吉纳福的追求,使"礼""仁"等价值观念与生命福祉产生了某种联系和结合。从教化熏染的效用来看,建筑装饰自是更易渗入人们的精神和情感世界,并获得接受和认同。蕴藉丰富的儒家文化以图像化的方式加以传达,并转化为生活场景中的审美要素,直观而富有感染力。①

作为民居建筑来讲,其功能属性繁多。中国民居建筑需要在居住功能、礼制约束、审美功能之间寻求一种动态的平衡。中国古代社会的传统民居建筑也许在居住环境上、审美表达上面有所不同(南北方建筑风格的不同),但是礼制的布局上都会严格遵循儒家思想。因为这一社会道德准则是维系社会群体和谐秩序的基础。②

承载儒学教化功能的民居建筑不仅是日常生活的容器,亦使秩序、礼仪、道德等观念日日感染生活于其中的人们,并逐渐固化成为人们的思想观念和行为准则,使"化民成俗"的儒家教化理想得以施行和体现。正如《史记·三王世家》所言:"'蓬生麻中,不扶自植;白沙在泥中,与之皆黑'者,土地教化使之然也。"

(三)家庭日用中的德育教化

在中国传统社会,器物不仅能满足人的需求,还可以规范人的行为,更重要的是其中包含着更高层次和更多维度的人文关怀,可以陶冶人的情操。

对于器物的在家庭生活中的"日用之道",最直观的就是以人为本,这里就不具体叙述。

体现社会规范和人格理想的"礼"诉诸各种日常生活器物,不仅丰富了中国古代的教化方式,而且形成了一套教化功能完备的物用体系。在这一体系中,每件器物背后都有其"礼",同时又依托于相应的环境,彼此间形成呼应和配合,使其"礼"的教化通过人们的日常使用和反复感受,对人的行为和精神起到润物细无声的影响。古代讲究"必方必正",即做人须为人正直。通过对人们日常生活情景的观察,我们可以感受到器物是如何系统性地教化人要正直。例如,少

---

① 卢朗. 传统民居建筑的儒学教化功能探析:以洞庭东、西山传统民居为例[J]. 苏州大学学报(哲学社会科学版),2015(6):173 – 179.

② 赵永军. 中国传统民居的布局与木雕装饰艺术的教化作用[J]. 新美术,2012(6):104 – 105.

年穿着得体、佩戴玉饰,对镜正衣冠后才走出居室。可以设想,在日常生活之中,人们时时刻刻都受到器物的引导和启发。如随身佩戴的玉制配饰,以玉比德的传统使得玉成为君子的象征,佩戴玉坠则有时时提示之作用①。正衣冠也同样有这样的教化意向,正衣冠出自《礼记》:"礼义之始,在于正容体,齐颜色,顺辞令。"正衣冠也被作为古时孩童入学的第一课,因为正衣冠不仅是注重外在形象,同时也寓意表里一致,提醒我们做人的行为要正派。

此外,日常生活中的器物还包含着更高层次和更多维度的人文关怀,可以陶冶人的情操。第一层次是基于人的身体方面,适当的约束可以引导人们走向更舒适的生活方式。以罗汉床为例,其既可休闲,也可以待客,可坐可卧。这样的设计让人感受到惬意,得到充分的放松和休息。明人文震亨在《长物志》中提及:"占人制儿榻,虽长短广狭不齐,置之斋室,必古雅可爱,又坐卧依凭,无不便适。燕衍之暇,以之展经史,阅书画,陈鼎彝,罗肴核,施枕簟,何施不可。"厅堂之中,置一罗汉床,宾客对坐品茶、清谈或对弈,和乐融融。独处之时,闲来无事,则可午睡小憩,舒适安逸,又彰显主人清逸出尘的格调,故王世襄先生说"罗汉床是最理想的卧具"。第二层次是基于人的行为方面,提示为人处世的态度与方式。比如人们用餐的时候,一定会使用到餐桌。中国传统宇宙观中讲究"天圆地方",一般古时餐桌都会采用圆形或者方形。传统的餐桌形如满月,象征一家人团团圆圆,也是对家庭和睦的期许。方形则代表方正平稳,象征公平与稳重。对餐桌形状的选取也代表了整个家庭的生活态度。此外,餐桌也是家庭教育的场所,以一间坐北朝南的房间为例,北面位置等级最高,北面两个位置中,左侧的更为尊贵。一般情况下,家里人一起吃饭时年龄最长、地位最高者坐主位,体现了尊老的传统美德。《红楼梦》中林黛玉初到贾府第一次参加家宴时,贾母地位最尊贵因而独坐榻上,黛玉坐在左一,这是由于黛玉远道而来,第一次参加家宴,因而享受了客人的礼遇,才能坐在贾母旁边。在家族正式大宴会中座次则发生了改变,黛玉和其他小辈在西边依次落座。通过餐桌及由此产生的规范使"长幼有序、尊卑有别"、家庭和睦等观念拥有了物质载体②,这些观念在一次次普通的用餐过程中逐渐印刻在人们的心中并不断强化。同样的教化除了体现在与坐相关的器物上,也体现在休息的场所——床上。床的摆放位

---

① 王雅萌.人文的"物律":器物对人的塑造性影响[D].北京:中国艺术研究院,2019.
② 王雅萌.人文的"物律":器物对人的塑造性影响[D].北京:中国艺术研究院,2019.

置一边靠墙,且对于睡觉的位置,还讲究男在外、女在内,这既体现了男女的尊卑之别,也体现出古人的一个基本道德认知,即中国人的床不是随便上下的。①第三层次是精神层面,即培养人的品性,陶冶人的情操,这是器物教化的最高追求。古时家中都会有书斋,书斋中有一"常客"——文人字画。例如宋代的《岁寒三友图》,代表着文人洁身自好,坚韧不拔,不同流合污的高尚品格。人们在书斋中学习、与好友探讨的过程中每当看到书画,就会不自觉地被其引导,久而久之就会更深刻地感悟其中蕴含的高尚情怀,让人不断反省、审视自身,将自己塑造成为一个品性高洁的君子。

四、文学作品中的器物德育教化功能

中国人的日常生活深受儒家"礼"文化的影响,这种影响也深刻地反映在文学作品中。换而言之,中国文学作品尤其是古典文学作品离不开"礼"。无论是文学作品的思想内容,还是出现在文本中的器物等,这些都深深地打上了"礼"的烙印。

小说是随着城市经济的发展繁荣而产生的。手工业和商业的快速发展,城的公共区域不断扩大,为民间说唱艺术的发展提供了场所和观众,不断扩大的市民阶层对文娱的需求促进了新的文学样式——话本的产生。由于明代经济的发展和印刷业的发达,话本脱离民间口头创作进入文人的书面创作阶段。因此明清时期小说达到了鼎盛时期,话本通过叙事的手法来表现广阔的社会生活场景,展现了多样的创作题材。明清小说是写作者基于自身的城市生活体验,将故事人物情节合理地安排在城市的舞台上,构建的是城市一隅的场景。②

(一)基于城市空间蓝本的小说——"三言"中的"情教"

"三言"是冯梦龙编纂的三部小说的总称,堪称明代市民文学的代表之作。"三言"中出现了大量的器物,这些器物是市民日常生活的缩影,承载着市民文化的精神和价值观念。初看小说时读者也许会觉得这些器物琐碎无用,细细雕琢之后,才能发现它们的奇妙之处。

"三言"之中涉及的器物极多,冯梦龙以叙事的形式把发生在市井间巷之间

---

① 李兴华,韩建磊.论传统器物的教化功能[J].南昌大学学报(人文社会科学版),2014(5):44-49.

② 伍芳青.基于古代文学和绘画作品的明清南京公共空间解读[D].长沙:湖南大学,2019.

的故事巧妙地用器物推演开来,并在起承转合之间使器物成为故事中不可缺少的一环。这些器物,在书中承担着极其重要的作用,细细分类下来,笔者将这些器物的功能总结为以下四种:叙事功能、认知功能、教化功能和审美功能。

这里我们主要研究"三言"中的器物的教化功能。与《红楼梦》不同的是,"三言"是从情教和器物的角度出发,冯梦龙从男女之情推及君臣、父子、兄弟、朋友之情,以器物为载体,将"情"作为内在表现,达到教化众人的目的。

冯梦龙提出"情教",简单来说,"情教"就是冯梦龙的"教化论"。

爱情是人类永恒的感情,也是人最基本的感情。古往今来,不论是古代的诗还是如今的爱情小说,都是人们汲取爱情营养的原料。冯梦龙在编写"三言"之时,毫不吝啬地描写了大量的爱情故事,而这些故事中又包含了大量的爱情信物,这些器物体现了市民阶级在爱情婚恋关系上的众生相。冯梦龙在"三言"中展现的爱情婚姻观,与他的"情教观"是分不开的。冯梦龙在《情史序》中说:"天地若无情,不生一切物。一切物无情,不能环相生。生生而不灭,由情不灭故。"[1]从中我们可以看出,冯梦龙将"情"推到了一个非常高的地位,认为"情"是至高无上的本体,情能生万物,世界上的万事万物,都是由情产生,因情发展的。同时,他在"三言"中也想要通过"情教"来教诲众生,并将男女之情作为出发点,不断外推,由内(男女之情)到外(君臣、父子、兄弟、朋友之情),这样他的"情教"就合理了起来。[2]

《杜十娘怒沉百宝箱》与《卖油郎独占花魁》是冯梦龙爱情题材中的代表作,表达了新兴的市民思想,也给我们展现了金钱在爱情中的力量。我们从两个小说的标题就可以看出两个不同的结局,这是两种不同观念的对抗,也是冯梦龙"情教观"复杂性的体现。

《杜十娘怒沉百宝箱》是发生在明代万历年间的社会事件,"明宋幼清《九籥集》卷五有《负情侬传》,记述甚详"[3]。冯梦龙也是由此进行改编的,讲述的是万历年间教坊名妓杜十娘与李甲之间的爱情故事。杜十娘虽然生于烟花之地,但是早有从良的打算,当遇到李甲后,两人情投意合,因为李甲为人忠厚至

---

① 高明月.因情捉笔:脂砚斋小说批评"情本论"研究[J].中北大学学报(社会科学版),2020,36(1):56-62.

② 胡嫚."三言"中的器物功能研究[D].黄石:湖北师范学院,2020.

③ 胡士莹.话本小说概论[M].北京:中华书局,1980:557.

诚,杜十娘便将希望放在了李甲身上,虽然过程困难重重,但是杜十娘还是突破枷锁,获得了自由。而在与李甲归家途中,二人碰到了孙富挑唆,由于李甲本身性格软弱、自私,虽然对杜十娘也是真心爱恋,但又屈从于社会、家庭的礼教观念,害怕家中严父责备,最后以千金的价格,将杜十娘卖给了孙富。杜十娘所托非人,最后落得个投江自尽的悲惨结局。

在《杜十娘怒沉百宝箱》中,有一个特殊的器物——百宝箱,这也是冯梦龙匠心独运的安排,使得"百宝箱"成为杜十娘的象征,充满了震撼力。"百宝箱"在文中始终处于半隐半现的状态,直到杜十娘告别姐妹,"百宝箱"才逐渐显现。十娘与众姐妹拜别时,众姐妹合具薄贶,"命从人挈一描金文具至前,封锁甚固",这里虽然轻描淡写,但给"百宝箱"增添了神秘感。途中,李甲正愁没有船费时,杜十娘打开"百宝箱"取出白银五十两,"百宝箱"初现端倪;当杜十娘知道李甲受孙富挑唆,出卖她时,杜十娘悲愤交加:

"十娘取钥开锁,内皆抽替小箱。十娘叫公子抽第一层来看,只见翠羽明珰,瑶簪宝珥,充牣于中,约值数百金。十娘遽投之江中。李甲与孙富及两船之人,无不惊诧。又命公子再抽一箱,乃玉箫金管;又抽一箱,尽古玉紫金玩器,约值数千金。十娘尽投之于水。舟中岸上之人,观者如堵,齐声道:'可惜,可惜!'正不知什么缘故。最后又抽一箱,箱中复有一匣。开匣视之,夜明之珠,约有盈把。其他祖母绿、猫儿眼,诸般异宝,目所未睹,莫能定其价之多少。"①

直到这里,"百宝箱"才完全暴露在大家的视线之中。最后,杜十娘抱着百宝箱怒而沉船,这里是全文的结局也是全书的高潮部分。在整个故事中,"百宝箱"这一物串联起了整个故事的情节,从前两次众人不知里面有何物,到最后一次打开"百宝箱",杜十娘看到了李甲的懦弱与薄情寡义。

对于杜十娘来说,"百宝箱"是她价值的象征,也是希望的寄托。常年身处烟花之地,杜十娘明白金钱的重要性,她积攒千金,就是为了有所庇护,"百宝箱"就是她的希望。她积攒下千金,就是为了以后可以有金钱的庇护,获得李甲的真心,或者换取李甲与家人的和解,自己也有一个好的归宿。但杜十娘最后还是沉江自尽,得到了一个悲剧的结局。这主要在于杜十娘的冲突面——她千挑万选、誓死相随的李甲虽然深爱着杜十娘,但他无力与整个传统思想相对抗。

---

① 冯梦龙,无碍居士,吴书荫. 三言:警世通言[M].北京:中华书局,2015:250.

当财富和狡狯的代表孙富出现时,尤其是孙富的那通劝说,让李甲明白了自己只有两条出路:要么选择杜十娘,离开家族,放弃他的贵族地位;要么放弃杜十娘,与家里和好。经过一番思想挣扎,李甲最终放弃了杜十娘,选择了孙富的金钱,同时这也导致了杜十娘的悲剧命运。按照传统的才子佳人套路,李甲应当和杜十娘得到一个圆满结局,过上琴瑟和鸣的生活。但是在明末这个金钱至上的时代,金钱象征了地位、象征了一定的话语权,孙富可以轻易地挑唆李甲。在商品经济极度发达的时代,人们在追求物质的同时,欲望也在膨胀,因而爱情在金钱面前不堪一击。①

在《卖油郎独占花魁》一文中,莘瑶琴跟杜十娘虽然是一样的身份,也早有从良的打算,但是两人的结局却相差甚远。这是因为,在这篇故事里存在着比门第、财富更可贵的东西——平等的爱情和相互的尊重,虽然两人地位悬殊,隔了一道难以逾越的鸿沟,但两人并没有因为地位的悬殊而阻碍爱情的发展,反而"夫妻偕老,生下两孩儿,俱读书成名"②。

文章中体现卖油郎的真情,是从钱到欲到情的一种转变。卖油郎对莘瑶琴一见钟情,且久久不能忘怀,对于"本钱只有三两,却要把十两银子去嫖那名妓"的秦重来说,需要攒很久才能和她春风一度。一开始,秦重看见莘瑶琴产生的是"若得这等美人搂抱了睡一夜,死也甘心"的纯粹狎客心理,与一般嫖客想的肉欲相差无几。当他攒够钱之后,置办了"镶鞋净袜,新褶了一顶万字头巾",还买了"一件见成半新半旧的绸衣,穿在身上,到街坊闲走,演习斯文模样",又诚心诚意地等了一个多月,才得以见到醉酒回家的莘瑶琴。但是莘瑶琴却说他"不是有名称的子弟,接了他,被人笑话"。这对于持嫖客心理的秦重来说,非常讽刺,但是他却假装不知。虽然他受到了冷遇,但是他的一片赤诚之心反而展现出来:

"秦重想酒醉之人,必然怕冷,又不敢惊醒他。忽见栏杆上又放着一床大红纻丝的锦被,轻轻地取下,盖在美娘身上,把银灯挑得亮亮的,取了这壶热茶,脱鞋上床,挨在美娘身边,左身抱着茶壶在怀,右手搭在美娘身上,眼也不敢闭一闭。"③

① 胡嫚."三言"中的器物功能研究[D].黄石:湖北师范学院,2020.
② 冯梦龙,可一居士,张明高.三言:醒世恒言[M].北京:中华书局,2015:35.
③ 冯梦龙,可一居士,张明高.三言:醒世恒言[M].北京:中华书局,2015:28.

当美娘半夜醒来,酒力不胜想要呕吐时:

"秦重慌忙也坐起来,知他要吐,放下茶壶,用手抚摩其背。……美娘放开喉咙便吐。秦重怕污了被窝,把自己道袍的袖子张开,罩在她嘴上。美娘不知所以,尽情一呕,呕毕,还闭着眼,讨茶漱口。秦重下床,将道袍轻轻脱下,……斟上一瓯香喷喷的浓茶,递与美娘……"①

写到这里的时候,才体现出了秦重本身的优良品行。马瑞芳先生指出:"这,不是嫖客的举止,不是把妓女当成可以玩弄的尤物,而是当作一个需要关怀、需要帮助、需要知疼着热的人。这样的行为,表面上是'会帮衬''知情识趣',实际上充满了对心上人的真心的爱和尊重。"②正是因为这样的照顾,莘瑶琴才开始对他另眼相看,但是这并不代表莘瑶琴就认为他值得托付终身。因为在她看来,秦重是市井之辈,而不是衣冠子弟。此时,她的选择和杜十娘一样,认为衣冠子弟才是她可以托付终身之人,然而偏偏是衣冠子弟让她受尽了屈辱。

美娘托故推辞了吴八公子几回,结果被吴八公子拖出房外,不顾美娘弓鞋窄小,往街上飞跑,直到西湖口,方才放手。吴八公子又叫美娘陪酒,美娘不从,便"教狠仆拔去簪珥",美娘气得要投水,吴八公子却说:"你撒赖便怕你不成!就是死了,也只费得我几两银子,不为大事。"后吴八公子吩咐移船到僻静之处,"将美娘绣鞋脱下,去其裹脚,露出一对金莲,如两条玉笋相似"。美娘赤脚寸步难行,而"平昔枉自结识许多王孙贵客,急切用他不着,受了这般凌辱"③。正是由于吴八公子的暴力行径将美娘置于难堪境地,美娘才幡然醒悟。纵使她盛名在外,只因落于娼家,必然就会受到轻贱,任其凌辱。就如吴八公子所言,她就是死了,也只是让那些纨绔子弟费几两银子。即便她有幸嫁给衣冠子弟,在他们眼中也只是玩物,供其消遣罢了。这时的美娘意识清醒,也看清了自己的地位。当情深义重的秦重再次出现后,"心中十分疼痛,亦为之流泪。袖中带得有白绫汗巾一条,约有五尺多长,取出劈半扯开,奉与美娘裹脚,亲手与她拭泪。

---

① 冯梦龙,可一居士,张明高. 三言:醒世恒言[M]. 北京:中华书局,2015:28.

② 人民文学出版社编辑部. 古代白话短篇小说鉴赏集[M]. 北京:人民文学出版社,1986:168.

③ 冯梦龙,可一居士,张明高. 三言:醒世恒言[M]. 北京:中华书局,2015:30.

又与她挽起青丝,再三把好言宽解"①。这再次显示了秦重对美娘的爱护和尊重,同时美娘也认识到了"情"的宝贵,开始赎身下嫁。所以,秦重的志诚真情,让美娘毫不犹豫地求嫁,两人夫妻偕老。

同样,从美娘的选择来看,从开始的瞧不起到思念,再到求嫁,其思想也发生了翻天覆地的变化。整个过程,始终是以"情"贯穿其中的。从秦重的具体表现来看,我们可以看到"情"的巨大感化作用,这也让美娘知道了"易得无价宝,难得有情郎"的宝贵。这是冯梦龙"情教观"的理想再现,也是他所推崇的一种人与人之间互相平等、互相尊重的社会理想。②

从杜十娘和莘瑶琴二人的不同选择,我们可以看到两种截然不同的人生结局。杜十娘想用"百宝箱"中的钱财换真心,但她不知道通过金钱交换获得的爱情是虚假的、虚幻的,只有认识到"情"的价值,才可以借"情"冲破纲常伦理的罗网获得幸福。冯梦龙设计卖油郎这种志诚之人,是对真诚的"情"的一种肯定,也是对"金钱万能论"的一种否定。冯梦龙所处的晚明时代封建纲常已经腐朽不堪,其政治、经济、文化都发生了天翻地覆的变化,但他还是坚持儒家传统的伦理价值和行为准则。显然,他设计十娘持宝箱跳江,也是因为当"情"失去时,"百宝箱"隐喻十娘的价值也没有了,只能玉毁人亡。③

(二)小说中的观照——《红楼梦》中的器物德育教化体系

通过对《红楼梦》这本小说的熟读,笔者发现,《红楼梦》重点写的是家庭生活琐事,因而其中包含了大量日常生活中所使用的器物。这些器物,是小说中的特殊存在,也是小说文本内容的重要组成部分。《红楼梦》中虽然大部分器物单看并不起眼,比第七回的宫花、第二十四回的手帕,但是通过对器物整个体系的梳理,我们发现其背后折射出深厚的文化意蕴,尤其表征了封建贵族家庭所特有的礼仪文化。由此可见,器物是礼仪文化的载体,器物与中华民族传统礼仪文化之间的关系密不可分。

在《红楼梦》中,器物本身就被赋予了礼仪的特殊性。中国古代器物本身就有一套自成体系的礼仪规范。

首先,器物在日常生活中代表了某种礼仪规范。从《红楼梦》第二十九回中

---

① 冯梦龙,可一居士,张明高.三言:醒世恒言[M].北京:中华书局,2015:31.
② 胡嫚."三言"中的器物功能研究[D].黄石:湖北师范学院,2020.
③ 胡嫚."三言"中的器物功能研究[D].黄石:湖北师范学院,2020.

贾府妇女前往铁槛寺祈福的场景就可以看出一二:"贾母坐一乘八人大轿。李氏、凤姐儿、薛姨妈每人一乘四人轿。宝钗、黛玉二人共坐一辆翠盖珠缨八宝车。迎春、探春、惜春三人共坐一辆朱轮华盖车。……乌压压的占了一街的车。"①这里所提及的轿就是中国古代贵族出行乘坐的主要交通工具。古代社会对车轿有着严格的礼制规定,逾越者就会受到惩罚,在《明会要·舆服上》中就明确了文武百官使用轿子的规格:"文武官例应乘轿者,以四人昇之。其五府管事、内外镇守、守备及公、侯、伯、都督等,不问老少,皆不得乘轿。违例乘轿及擅用八人者,奏闻。"到了清代,宗亲、朝臣、命妇等达官显贵乘坐轿子也有严格规定,不准逾制。而这里贾母一人乘坐的是八人大轿,这是因为贾母属于"特定身份"——朝廷一品诰命夫人,因而她才被允许乘坐这种规格的轿子。

其次,"礼"还包含馈赠礼物的含义。古语就有"礼尚往来",指的是礼物以器物为载体,在不同的人之间进行传递,以此来加强人与人之间的交往与联系,这是中华民族的一种文化现象。馈赠礼仪在《红楼梦》第十八回中也有体现。以元春省亲后给贾府众人的赐礼为例:"贾母的是金、玉如意各一柄,沉香拐柱一根,伽楠念珠一串,'富贵长春'宫缎四匹,'福寿绵长'宫绸四匹,紫金'笔锭如意'锞十锭,'吉庆有鱼'银锞十锭。邢夫人、王夫人二分,只减了如意、拐、珠四样。贾敬、贾赦、贾政等,每分御制新书二部,宝墨二匣,金、银爵各二只,表礼按前。宝钗、黛玉诸姊妹等,每人新书一部,宝砚一方,新样格式金银锞二对。宝玉亦同此。贾兰则是金银项圈二个,金银锞二对。尤氏、李纨、凤姐等,皆金银锞四锭,表礼四端……"②这是古代上层社会行赏礼仪的体现,无论是赐礼的数量和款式,都以亲疏、长幼的秩序进行,直接体现的是皇家的权威。其中,元春对于贾母礼物的挑选也体现了其拳拳孝心。

最后,器物是"礼"制的载体,无论是器物本身的色彩、材质、空间位置,还是器物出现的场合,都与中国传统的礼制文化有着千丝万缕的联系,也体现了"礼"在"器"中,自然而然地对民众进行教化。

通过对以上《红楼梦》中国器物的梳理,以及结合《红楼梦》文本内容对《红楼梦》中的器物与"礼"所呈现的具体形态进行分析,笔者发现《红楼梦》器物所传达的礼的"教化"主要包含在以下三个范畴之中:"等级有序"的人伦观念,

① 曹雪芹,无名氏.红楼梦[M].北京:华文出版社,2019:284.
② 曹雪芹,无名氏.红楼梦[M].北京:华文出版社,2019:173.

"以孝为先"的孝道观念和"文质彬彬"的修身理念。

其中，社会层面"等级有序"的人伦理念从器物的社会等级规约和贵族阶层的等级意识形态这两个方面进行论述；家庭层面"以孝为先"的孝道理念从"孝"是中华民族的传统美德和器物是传递"孝道"观念的载体这两个方面进行论述；个人层面"文质彬彬"的修身理念从人与物的亲和同构这个角度进行论述。从社会层面"等级有序"的人伦理念到家庭层面"以孝为先"的孝道观念，再到个人层面"文质彬彬"的修身理念，这三个层面是层层推进的关系。①

1. "等级有序"的人伦观念

人伦秩序主要指的是中国传统社会两大生活领域中形成的社会秩序，这两大生活领域分别是家庭生活领域和国家生活领域，两者都具备明显的社会特征。② 在中国古代社会，家与国呈现同构的特点，因而家是最小国，国是天下家，国家秩序的治理方案同样也适用于家庭。对于国家秩序的治理，首先就要对民众衣食住行等生活、政治的范畴进行规范，《新书·服疑》中就有这样的规定："衣服疑者，是谓争先；泽厚疑者，是谓争赏；权力疑者，是谓争强；等级无限，是谓争尊。彼人者，近则冀幸，疑则比争。是以等级分明，则下不得疑；权力绝尤，则臣无冀志。"也就是说，在中国古代，国家将"等级有序"的人伦观念体现在器物本身的等级制约之中。

一方面，器物"等级有序"的人伦观点体现在社会等级的制约方面。青铜器和玉器作为器物的代表，二者是最能体现身份等级象征意义的器物，它们都在《红楼梦》中出现过。这里主要讨论青铜器中鼎的社会等级规约。鼎在最初形成的时候本是一种炊具，相当于现在我们生活中用来煮东西或者盛东西的锅。当鼎的本意发生变化而不再只作为炊具使用的时候，它就演变成了统治阶级政治权力的象征，具有"明贵贱、别上下"的功能，如"三足鼎立""鼎足之势"。其中，"明贵贱"指鼎可以用来区分人与人之间经济地位的不同；"别上下"指的是鼎可以用来区分人与人之间身份地位的不同。《红楼梦》中多次提到鼎或者与鼎相关的有质有形的物体。如荣禧堂摆放的"三尺来高青绿古铜鼎"体现的就是一种居室文化和经济文化；林黛玉祭奠母亲的时候"将龙文鼒放在桌上，等瓜果来时听用"，这里与鼎有关的"龙文鼒"是黛玉用来盛放瓜果以祭奠过世的母

---

① 干洁.《红楼梦》中器物的礼仪美学研究[D].广州：暨南大学，2017.
② 高恒天，李艳萍.中国古代等级秩序的特分序维[J].伦理学研究，2019(3)：56-61.

亲用的,体现的就是一种饮食文化和祭祀文化,同时也可以将其视为礼仪行为的载体。

另一方面,器物"等级有序"的人伦观念体现在等级之间的差异上。《红楼梦》之中包含着大量的人伦关系——父子关系、夫妻关系、兄弟关系、妻妾关系以及贵贱关系。在中国古代社会,等级制度森严,自然而然地就会影响人们的思想观念,进而产生一种等级意识观念。作为一部展示清代社会贵族家庭的小说,《红楼梦》里的贵族等级意识形态也非常明显。以《红楼梦》第四十一回刘姥姥二次进大观园,酒宴之后贾母携众人至栊翠庵,妙玉斟茶使用的茶具为例:"亲自捧了一个海棠花式雕漆填金云龙献寿的小茶盘,里面放一个成窑五彩小盖钟,捧与贾母。……然后众人都是一色官窑脱胎填白盖碗。"①后贾母将自己的"海棠花式雕漆填金云龙献寿的小茶盘"递与了刘姥姥。待众人喝完茶,道婆将茶盏收回来的时候,妙玉命其不要收回成窑的茶杯,并只许将其搁在外头。里面妙玉虽然身为出家人,心志高洁,但是给众人的茶具也是按照严格的等级制度的,给贾母的是"成窑五彩小盖钟",众人便是"官窑脱胎填白盖碗"。据考,成窑是明朝成化年间官窑烧制而成的瓷器,五彩更是其中非常名贵的一种;"官窑脱胎填白盖碗"同样也是明朝成化年间一种做工精致的瓷器,但是远远比不上"成窑五彩"的贵重,这种茶具之间的差距其实是因为众人与贾母之间的等级之差而导致的,这是"长幼有序"的内化,暗含了一种维护"等级差异"的意味,众人坦然接受也是对于这种教化的接收行为。而"妙玉命其不要收回成窑的茶杯,并只许将其搁在外头"又是"贵贱关系"的内化。

2. "以孝为先"的孝道观念

家庭伦理道德的本质与核心是"孝"道,它是中华传统伦理体系的始基和伦理之首。自古以来,上至王侯将相,下至黎民百姓都要讲究孝道。关于"孝",古代有着严格的礼制规定,《礼记·曲礼》中说:"夫为人子者,出必告,返必面。""凡为人子之礼,冬温而夏清,昏定而晨省。""父召无诺,先生召无诺,唯而起。"这些都是为人子的孝行标准,也是如何尽"孝"的礼制。

在中国古代社会,宗族家长制的形成,使得家族之间的联系更加紧密,孝道观念也更加深入人心。《红楼梦》讲述了以贾政、贾宝玉、贾兰为代表的子孙辈

---

① 曹雪芹,无名氏.红楼梦[M].北京:华文出版社,2019:409.

围绕在贾母身边构成的一个封建大家族,几千年的孝文化在这个封建贵族家庭内部得到了很好的体现。以王熙凤为例,凡是有好吃的、好玩的东西,王熙凤最先让给贾母,并用她的伶牙俐齿变着法儿地逗贾母开心,贾母去世之后,她忍着悲痛和委屈,为贾母的丧事也操碎了心。这些日常行为,表面上是封建社会"礼"的要求,本质上是孝道的体现。

器物也是"孝道"观念传递的载体。《论语·为政》篇记载:孟懿子问孝。子曰:"无违。"樊迟御,子告之曰:"孟孙问孝于我,我对曰'无违'。"樊迟曰:"何谓也?"子曰:"生事之以礼;死葬之以礼,祭之以礼。"这里说的是孟懿子向孔子请教什么是"孝",孔子说:"不违背礼的行为就是孝。"樊迟驾车的时候,孔子告诉他:"孟孙向我请教什么是礼,我告诉他:'不违礼就是孝。'"樊迟说:"这是什么意思呢?"孔子回答:"在父母活着的时候,按照礼的规范去侍奉父母,当他们去世后,则按照礼的规制去安葬、祭祀他们。"这句话就将孝与"礼"的关系表述出来了,同时,"礼"最直接的表现载体就是物,就像现在逢年过节孩子给父母买礼物一样,这是一种最直观体现孝的方式。礼物就是"孝"的载体,即"器"以载"道"。

器物作为传递孝文化的载体,它主要包括两层意思,即以器传喜和以器传悲。其中,以器传喜指的是在节日庆典时或在日常生活场合下使用的器物所体现的礼仪,比如节日庆典时的社会礼仪、礼物传递时的馈赠礼仪;以器传悲主要指的是在丧葬场合下出现的器物所体现的礼仪,譬如秦可卿葬礼上的所用之物。①

以器传喜是传达"孝道"观念的表现之一。《红楼梦》第三十七回中秋纹谈论宝玉之孝:"自己园里的才开的新鲜花,不敢自己先玩,巴巴地把那一对瓶拿下来,亲自灌水插好了,叫个人拿着,亲自送一瓶进老太太,又进一瓶与太太。"②从"巴巴地""亲自"这些行为,借助"新鲜花""对瓶"这几样物,将宝玉孝的真诚体现得淋漓尽致,"花"和"瓶"就是"孝"的载体,宝玉送物的时候体现的是孝的行为与内涵,贾母和王夫人收到礼物就是孝的接收,这是一种自下而上的孝的教化,以物传孝,以孝深情。

以器传悲是传递"孝道"观念的另外一种表现。传统孝道要求人们慎终追

---

① 干洁.《红楼梦》中器物的礼仪美学研究[D].广州:暨南大学,2017.
② 费彩琴.论《红楼梦》中的真性情之孝[J].考试周刊,2012(79):12.

远。中国古代对葬礼有一套严格的礼制规定,其中,部分礼制如今也一直在使用。《红楼梦》第十三回中描写秦可卿的葬礼时,以葬礼之中的器物体现古人"事死如事生"的概念:"帮底皆厚八寸,纹若槟榔,味若檀麝,以手扣之,叮铛如金玉。"①用贵重的棺木收敛死者,这是对逝者尊敬的体现,也是生者对逝者的孝敬。

此外,古人的祭祀行为也是遵行孝道的体现。按照礼制,每家都有祭祀祖先的场所,《礼记·王制》所称:"天子七庙,三昭三穆,与太祖之庙而七。诸侯五庙,二昭二穆,与太祖之庙而五。大夫三庙,一昭一穆,与太祖之庙而三。士一庙。庶人祭于寝。"在《红楼梦》第五十三回中,宁国府祭拜宗祠的时候,有这样的描写:"只见贾府人分昭穆排班立定:贾敬主祭,贾赦陪祭,贾珍献爵,贾琏贾琮献帛,宝玉捧香,贾菖贾菱展拜垫,守焚池。青衣乐奏,三献爵,拜兴毕,焚帛奠酒。"②可以看到在祭祖之时,不同身份地位的人进献的器物与进献的方式都不一样,这既是器物对于身份等级制度之礼的教化,又能进一步深化家庭孝道,使家庭获得更强的凝聚力。

总而言之,无论是以器传喜,还是以器传悲,器物都是传递孝道观念的载体。

3."文质彬彬"的修身理念

"文质彬彬"一语出自《论语·雍也》:"质胜文则野,文胜质则史。文质彬彬,然后君子。"人们常用"文质彬彬"来衡量一个人。如果他的品质胜过他的文采,则会显得粗野;如果一个人的文采胜过他的品质,则会显得浮华;只有当他的品质和文采相结合时,才能够称为真正的君子。儒家的这句话,是为了告诫后人:做人,既要有"文"(外在美),也要有"质"(内在美)。同样,这句话也可以用来形容一件器物。

用"文质彬彬"来衡量一件器物之时,是指器物精致的外观与厚重的质地,即器物外在的色彩美、形式美与内在神韵的统一。借用语言学中的隐喻观点来说,从人过渡到物,它们之间是存在着共同的隐喻系统的。

《红楼梦》中存在着大量与人的衣食住行相关的器物,比如服饰、茶具、建筑物、文人雅物等等,这些都是被赋予了社会意识形态和人的思想理念的物体,人

---

① 曹雪芹,无名氏.红楼梦[M].北京:华文出版社,2019:120.
② 曹雪芹,无名氏.红楼梦[M].北京:华文出版社,2019:540.

与物之间构成了一种亲和同构关系。当器物走进人的思想观念的时候,器物可以潜移默化地影响人的行为,根据对前面"等级有序"和"孝"与器物之间关系的梳理与分析可知,《红楼梦》中的器物被赋予了"礼"的特性,由此规范、约束人们的日常行为。就拿李纨这一人物形象来说,李纨与王熙凤虽然都是少奶奶,但是二人的服饰差异相当之大,书中对于李纨服饰的描写非常少:"只见众姊妹都在那边,都是一色大红猩猩毡与羽毛缎斗篷,独李纨穿一件青哆罗呢对襟褂子,薛宝钗穿一件莲青斗纹锦上添花洋线番羓丝的鹤氅;邢岫烟仍是家常旧衣,并无避雪之衣。"①从这里,我们就能看出她的着装是"克己复礼"行为的体现,素雅的服饰也在不断地将克己复礼的含义深化,从她本人开始,传递给贾府的众人这样一种观念:寡妇就应当如此。因而,以她自己为首,就不断地深化"礼",而他人在日积月累与其相处的过程中通过其着装、行为等等深化"礼"并且不自觉地作用在自己身上。这是文(素雅的外观)与质(克己复礼的教化本质)的深层结合。再比如贾宝玉其人,他出生便携带一块通灵宝玉,因而取名宝玉,无论是通灵宝玉还是宝玉之名,都是文(也可以称作名),而宝玉品性单纯,同样也是质(即实)的体现。宝钗、黛玉之名也是如此。

当器物与人之间的关系密不可分的时候,它不再仅仅作为人的日常生活的一部分,更会影响到人的思想观念,走进人的话语世界,成为人的言语组成部分。这体现的是人与器物的亲和同构。这种亲和同构是由器物与自然的同源共存演变而来的。当器物与人、器物与自然、人与自然通过器物联结在一起的时候,我们所期待的是人与自然和睦友好相处的状态。这种和睦友好相处状态的表现之一则是中国古代社会赋予器物的礼制规约和礼仪范式,如前文阐述的器物所传递的"以孝为先"的孝道理念和"等级有序"的人伦观念。当这种孝道理念或者人伦观念折射在人的身上的时候,体现出来的就是一种"文质彬彬"的修身理念。②

---

① 曹雪芹,无名氏.红楼梦[M].北京:华文出版社,2019:490.
② 干洁.《红楼梦》中器物的礼仪美学研究[D].广州:暨南大学,2017.

第五章　中国传统器物德育教育体系的现代性转化与发挥

　　随着近现代以来经济贸易全球化的趋势,国与国之间的贸易往来与文化交流也日益频繁。文化是一个国家区别于其他国家的重要标志,因而近年来文化强国、文化自信、社会主义文化建设、传统文化的复兴等与文化相关的字眼不断被提及。器物作为物质文化与精神文化的双重载体,不但在历史中扮演了传统文化载体的重要角色,而且对于当今中国的文化强国建设,提升国民文化自信有着不可或缺的重要作用。然而今时不同往日,进入近现代以后,由于工业文明的冲击和西方国家器物的涌入,中国传统器物已经风光不再,逐渐湮没在历史的洪流中。中央美术学院学者熊嬿在其设计制度研究中谈道:"中国传统器物教化体系的转折点是清朝末期,随着当时礼仪禁忌和海关制度的放宽,西洋之器更显主动。直到光绪年间频频清点洋军侵犯圆明园的残留之物,便宣告了中国古代器物体系的终结。由于西洋技艺与器物的输入,传统器物的教化体系也逐渐变得不再显著。"①这从事实上说明了中国古代器物教化体系走向没落的趋势和现实。然而造物的发展与民族的精神文化的发展一直是并行共进的,传统器物及其包含的文化特征与教化内涵可以随着时代的发展而不断被丰富。因此,为了达到文化育人的教育本质以及实现文化强国的终极目标,传统器物教化内涵与人文价值亟须我们不断进行挖掘并进行现代性的转化,在建设社会主义现代化强国的进程中更加深入且持续地发挥传统器物的德育教育教化作用。

---

① 熊嬿.器以藏礼:中国设计制度研究[D].北京:中央美术学院,2007.

第一节 中国传统器物德育教育体系的范式转变

一、德育教育价值转变:从封建礼乐价值向中国特色社会主义核心价值观的转变

(一)对基于封建等级制度的礼乐价值的维护

"器以藏礼,礼以行义,义以生利,利以平民,政之大节也。"①器物是治理者们用以治国安邦,传递礼乐价值的物质载体,传统器物作为一种符号化的文化象征物,始终作为礼乐制度的重要组成部分而存在。因此中国传统器物本身就是古代圣人的载道、藏礼之物,有着礼乐之象征的功用。可见,器物本身以及器物体系不仅能够承载礼乐文化,彰显礼乐的法度规范,还能够传递礼乐价值,潜在地调节社会关系,使中国古代的社会差序格局始终维持在一种相对稳定的状态。"器物的伦理化是器物使用价值向社会价值的进化,是'礼'从文本向形态的转化。"②囿于古代文化传播手段的限制,统治者亟须一种能够代表社会制度体系的价值载体。器物作为一种能够广泛传播的物质存在,便成了当时最为合适的地位象征载体和政治教化工具。

"中华文明以礼乐文明独显,礼以等序,乐以和谐。礼是由礼义、礼仪和礼器,即观念、行为和物质符号构成的三位一体的话语体系,观念与行为往往依赖物化的礼器得以彰显。"③在封建社会中,器物的越级使用是不被允许的,不同地位的人只能拥有和使用与自身地位相一致的器物。"'藏礼于器'具有显示使用者身份、等级、地位和权力等社会政治属性,同时表现了华夏设计传播中器物教化手段的多样化和生活化。"④为了体现君王的独尊地位,官员大臣们所使用的日常器物的规格、样式、颜色等是异于且低于君王的,否则就是一种"僭越"。因此在造物阶段,器物的造型、纹饰、色彩、材质等必须符合礼的规范,以区分社会地位的高低、政治身份的贵贱和人伦地位的尊卑,进而逐渐在人们心中培养

---

① 杨伯峻.春秋左传注[M].北京:中华书局,2009:788.

② 王琴.中国器物:传统伦理及礼制的投影[J].艺术百家,2007(5):146-148,151.

③ 唐启翠,张玉.制器尚象与器以藏礼:"立象"传统与物证效力[J].社会科学家,2015,30(10):142-146.

④ 李正柏,邵培仁."藏礼于器":华夏设计传播的路径[J].当代传播,2022(2):21-24.

以礼乐制度为基础的人伦等差秩序感,使人们自觉地按照礼的价值规定做人行事。从具体的器物来说,不同规制的鼎、不同颜色和花纹的官服以及不同材质和大小的官印等,均象征了不同层级的政治位阶。拿器物规格和形制与政治身份的匹配为例,九鼎代表最高级别,君王专用,六鼎则专为诸侯所用,三鼎为士大夫所用。官员的服装依据色彩和纹饰的不同有高低的区别,朝代不同颜色所代表的阶级也有所不同,如黄袍是皇帝专属,有五爪龙纹样的服装也只能穿在地位至高无上的皇帝身上,其他人穿便有谋权篡位之嫌。在官印的使用方面,皇帝的圣旨和诏书上使用玉玺,而其他官员进行文书下达时只能使用普通的章或印。如此等等,不胜枚举。因此可以说,通过对器物与政治身份的绑定,古代封建社会构建出了一套等级森严的器物秩序,以对应以礼乐制度为基础的金字塔式的官场政治格局。通过器物本身这一形而下的物质载体将抽象的礼制规范呈现出来,器物体系便成了礼制体系的外化,人们在认识器物并与器物进行互动的同时,便从不自觉地体悟到自觉地接受其中所蕴含的礼的价值取向。这样一来,礼乐的价值和礼乐的规范便能够不断对人的思想和行为进行干预和规范,使人的内部观念和外部表现都能合乎礼乐的价值需求。

"古代的器,尤其是礼器是被置于宇宙及人类社会秩序即'礼'的框架中来思考的,具有和邦国、谐万民、安宾客、说远人的功能,其造型、名称、规格尺寸、装饰与使用方式取决于其社会政治效用,二者是融合一体的,具有远超乎物质实用价值的社会意义和文化内涵,具有象征性和符号化的特征。"[1]春秋末年,周王室逐渐衰落,礼崩乐坏,诸侯纷争,社会局势不稳,动摇了传统价值的神圣性与对周礼的信仰。而礼器作为礼制的物质外化,其设计制作也产生了诸多变化。孔子作为儒学开创者,主要活动在周礼制度保存得比较完整的鲁国,他一生学习周礼,传播周礼,以恢复周礼作为自己的志向。在他对周礼与社会治理的思考中,发展出儒家的哲学思想体系。春秋末年礼崩乐坏、名实不符的状况十分普遍,这令孔子十分愤慨,他认为周礼的存在已经是名存实亡,反映在礼器规制的变化上,就是"觚"之名与"觚"之实的不相符,因此他慨叹道:"觚不觚,觚哉!觚哉!"[2]觚是商朝的一种饮酒器,有四条棱角;同时觚也是一种容量单

① 王子怡.从"觚"到"觚不觚"看中国古代道器设计思想及其当代意义[J].艺术百家,2006(6):54-57.
② 杨伯峻.论语译注[M].北京:中华书局,2009:61.

位,即二升。而到了战国时期,觚已由二升的容量增至三升,而且形制也产生了变化,变为了一种圆形的酒器。无论在形制还是容量规定方面,觚都不再符合周礼的制作规范,却依然叫作觚。这种现象往小了说只是一件具体器物的变化,往大了说却是礼制的沦落。其造型设计的失范成为社会秩序失范的一个象征性反映,潜藏着社会结构秩序的不稳定性和风险性危机。觚的造型变化只是表面的显性的现象,而孔子则见微知著,从中看到了更为深层的隐性逻辑。"当孔子看到这样所谓的'觚'时发出的慨叹,实际上是对于觚这一器物造型的变化所反映出由轻改古制而导致的'礼崩乐坏'、'为政不得其道'的失控的社会状况的叹息和反思。"①因此可以说,从器物造型特征的微妙变化便能够透显出当时的社会制度的现实状况和社会价值取向的变化,这也体现了中国传统器物设计中的伦理化倾向。

图 5-1　黄觚　　　　　　　　　图 5-2　兽面纹方觚

总而言之,中国传统器物教化体系的直接教化目的就在于以器物本身以及器物中的符号象征使用者的身份地位,以表明上下尊卑的关系,从而有意识地

---

① 王子怡.从"觚"到"觚不觚"看中国古代道器设计思想及其当代意义[J].艺术百家,2006(6):54-57.

在人们心中创造一种等差秩序感。器以藏礼，即通过器物本身的规制、所承载的元素及其内涵的差异，引导人们的行为合乎礼的规范，进而调节人与人之间的关系，以维持社会整体处于一定的稳态结构当中。"在我国长达几千年的封建社会里，器物不仅规范着个体的行为方式，起着行为导向的作用，而且规范着整个社会秩序。"①从这一意义上说，中国传统器物是一种维护封建统治的工具，它能够作用在社会、家庭的日用场域中，潜移默化地培养并规范人们等级意识，规训人们的日常行为，是封建伦理意识的物质外化。中国传统器物体系与中国特色的礼乐制度之间存在着一种同构与模仿关系，这种同构关系是人为安排所致，是中华精神文明在物质文明中的扩展与创造。

（二）对基于大众性文化建设的中国特色社会主义核心价值观的传承

在古代小农经济下，器物教化主要作为封建政治体制的延展部分而存在。器物体系主要为维护封建等级统治以及社会层面的稳定性而存在，这满足了当时特定社会背景下的发展需要。"一种社会形态的文化，自有一种核心的意识形态作为国家和民族的共同价值取向，封建社会的意识形态，是以等级为核心，以伦理为本位，使生活方式、等级序列和伦理道德三位一体化，这种文化体系和社会制度，使生活方式超越生活领域进入政教范畴。"②结合以上关于传统器物教化的相关论述可以看出，器物教化并非是针对个体人的道德意识的启发和教育，中国古代封建社会的传统器物教化的价值最终是导向政治，服务于统治阶级的，即有利于社会总体价值秩序的建构。"传统性教化是一种规范，是将某种思想或意识形态强行灌输给人们，是统治阶级治理国家的一种政治工具，体现的是强制统一化的价值追求。"③中国传统教化的本质即是如此，传统社会中的器物教化当然也不例外。然而当代中国社会的形态已经发生了变化，随着现代社会生产力和文化创新力的发展，愈来愈多的器物不断涌现在人们生活中，其所承载的精神文化范式也需随时代和社会发展的要求进行一定的转化。当前，为建构中国特色社会主义文化范式与主流价值观，当代器物教化的价值也需要

---

① 王方良.产品设计的行为导向模式研究[J].华中农业大学学报（社会科学版），2006（4）：82－85.

② 刘志琴.重建百姓日用之学[J].历史教学（下半月刊），2017，763（3）：12－17.

③ 王晴.从"教化"到"培育"：中国重教传统的演变及当代困境[D].上海：华东师范大学，2011.

进行创造性的转化。因此,"需要有意识地建立基本的价值共识,使人们在追求自主、理性和自由发展的同时能够基于共同的价值依托"①。而对于器物教化的价值传递来说,应以基于大众性文化建设的社会主义核心价值观为首要内容。

新时代的器物教化价值要转向中国特色社会主义核心价值观的凝聚和传递。教化具有其潜移默化进行价值传递的特殊性,能够依据具体的价值需要进行构建。"我们需要充分肯定的是,通过道德教化,可以帮助时代新人不断继承和发扬经过几千年的时间洗礼和实践检验的优良道德价值,剔除旧时代留下的阶级烙印,保持与新时代要求相吻合的传统道德价值,以期内化为个人的道德意识,外化为个人的道德实践。在新时代,集中体现为传承社会主义核心价值观。"②因此,传统器物教化的价值传递也应以传承社会主义核心价值观为前进方向和主要内容,结合时代性与民族性,不断挖掘当前器物中的价值教化因子,为当代的精神文明建设和文化建设打下教化的基础。"对于一种特定的文化模式来说,其最核心也是最高的文化构成'要件'就是这种文化的核心价值观,因为核心价值观为其所在的文化模式赋予了灵魂。"③进入新时代,中国特色社会主义核心价值观能够代表最广大人民的根本利益,反映最广大人民的价值诉求,是来自人民群众又作用于人民群众的价值观,能够维系社会的有序发展,是推动观念思想与道德文化始终保持民族性、大众性和先进性的价值观。"社会主义核心价值观既不同于'礼、义、仁、智、信'这样一种建立在封建生产关系和以皇权政治为主要形式的社会基础之上的核心价值观,也不同于以'民主、自由、平等、博爱'为核心的资本主义核心价值观。"④社会主义核心价值观是统一性与独特性并存的多元文化的最小公约数,这是"核心"二字的含义。同时,社会主义核心价值观的本源意义也能够统摄大众化的含义,因为核心价值观是占主导地位的并得到全体社会成员共同认可的价值观。从器物教化传播核心价

---

① 王晴.从"教化"到"培育":中国重教传统的演变及当代困境[D].上海:华东师范大学,2011.

② 范松仁,任静伟.道德教化对时代新人培育的价值及其路径研究[J].探索,2019(5):149-157.

③ 刘婧.中国古代教化思想现代价值转换研究[D].长春:东北师范大学,2020.

④ 刘辉.传播学视域下社会主义核心价值观大众化探析[J].中共郑州市委党校学报,2015,136(4):15-18.

值观的实际发生层面上讲,核心价值观的渗透要"飞入寻常百姓家",要在基于对大众文化心理把握的基础上,将社会主义核心价值观融入其中。因此器物在满足现代人日常生活需要的同时,在价值观的传递方面,也要适时、适度地将核心价值观的内容恰当地寓于其中。从根本上来说,形而上的价值观念与形而下的器物始终是不可分离的,在器物教化中尤其如此。"社会主义核心价值观既是理论的抽象,也是贴近现实的社会生活表征,因而社会主义核心价值观的普及和推广必须使理论生活化和大众化,这是社会主义核心价值观能否扎根群众、能否接地气的关键所在。"①所以说,价值观念的传递不能浮于表面,最终目的是将其在日常生活的场域中展开,切实在人民生活中发挥其价值导向的作用。

习近平总书记明确指出:"一个民族、一个人能不能把握自己,很大程度上取决于道德价值。如果我们的人民不能坚持在我国大地上形成和发展起来的道德价值,而不加区分、盲目地成为西方道德价值的应声虫,那就真正要提出我们的国家和民族会不会失去自己的精神独立性的问题了。如果没有自己的精神独立性,那政治、思想、文化、制度等方面的独立性就会被釜底抽薪。"②因此,应将中国特色的道德价值的凝聚和传递作为当代器物教化的首要内容,同时这也是传统器物教化现代性转化的根本方向。在这一部分,我们有必要对器物教化所具有的中国特色进行进一步的阐释。"中国特色在时间维度上应该是个开放的、不断发展的体系,其中包含尚待提炼的'传统',也包括正在生成的'现在',以及尚待探索的'未来'。"③因此,当代器物教化的价值指向的主要内容是社会主义核心价值观,而在价值传递的方向上,器物教化则是中国特色社会主义核心价值观逐渐下沉的一个探针和民族文化的精神堡垒。也就是说,器物教化的价值目标要始终保持活力和先进性,在回望过去深思传统的基础上,立足中国文化发展之现实,结合当今中国文化教育发展趋势和特点,面向更加符合时代与历史发展的价值方向不断前进,因此新时代中国特色的器物教化体系应

---

① 陈文斌,格日勒图.社会主义核心价值观构建的逻辑起点与逻辑终点:从理论凝练到大众化传播[J].东北师大学报(哲学社会科学版),2018(5):51-57.

② 中共中央文献研究室.习近平关于社会主义文化建设论述摘编[M].北京:中央文献出版社,2017:139.

③ 巫濛.现代大众产品设计的中国特色研究:以生活方式的视角[D].北京:清华大学,2008.

该是一个能够为群众所接受,具有文化特殊性、内容多元性、审美高尚性、动态发展性的"新新"体系。唯有如此,才能够在满足人们日益增长的精神文化需求的同时,将顶层的价值设计与基层的文化建设统筹协调一致,将中国特色社会主义的根本价值理念下沉到百姓日用生活的场域,使得社会主义核心价值观深入人心,深入到民族的文化潜意识层面,使社会大众对社会主义核心价值观在心理上产生认同,在观念上融合并进,使本民族文化更加丰富并保持不断的新生活力,让中国在文化自信的道路上越走越好、越走越远。

二、德育教育目的转变:从培养有德之"君子"到培育全面发展的时代新人

(一)培养伦理秩序下有道德自觉的君子

在德育教育目的方面,从社会总体层面上讲,传统器物教化体系的显性目的在于为德治政治的伦理秩序提供器物的合法性支撑;从较为微观的个人层面上讲,则是为了培养社会伦理秩序下有一定道德修养的"君子"。"'礼'曾是中国人生活最深刻的范式,在'礼'的规定下,物的体系得以形成,造物之人各尽其职、所造之物各就其位。"①在基于"礼"的范式规定下,器物的体系也纳入其中。也就是说,中国古代社会的基本等级架构不仅体现在礼仪制度的明文规定上,还体现在传统器物体系的设计规制上,从器物分工制作到器物分级使用,无不体现着一种有等差的伦理价值秩序。如前文所述,中国古代封建社会阶级之间的差异十分明显,不同等级序列中的人必须使用与其身份相符的器物。《荀子·君道》对器物所承载的伦理等差秩序也有所记载:"修冠弁衣裳、黼黻文章、雕琢刻镂,皆有等差,是所以藩饰之也。……若夫重色而成文章,重味而成珍备,是所衍也。圣王财衍,以明辨异,上以饰贤良而明贵贱,下以饰长幼而明亲疏。"②如此可见,在社会人伦和公共人事等方面,有诸如"各安其位""各司其职"等名实相副的规划与要求,表现在中国传统器物体系的设定上,就产生了与等差秩序所规定的身份地位对应的"人—物"相连相符的位阶关系,作为明贵贱亲疏、维护社会秩序的标准。

以上是就社会整体层面而言,而社会终究是由众多不同的人组成的,器物面对的原始对象始终是人,难免会对其产生文化精神层面上的影响。因此器物教化对象,首先是落在人身上,从始至终面对器物本身及其所承载的精神观念

---

① 熊嬛.器以藏礼:中国设计制度研究[D].北京:中央美术学院,2007.
② 王先谦.荀子集解[M].北京:中华书局,1988:281.

的依旧是人。北宋李公麟所著《考古图》序言部分所言极是："圣人制器尚象,载道垂戒,寓不传之妙于器用之间,以遗后人,使宏识之士,即器以求象,即象以求意,心悟目击,命物之旨,晓礼乐法,而不说之秘,朝夕鉴观,罔有逸德,此唐虞画衣冠以为记,而能使民不犯于有司,岂徒眩美贪玩,为悦目之具哉。"①圣人按照"制器尚象""器以载道"的原则造物,将物象与道义集于器身,就完成了造物的"编码"程序;而当"宏识之士",即有一定修养和学识的"君子"将器物"解码"后,便"心悟目击"到器物所要传达的信息,进而逐渐将礼乐的价值内化于心,从心理的深层对器物及其价值产生认同,这样一来,便能够时刻借由器物反观自身,使内心之道德价值不至于遗失,即孟子所说"求放心"也。长此以往,器物所传递的礼乐价值便内化为君子之德。当君子"目击"到器物时,他也在器物中看到了自己,因此可以说,此时人与器物的关系已经不再是两个客体的原始对峙关系,而是人基于对器物的理智直观,在与物进行长期互动的实践体悟后,经过自觉反思产生心理认同的"合一"关系。当人与物"合一"时,器物的教化目的就达到了。在封建社会,运用器物进行教化的目的就是培养儒家价值理想中认同礼乐价值、有精神道德追求、文质彬彬的君子。因此就个人层面而言,器物教化会对人的心理精神层面造成影响,有着从更深、更远的层面塑造其"君子"性人格的作用,这是器物教化在人格教化上的体现。"在中国古代社会,不利于人的长远发展或违背'礼'的器物是不被提倡的。"②同样,在中国古代造物观方面,也能够体现通过器物进行传统社会下人格教化的目的。

"墨子认为造物设计不仅要围绕人的生理模型来进行,更要考虑长远的人格模型的塑造。"③也就是说,器物除了表面的使用价值,即本身的实用价值以外,还有更为深层和长远的人格塑造作用,即对人进行品性教化的附加价值。因此,从更为普遍和深层的意义上说,器物教化同时也是人格教化的组成部分。在与日用器物的互动中,人们心中普遍的价值秩序感逐渐被营造起来。因此,中国传统器物也通过或显性或隐性、或直接或间接的方式对人的外部行为和内在精神品格进行约束和塑造,古代的读书人也在器物的熏陶下被逐步培养为适应社会道德规范要求的社会人格,即以封建社会的伦理道德为评价标准的君

---

① 郭廉夫,毛延亨.中国设计理论辑要[M].南京:江苏美术出版社,2008:90.

② 王雅萌.人文的"物律":器物对人的塑造性影响[D].北京:中国艺术研究院,2019.

③ 邱春林.设计与文化[M].重庆:重庆大学出版社,2009:15.

子。"在中国古代社会,物律以贯彻、践行礼为出发点,并以系统规划的方式寓社会化人格的精神品质于各类社会生活所用器物之中,润物无声地影响和教化着使用者。"①因此可以说,中国古代社会就是通过器物教化体系的构建和完善,在形而下层面辅助实现了基于差序与和谐并存的社会关系规划以及社会治理的日用渗透,进而完成了礼义法度在社会层面和个人君子德行品质构建的形而上层面的价值传递。

器物一旦形成并与人发生关系,便产生了一定的教化作用。由于器物具有物质属性和精神属性的双重属性,因此器物教化的过程既可以是具象的,又可以是抽象的,抑或两者兼备。所谓"形而上者谓之道,形而下者谓之器",在器物中,道、器、形被统一起来。君子人格构建层面的教化的发生机制或者"人—物"的互动机制就是:君子顾其名、视其形而思其义,用其器而合于礼。② 也就是说,当某器物出现在一个能够"反身而观"的、有自觉能力的"君子"面前时,君子作为主体,能够动用自己的认知,通过思考器物的名称,了解器物名称背后隐含的"实在";还能够动用自身感官,观察器物的形状、颜色等显性因素,了解器物形制所代表的深层含义;进而在使用器物、"与物相刃相靡"时,自觉遵照器物背后隐含的规则和要求,做出符合当下社会之礼的行为。如《中庸》中的为学之道,即慎思、明辨、笃行。首先是慎思,仔细慎重地思考器物的无形之"名"。其次是明辨,明确辨别器物形制背后所传达的含义,进而对器物所传递的价值和道理产生一定的认知。慎思更侧重抽象概念层面的理解,而明辨是基于对器物具体的、形而下的把握的基础上进行抽象,是一种直观后的体悟。最后是笃行,即在参透器物所传达信息的基础之上,切实地将所悟之道彻底发挥,在精神观念层面坚定追求,在道德实践方面身体力行。正如前文所说,"即器以求象、即象以求意"之宏识之士,通过"心悟目击命物之旨",而"晓礼乐法而不说之秘",逐渐在日常生活的场域中思考玩味器物之名,把玩鉴赏器物之形,不断加强对礼乐根本价值的认同意识,同时不使自身宝贵的德行遗失。这便是器物教化的直接目的。

从表面上说,器物教化是从器到人的单向教化过程,但对于一个有自觉反

---

① 王雅萌. 人文的"物律":器物对人的塑造性影响[D]. 北京:中国艺术研究院,2019.

② 王子怡. 从"觚"到"觚不觚"看中国古代道器设计思想及其当代意义[J]. 艺术百家,2006(6):54 – 57.

省能力的君子来说,器物于他而言是作为一种人格精神的象征物而存在的,因此不能排除器物对人格的深层塑造能力,但这一能力不是凭借器物本身而实现的,其实现更在于作为使用和欣赏器物的人。"假如一个人了解精神与人格之实在,而且真把他们视作如山河大地之实在,他将视一切物质都不过一精神象征符号,都是一精神与精神相通的媒介。……整个的物质界都是精神用以表示他自己之工具。"①当代新儒家学者唐君毅在其书信集《致廷光书》中如是说。以器物为参照系,为培养自身人格精神的镜子,从物中反观到君子人格精神的实在与不虚,是一种集感性欣赏与理性抽象为一体的高级审美与反思性的体验活动。古代众多以成圣、成贤为人生志向的君子们,从器物中反观自身,颐养自身浩然之气,进而完善品格修养,提升人生精神境界。修身、齐家、治国、平天下,君子在器物的教化与熏陶中逐渐能够自反自觉,进而推己及人,逐渐充实自己的精神生命,不断实现自身存在价值。我们知道,社会归根结底是由众多不同的人组成的,通过器物对人的提醒、启发、引导和警示,使有志向、有学识的人都尽可能地完善自身内外发展,在外部形成利于社会发展的道德修养和精神品格,在内部调节以人伦和谐为旨趣的身心协调关系,在器物的目视、神遇以及使用的场域中,潜移默化地形成并内化为人的伦理道德意识,进而经过历史与时间的沉淀,逐渐转向民族文化的潜意识层面。因此从根本上说,传统器物在塑造伦理性人格的同时,也有利于维护社会治理的秩序与稳定,以延续本民族独特文化的历史传承。

(二)培育"德智体美劳"全面发展的时代新人

从教化的目的上看,封建社会中教化的目的是培养适合当时社会政治体制的"社会中的人",从根本上来说依旧是服务于社会整体的。"我国封建社会的教育在根本上是一种社会本位主义的教育形态,教育的工具性价值高于其本体性价值,对社会的普遍性要求的强调大于对个体的成长需求的尊重。"②然而目前,我们的国家形态和社会形态已经发生了翻天覆地的变化,古代封建器物教化的目的显然已经不适合当代社会的发展方向,同样也不会是现代人民的心之所向。因此,当代中国特色社会主义社会的德育目标显然不同于古代封建器物

---

① 唐君毅. 唐君毅全集:第 30 卷[M]. 北京:九州出版社,2016:60.

② 王晴. 从"教化"到"培育":中国重教传统的演变及当代困境[D]. 上海:华东师范大学,2011.

教化的目标。

从传统教化的本质上看,"这种传统的'教化'实质上是将外在的要求内化为个体内在的道德律的过程,个体对于自身道德律的遵守实质上也是遵循外部的社会统一的要求。"①因此从本质上讲,传统器物教化的逻辑是由外而内的,并没有经过主体的价值考虑,跳过了主体对道德进行深度思考和价值反思的升华阶段。"对于统治阶级来说,教化的关键在于重建个体的精神世界,引导个体以特定的意识形态来规范自己的思想和行为。所以,传统社会中人的道德行为,表面上看似乎出自个体的自主判断,是自律式道德的反映,但实际上却是受制于社会的统一的礼制规范,根本上是一种他律式道德的体现。"②其在传统社会体制中所发挥的历史作用毋庸置疑,但从中国特色社会主义新时代的人文建设与文明发展的要求出发,还远远不够。可以试想,如果封建社会中统一的"道德律"消失了,其人民还能否凭借自己内心的"道德律"行事?答案基本是否定的。因为在封建社会"人治""德治"的现实基础上,基于社会整体利益的教化目的下,个体的道德律在根本上是社会普遍伦理要求的反映,是一种自上而下的"强制",抑或说是上行下效的"不自觉"。因此个体能否真正地自主进行道德判断是可被质疑的,基于主体自觉思维的自反和道德思考能力也处于发展不足的前反思状态。

"教化论主张一种大道德观,不把道德问题只限制在遵守规范、追求成功和对现存道德观念体系的论证等上,而是把道德问题看作是整体精神的塑造、培养、陶冶、教化过程及其结果。"③显而易见的是,传统器物教化体系已经不适应新时代的人格教化和育人目标。现代育人之根本目的在于启发其精神,而非以独断的、压制的手段,使人的精神和行为无法自主决定,道德情感无法自发,这样的教化是背离教化初衷的,更谈不上人的全面的发展。"古代教化的目标也是培养人、发展人,但所要教化而成的人不是作为现代主体意义上的人的自由全面发展,而往往是使人符合礼乐纲常、符合传统伦理秩序以及社会发展需要,

---

① 王晴.从"教化"到"培育":中国重教传统的演变及当代困境[D].上海:华东师范大学,2011.

② 王晴.从"教化"到"培育":中国重教传统的演变及当代困境[D].上海:华东师范大学,2011.

③ 沈小勇.文化塑造视域下中华传统道德教化的当代重构[J].山东省社会主义学院学报,2020,329(4):70-75.

人自身的发展是在特定历史条件与社会制度下的发展。"①而进入新时代,传统器物应真正面向现代德育的根本目的,传统器物教化的目标也应随着时代发展而进行转换。教化的目标应与传统器物的政治性教化拉开距离,进而转向"人本身的发展",即马克思所说的"现实的个人",在当今社会的语境下,即是培育习总书记所说的"德智体美劳"全面发展的时代新人。"当代中国已经进入中国特色社会主义新时代,文化发展与教化目标是为了夯实社会主义市场经济、民主政治、和谐社会的文化基础,所要培育的人也是中国特色社会主义新时代所需要的'担当民族复兴大任的时代新人',这与古代传统教化目标是根本不同的。"②

　　中国传统器物教化是作为现代性教化的一部分而存在的,"现代性教化则是一种启蒙,是通过肯定个体的自主理性和自由意志而达成某种思想的共享与认可"③。因此,进入中国特色社会主义新时代,应以培养更具自主性的、德行与理性共同发展的现代人为目标,因为只有自主才能真正决定自身命运,为个人的全面发展创造先决的主体条件。"自由的有意识的活动恰恰就是人类的特性。"④人是有自觉能力的动物,人有自觉意识是人自我发展的内在动力。因此新时代中国传统器物教化的根本目的是将人人皆有的内在自觉性唤醒,将人性本有的自觉性进行启蒙。新时代器物教化的根本目的是要消除思想上的依附,让每个人做到真正的自立自强,只有这样才能够从根本上奠定人格主体的基础,为个人的全面发展和国家的蓬勃发展埋下必要的种子。同时,在对中国传统教化思想进行创新转化以促进其现代作用发挥的过程中,人的自由全面发展目标应该与意识形态建设目标相一致、相契合。中国特色社会主义的道德价值是一种有民族独特性、历史渐进性和不可替代性的价值形态,因此当前传统器物教化应该在吸收、融会传统道德的基础上,以培养有道德自觉的、有价值追求的、新时代"德智体美劳"全面发展的时代新人为教化的旨归。其中道德价值的独立性与自发性,应居于培养时代新人的首要地位,即以"德"为个体立身之根

　　① 刘婧.中国古代教化思想现代价值转换研究[D].长春:东北师范大学,2020.
　　② 刘婧.中国古代教化思想现代价值转换研究[D].长春:东北师范大学,2020.
　　③ 王晴.从"教化"到"培育":中国重教传统的演变及当代困境[D].上海:华东师范大学,2011.
　　④ 中共中央马克思恩格斯列宁斯大林著作编译局.马克思恩格斯文集:第1卷[M].北京:人民出版社,2009:162.

本,以"智体美劳"为个体发展之实用。在道德教化方面,这与古代器物教化的道德要求有一定的相似性,但却有本质上的不同。

第二节　中国传统器物德育教育体系现代性转化的实现方式

中国传统器物教化涉及人们生活的各个方面,包含了许多中国独有的审美偏好、造物特征和教化经验。中国传统器物教化体系的水平能够从物质文明和精神文明两方面体现中国文化软实力,对教化体系的现代性转化和新时代的精神文化建设均有重要意义。中国传统器物教化体系经过历史和时代的冲刷与洗礼,有着中国独有的创造思维与教化逻辑,有着丰富的人文与思想基础,业已有了自成体系的教化方法与实践特征,具有十分显著的中国特色与内涵价值。因此,传统器物教化体系是中华民族精神延续不可忽视的重要组成部分,进行中国传统器物教化体系的现代性转化也是实现中华民族伟大复兴不可或缺的一环。而如何将传统器物教化体系与现代教化目标及教化特征进行结合,是进行人伦教育和道德教化的重要课题之一。中国传统器物教化在进行现代性转化过程中需直面现实问题,寻找传统器物教化体系在当代社会的立足之处。进入新时代,当下的社会背景和文化需求已经与旧社会明显不同,这也为中国传统器物教化体系的当代发展提出了新要求。因此,应努力拓展传统器物教化体系的转化思路和实现方式,将现代思想、现代技术、现代生活融入传统器物教化体系的创造生成过程之中,真正看到人民的物质生活和精神生活之需,激发器物教化在广大人民群众生活中的内在动力。对于现当代中国的器物教化而言,既要将中华优秀传统文化进行去粗取精,又要从时代与现实中获取全新的精神素材、文化素材和技术素材。在准确把握中国传统器物教化体系的传承规律与精神内涵的基础之上,通过中国传统器物教化体系的创造性转化和创新性发展,使传统器物教化的当代价值得到充分的实现。

一、于想象中启发向善精神:为器物德育教育的"可能性"留白

《中庸》有云:"天命之谓性,率性之谓道,修道之谓教。"[①]所谓"教"就是指人在认识到自身以及他者共通性的基础之上,直观到更高层面的"道"的存在,

---

① 赵清文.大学　中庸[M].北京:华夏出版社,2017:52.

继而有意识地对人的天赋之性、性中之道进行保护和修养，逐渐在修"道"的进路上不断完善自身之性，知晓自身天命的活动。而"教化"则更加强调"化"的部分，即是通过一定的修养教化方式，将潜在的、未完成的、内在性的自我本性部分超拔为事实的、已实现的、外在的本性的实现过程。"真、善、美是人类文化永恒的价值追求，中国优秀传统文化中蕴含着丰富的体现真、善、美的文化价值元素，中国古代教化思想很大程度上是在使人求真、向善、育美，丰富人的精神世界和道德人格，这在今天的文化发展中仍具有十分重要的意义。"①器物教化属于传统教化的方式之一，它能够将个体生命中隐含的向善的可能性与行善潜力进行启发和引导，最终达到由内而外"皆善"的融会贯通，即由善心到善行的自然生发，同时又能够达到"知行"和谐统一的现实目标。人性中本来具足善性之根底，因此任何来自外部的"教"，如果没有人这一能动性主体的参与，仍然是一种纯粹外在的东西。然而"化"的存在使得主体的能动性得以参与，化是一种温和的、柔性的、过程性的存在，是基于人与器物的互启互证，潜在的善性才得以显现而进入人的意识领域。然而从根本上说，人的本性之善的部分始终是摄收于内而未显发的，如果说能够在现实里直接发现"善"的存在，那么善就成了一种人人可见而简单易得的"现实"了，因此"向善"始终以一种"可能性"的状态存在于人心之中。换句话来说，"善"是以一种超越一般事物的"完满"形态而存在的，而世界上的事物并非是完满的，因此传统器物中的某些积极劝导向善的元素和符号是不能够穷尽"善"的全部内涵的。正如老子所说："天下皆知美之为美也，恶已；皆知善，此其不善已。"②因此中国现代器物教化要更加深入地研究和参透教化的发生机制，以一种思维更加开放、眼界更为开阔的器物教化方式，对人的善念、善性和善行进行保护和启发，给"善"留下一定的想象空间，而非通过某种直观的、独断的"为善形态"抑或一些固化的、二分的"善的概念"，让人们失去对于"善"的想象，抹杀掉人们对善的深入思考和实际向善、为善的无限可能性。

"想象作为一种教化的方法论，在于重新发现超越生活实践并存在于人类心灵之中的道德力量，从而为道德教化确立内在的心灵基础和方法论的依

---

① 刘婧.中国古代教化思想现代价值转换研究[D].长春:东北师范大学,2020.

② 荆门市博物馆.郭店楚墓竹简[M].北京:文物出版社,1998:112.

据。"①因此,器物所承载和表达的形象内容要足够丰富和有内涵,要在具有中国特色文化历史符号性隐喻的基础上,给观赏者和使用者留下充足的想象空间,而不是简单地利用器物的元素特征和承载的形象规定某一种行为即等同于符合道德的形象。"人们思考的总是那些直接的感官知觉中没有的或从直接的感官知觉中抽出的东西。所思的总是一个再现,即实际上不存在而只能呈现给心灵的事物或人,心灵通过想象能够使它以形象的形式呈现。"②器物承载的元素符号需要有能够将绝大多数人拉入道德想象的境域之中的能力,在想象与联想当中,使用者和观赏者能够回忆起自身行善或者他人行善的道德经验,进而在人们心中产生具象的而非抽象的、生活世界之中而非生活世界之外的"善"的概念。这样器物才能够以一种生动活泼、贴近现实和生活又充满意趣的形式对人们产生实际的教化作用。不仅如此,在直观器物丰富德行特质与德行内容的同时,人们可以不拘泥于某一固定现实场景的善行,通过联想与想象,不断丰富心中的道德领域,以一种超然物外的新视角将"善"的总体概念进行把握,同时可以类比出相似相通的现实场景,将其统一于"善"的范畴下。解决一个道德问题,往往不止一种方式,而是有多种可能性。道德想象力的作用首先是对多种可能性的发现。如果没有多种可能性的发现,也就没有了道德选择,我们的道德自由也就更谈不上了。"道德想象力的特性在于其虽然来自现实,但又不受现实束缚,可以跳脱现实去'预见'新的可能性。"③正因人们有丰富的想象力和场景的再现与模拟能力,道德的心性才能够被全然地打开,个体的道德主体性和为善的独立性才能够真正挺立起来,中国器物教化体系的现代人文与教化价值才能够保持永恒不断的生机与活力。

"传统教化强调道德生活的基础性,排斥顶层价值的探索和思考,甚至希望把道德教化局限于行为规范之中,因为这恰好符合传统权威主义对道德生活的要求。如果改变教化的伦理方向,就可能激发人的道德想象力,进而挑战道德权威的神圣性。这是因为,道德的顶层价值更需要借助于人的独立思考才能获得,而这一点恰恰是权威主义所不愿看到的。因此,传统教化观更愿意选择把

---

① 薛晓阳. 道德想象:一种新的德育方法论[J]. 高等教育研究,2007(7):25-30.

② 阿伦特. 反抗"平庸之恶":《责任与判断》中文修订版[M]. 陈联营,译. 上海:上海人民出版社,2014:134-135.

③ 高德胜. 道德想象力与道德教育[J]. 教育研究,2019,40(1):9-20.

底层价值作为起点和目标,因为这种选择可以帮助他们阻断人的道德想象,减少对道德权威进行挑战的可能性。从这一点来说,想象作为一种教化哲学的意义是深刻的,它表明一种新的教化观的诞生,表明我们已经开始拒绝道德权威对人的束缚和控制。"①而对于传统器物教化体系的发展进路和发生逻辑来说,只有打开传统器物教化的道德叙述范围,尽可能将道德的主体转向人,给人的自我教育能力以充分的信任,扩展人们道德想象力的尺度与范围,才能够将道德的顶层价值真正地从人们的心中自然生发,这才是当今社会教化的根本意义。想象使我们拥有一种从现实事物中超拔出来的能力,这种超越性的视角使我们从潜在性和可能性的视角来观照事物,而不是执迷于狭隘的现实性。经由想象的道路,器物教化的不同面向和可能性,在人们的想象和主动求索下会被拓展开来,器物教化的无限"可能性"得以留下,人性中"善"的"可能性"被极大地丰富,人们的向善精神也经由器物的提醒得以获得启发和进一步的完善。

二、于体验中激发道德意识:将互动性教化融入现代公共景观

器物教化需要深入人们的日常生活和社会交往中,才能够真正发挥教化的作用。因此,对传统器物教化体系进行现代性转化的研究,并非一种纯理念上的构建,而是要通过将器物教化的发生场域与民众的现代生活和当今社会建设进行一定程度上的结合,让器物教化的"日常之域"真实可见。也就是说,器物教化的实际作用域存在于人们每天所见、所遇的实际日常和人际社会交往的过程之中。因此构建传统器物教化的公共场域,在百姓生活中萌发出道德意识进而培养一种道德习惯,也是中国传统器物教化体系进行转化的题中之义。器物教化的公共场域的涉及面可以很广,大到建筑园林、城市公园、社区广场的景观设计和布局结构,小到公共厕所、公交车的设施和器具等,都属于能够对广大人民产生器物教化作用的公共场域。

"教化情境创设是个体道德主体性觉醒的滥觞。"②在公共场域中进行互动式的教化有两大好处:一是在公共场域中使用寓情于景的方式,将所要传播的价值理念与周围的景观环境相结合,使教化更加生动活泼,贴近生活,更易被人们所体验和接受;二是使教化更为直接可感,这是因为情景体验式的互动型教

① 薛晓阳.道德想象:一种新的德育方法论[J].高等教育研究,2007(7):25-30.

② 崔振成,李志前.道德主体性与伦理他者性的融合:儒家伦理思想的德育价值转化[J].河南师范大学学报(哲学社会科学版),2023,50(1):151-156.

图 5 - 3　山东潍坊青州南阳河法治主题互动性景观一隅

化更能够在人们日常生活情景中进行切身的道德实践,更有利于在体验中萌发人们的道德意识。传统公共教化景观的传播以静态展示的单向教化为主,多表现为宣传或象征的形式,而这两种景观教化形式都在不同方面有所欠缺。如果只是以单向宣传的形式进行景观教化,会使得教化过于单调和表面,失去创新力和精神力。人们会在这种单纯模仿下的千篇一律的教化景观和道德说教下变得逐渐麻木,达不到真正的道德启蒙目的。"过犹不及。"孔子如是说。因此在进行器物教化时,要把握一个度的问题,过于直白的宣教会使人习惯而不去进行深入思考,这也违背了教化的初衷。而相对于宣传式的教化景观、象征型的教化景观则需要观赏者有一定的道德水平才能够发挥其教化作用,且教化的作用对于这部分人来说也不大。在大多数情况下,由于象征型的景观过于隐晦,实际上难以让大多数观赏者产生情感和价值观上的波动,更谈不上深层次的道德教化。"在充满大量隐喻的城市景观当中,作为接受者的人最终获得的只是被动的阅读和设计者的思想,自主的思维、情感的权利事实上被剥夺了。"①从这一点来说,隐喻性的景观设计也有其内在固有的弊端,甚至在根本上是会对接受者的自主意识进行压抑的。因此,为了让道德意识真正变成现代人自身发展的

————————

　　① 李哲,成玉宁. 从隐喻到移情:基于体验的城市景观设计新观念[J]. 中国园林,2012,28(12):79 - 83.

内在性需要,进而使人们对道德的追求更具内发性和持续性,有必要对这种传统的景观教化设计的底层逻辑进行反思和重新规划。

针对传统公共教化景观,有必要借助技术和智慧的力量对其进行有效的创新。将互动性的景观教化融入现代公共场域,借由人与景观、景观场域中人与人的互动行为,激发并培养人们的道德意识。"个体置身教化情景,并不是作为单纯的受者被置于道德生活的标准答案之中,而是寻求个体德行在现实生活中的平等对话与自主建构。"①借由互动性教化景观的引导,在与景观和人的互动过程中,不仅能够培养参与者道德行为的自发性和道德判断的自主性,还能够通过生动直观的现实场景培养其移情与共情力,更为有效和深入地实现道德人伦教化的目的。以往的建筑园林作为达官贵人的"后花园"以及文人雅士的聚集处,一般人没有机会参观。而如今随着社会的发展和进步,人们的文化娱乐生活日益丰富,公园作为一种老少皆宜的公共活动场所,经常被人们光顾。在公园教化性景观的设计中,景观设计师可以基于一定的中国当代价值信念,巧妙地利用景观空间,从道德性景观互动体验的角度出发,设想人们在景观中与景观及其他人互动的可能性,使教化性景观足够有趣味性和适应性,不至于与周围整体环境产生违和感,避免引发人们的审美疲劳感和反感抵触的情绪。真正有效的道德教化是"通过教化对象以直接的道德经验积累与道德情感积淀造就的道德觉悟来逐步完成,任何的外在设计规划与命令驱使都是一厢情愿的盲动"②。因此在教化景观设计中,要避免以往那种目的性和规劝性十分明显的设计,可以通过独具匠心和内涵的设计进行引导,并通过色彩等元素的巧妙运用,激发人们的好奇心和探索欲,吸引人们在与景观的互动、与周围人的互动中自主行动,依靠自身的力量完成道德行动和决策,在一种游戏与娱乐休闲式的亲身体验中产生心灵的共鸣和道德的升华,达到运用景观对人们进行教化的效果。而在其他更为宽泛的公共场域中,器物设计者们也需要针对具体的使用情景和基于共情的发生场域,引导使用者能够在具体生活场景的行动实践中切实感受道德的熏陶。

---

① 刘铁芳. 从独白到对话:传统道德教化的现代性转向[J]. 北京大学教育评论,2004,2(1):77-83.

② 杜灵来. 道德教化理念建构应确立的四个基本维度[J]. 河南科学院学报,2022,42(6):23-30.

三、于设计中迸发造物本质:提升设计者"寓教于物"能力

器物作为一种有传播功能的物质媒介,是器物设计者与器物使用者之间的沟通桥梁。古今中外,器物设计者总是基于一定的设计制度和观念,以器物作为思想的载体并传递给器物使用者。所谓器物教化,究其本质而言,就是器物设计者通过器物对使用者产生某种教化作用的过程。人们往往通过与外物的关系来认识自己,而由于器物的实存,这种教化过程是持续的、动态的,认识外物的过程就像是一个人在"照镜子",是一种有意识地对自我进行观照并进行内省的过程,也是一种从他律到自律的升华。此时的器物和器物使用的主体不再是教化与被教化的单向互动关系,而是互相创造和彼此成就的和谐共生关系,器物与人互为本质。可以说无论是设计者还是使用者,都在有意识地创造外物、创造自身的过程中"目击"到自身和他者的"存在"。但在这两方之中,作为与器物互动过程当中更为主动的器物设计者,是器物教化意义的发出者,因此在构思设计器物时,设计者要深谙器物本身固有的物质特征与历史文化的积淀,结合当今的主流价值导向,在实现器物实用价值的基础上,将传统器物的教化经验与当代价值进行巧妙和深层的融合。

要达到器物教化的根本,即通过器物对人的精神层次施与一定影响,归根结底需要设计者深谙器物本身并了解器物所要面对的对象,即实际的教化接受者,在造物之初的设计阶段就将"人"这一看似与器物本身无关实则关系重大的存在纳入器物教化设计的蓝本。"道德的'物转向'使道德本身成为可设计的对象。"①换句话说,教化的内容是可以在器物的设计和使用过程中被塑造的,因此器物教化的发生场域并不只存在于器物本身所蕴含的某种元素化的东西,更多地存在于教化实际发生的场域,即人与物互动互启的"道德觉知"与"德行决策"的界面。这是因为,器物的教化作用并不完全是被动的,器物自身的规定性能够通过一定方式塑造人的主体性,因而能够使人的主体意向进行主动性的呈现。"作为物律作用方式的引导主要关注具体行为层面,指设计者在从事设计时带有某种目标或价值,这些将通过器物的物质结构等语言表达给使用者从而提示其应有的行为方式与准则。而同一语境中的启发则主要关注使用者的精神层面,通过激发人的联想能力,将器物的形制、色彩、装饰等与为人处世的态

---

① 菅白茹.“道德物化”到“道德教化”何以可能?:保罗·维贝克“道德物化”思想研究[D].呼和浩特:内蒙古大学,2020.

度、人的精神品格联系在一起,从而使人在精神方面对自身进行一定的约束,继而对人产生一种塑造性影响。"①因此,器物设计者在将教化的具体内容纳入器物中时,不仅需要结合相关的专业知识,积极发挥自身能动性,还要切身思考与实践,在积极考虑器物使用者的使用环境和发生场域基础之上,挖掘传统器物有可能蕴含的"有形之教",充分发挥物的符号和象征功能,即器物的"言传";同时能够通过巧妙的设计进行"无形之化",合理利用器物的使用特征与实际作用,即器物的"身教"。从这两方面出发,大致可以概括器物教化的作用范围。器物的符号性象征部分,即通过对器物本身特征的了解,将器物本身的形式及其承载的内容进行合理安排,力图激发起使用者的主观能动性,使其意识到符号中蕴含的道理,并与器物所承载的文化内容进行更加深入和谐的认知互动,密切人与物之间多层次、多维度的联系,实现人与器物在精神与价值层面上的合一,最终达到教化的目的。器物的非符号性象征部分,则是更具实践性的教化,使用者在使用器物的过程中,无意识地学习如何才是"善的"和"合适的",首先对器物产生一种"使用习惯",进而在对器物逐渐熟悉的过程中达到对其中所蕴含道理的进一步认同。这时候器物使用者认知的场域得以展开,教化的目的便已经达到,即人的主体意识的启蒙借由与器物的互动得以呈现。在器物设计的这一方面,设计者的"寓教与物"能力可以得到充分的展现。

"中国社会当前处于一个特殊的历史时期,中国的设计师和社会公众面临的社会背景与其他国家有所不同。中国需要适合中国国情的设计,中国当代设计、中国当代设计师肩负着更加重大的社会教化责任。"②因此可以说,器物设计者不再是单纯地依照某种既定的设计规定,进行形而下器物的形制等的设计,而是通过形而下的器物,附加了自身的深度思考,将形而上的、观念的教化实践直接反映在物的使用和观赏过程中,当今的器物设计者俨然需要成为一种实践的伦理学家。在实际进行造物设计时,设计者可以从器物的原始功能、传统造型、经典符号、特色材质中寻找传统器物文化符号的转化,创造中国器物教化的当代语言,塑造符合现代教化目标的价值,在造物中迸发传统器物教化的现代创新。"关于中华优秀传统文化的创造性转化与创新性发展,习近平总书

---

① 王雅萌. 人文的"物律":器物对人的塑造性影响[D]. 北京:中国艺术研究院,2019.

② 唐立华. 论当代设计对中国公众的教化作用[J]. 中南林业科技大学学报(社会科学版),2011(4):126 – 128.

记强调,要按照时代特点和要求,对那些至今仍有借鉴价值的内涵和陈旧的表现形式加以改造,赋予其新的时代内涵和现代表达形式,激活其生命力。"①最重要的是,无论是基于何种价值观念进行器物设计,要始终不脱离现实生活,不断贴近人民群众的生活实际,以一种能够为大众所接受的方式,将符合时代价值需求和人们道德精神生活的内涵渗透到各种可能的器物载体之中,引发人们的精神共鸣并产生对人们潜移默化的教化作用,这样才能在创新创造中逐渐建立起全方位、多领域、多层次的中国器物教化体系。

第三节 中国传统器物德育教育体系现代性转化的实现策略

中华传统器物德育教化体系不能够仅仅停留在文化和思想层面的理论阐释,正如同器物教化本身,如果仅仅停留在说教,那么其实际作用仍然不大。对中国传统器物教化体系进行现代性转化的最终目的仍然是付诸实践,不断探索传统器物教化在当代社会所能够创造的现实价值,在实践中不断推动中华优秀传统文化的创造性转化和创新性发展。"中华优秀传统文化是中华民族的突出优势,是我们最深厚的文化软实力,要努力用中华民族创造的一切精神财富来以文化人、以文育人。为此,我们认为,加强对时代新人道德理想的构建和教化,就应当从中国传统道德理想的理念中汲取营养……以期在教化目标、教化内容、教化路径等方面,实现与时代新人培育工作的对接贯通。"②器物教化作为中国特色社会主义新时代物质文化建设的重要组成部分,通过取其精华去其糟粕,在辩证扬弃的基础上,合理地对中国传统器物的教化思想和经验进行继承,能够实现传统文化价值和内涵的再创造,进而服务于符合现当代文化特征的新时代器物教化范式。虽然中国传统器物教化体系中固然存在一定的弊端因素和价值局限性,但这并非是不可避免的,经过对传统器物教化规律与特征的深入研究和探索,能够发现其中仍有许多有利于新时代器物教化发展的历史

① 中共中央宣传部.习近平总书记系列重要讲话读本:2016年版[M],北京:学习出版社,人民出版社,2016:203.

② 范松仁,任静伟.道德教化对时代新人培育的价值及其路径研究[J].探索,2019(5):149-157.

经验和文化价值。中国传统器物教化体系中的一些思想和元素经过合理合宜的现代性创新转化后，其中蕴含的优良文化传统和思想精神，对当今的物质文化建设和精神文明建设仍然具有重要作用，在当今社会仍旧可以发挥其重要的现实作用。

一、充分利用中国传统器物德育体系的合理性资源

（一）"关系维度"的伦理关怀

中国传统器物教化天然具有伦理性设计的造物倾向，追求一种人与人之间关系的辩证与平衡。"中国传统器物没有向一味满足个人欲求的道路上发展，而是更加注重人与物的关系，和以物为基础的人与人之间的关系。"[①]中国传统哲学主要是由儒、道、佛三家思想融合构成的，三家都十分关注人生的问题，主要以人为观照的对象，体现了中华民族的此世性格和人文关怀。其中，作为中国传统德治社会下选定的主流，儒家对教人育人尤为关注且强调德行。儒家逐渐在发展过程中提出了一系列关于美德的基本范畴，如"诚""仁爱""中庸"等辩证的美德思维，在古代知识分子的培养中将人的伦理价值和道德主体性挺立了起来，社会总体上也处于一定和谐稳定的状态。正因中国传统教化的这一特质，中国传统器物的教化倾向也主要归属伦理关系的认识和养成，无论是在材质、造型，还是在纹饰、色彩等元素的设计和象征上，都能看到传统器物中蕴含的明显的伦理倾向。如此，中国传统器物的设计并没有停留在器物满足人们使用价值的实用层面上，而是由形而下的器物通过象征与比德的方式，在生活中随处提醒、启发人天性中对善的追求和对他人的关怀。传统器物教化正是基于普遍的人伦关系维度，以器物为教化载体，潜移默化地将人的个体生命和精神领域扩展开来，于日常的衣食住行、行走坐卧中修养熏陶，因此传统器物中无不体现着人与人之间的关怀与体贴。如钱穆先生所说："中国人讲道德，乃在人与人之间，此即中国所谓之'人伦'。所以道德不是自守完成的，而且必是'及人'的。"[②]

"强调主体与他者统合互融不仅在成就他者，而且也通过他者的镜像成就

---

① 王雅萌. 人文的"物律"：器物对人的塑造性影响[D]. 北京：中国艺术研究院，2019.
② 钱穆. 讲堂遗录[M]. 北京：九州出版社，2010：99.

自我。"①如果认为世界上只有自己一个人存在,器物教化的这一维度便不会显现,正是因为看到了世界上的"他人",在他人中看到"自己",看到了人性中善的道德倾向和追求,同时也看到了善的平等性和共通性,中国传统器物教化的追求才得以呈现为基于道德伦理的人与人之间的关怀特质。从春秋战国时期开始,作为中国古代教育家和哲学家的孔子,就在人与人关系的视角和伦理价值尺度下看待器物,这也奠定了中国器物教化体系的基本视角和教化倾向,即"关系维度"下中国器物教化的人文关怀。当前中国社会正处在向现代社会转型的关键时期,社会发展速度极快,加上多元文化的冲击,人们的生产生活与过去产生了较大差异。"当代社会中,人们精神世界的各种问题已经非常突出,传统的道德约束和价值操守变得越来越无效了,'与人为善'、'宽以待人'、'文质彬彬'等这些曾经的中华传统美德如今似乎变得罕见了。"②共同的道德信仰逐渐消失,社会的人际伦理秩序也还处于较为不稳定的状态,个人"原子化"现象和趋势明显,人与人之间的差异性逐渐显露。"伴随社会转型而来的是人自我意识的觉醒,当人们在现代社会努力追求自我发展时,往往过于关注自我而走向个人膨胀,排斥他异性而走向自我同一化,这恰恰也是引起人际关系矛盾、价值冲突的深层根源之一。"③当个体之间的差异性大于共同性时,随之而来的一系列冲突和矛盾便逐渐凸显出来。传统器物中的关系维度思考能够为当今社会的人伦情感层面的问题解决提供经验借鉴。通过吸收传统器物教化中的"关系维度"的人伦教化价值,借由器物中有关人文关怀的价值设计和人伦性元素的设计,有助于现代人主体人伦意识的成长,促进健康人格的养成,以期在彼此的互动中求同存异,进行融洽的沟通和交流,达到人际关系的和谐与精神视野的拓展,同时也有利于现代人情感关系的健康发展。

(二)"行为导向"的设计智慧

从中国传统器物教化的"行为导向"视角来反观当代设计,调整现代设计价值取向,是重新审视当代器物设计中人造物与人之间辩证关系的重要机遇。

---

① 崔振成,李志前.道德主体性与伦理他者性的融合:儒家伦理思想的德育价值转化[J].河南师范大学学报(哲学社会科学版),2023,50(1):151-156.

② 王晴.从"教化"到"培育":中国重教传统的演变及当代困境[D].上海:华东师范大学,2011.

③ 赵华,冯建军."非对称性承认":建构一种新的教育关系[J].华中师范大学学报(人文社会科学版),2022,61(4):165-173.

"在现代社会重提物律对调整现代设计价值取向,对增加社会价值内涵具有一定的积极作用。"①从当今器物设计中产品引导性设计的角度看,中国传统器物教化中还蕴含着平衡"人—物"关系和有利于人的长远发展的造物智慧。"物律蕴含的关于个体与社会、满足与约束的哲学思考对现代设计有很大的启发作用,尤其在兼顾个人与社会需求、短时舒适与长久舒适方面,传统器物为现代设计提供了独特的中国经验。"②其中,传统器物设计的"行为导向"对现代器物设计的人本思想有一定的启发作用。图5-4为明式椅,虽然它看起来不如现代的座椅和沙发舒适,但形状上的"中规中矩",从视觉角度方面可以提醒人们做人要"方正",从实际使用方面讲则是引导人"正襟危坐",由此规范了人的内在品性和外在行为。

图5-4　明式椅

图5-5　孙位《高逸图》中描绘的
　　　　隐囊(持扇者为阮籍)

"现代沙发似乎比明式椅更符合人体工学,充分重视椎骨弯曲的合理性,但也正因如此而忽略了人体作为一个复杂的整体而存在的现实。此椅的设计不仅立足于人体作为一个系统,而且由此规范了人的行为。"③现代工业设计满足人们对舒适度的需求,追求的是"怎么舒服怎么来",是一种"无节制的舒适",然而这在无形之中却助长了人们的惰性,从长远来看十分不利于人的身心健康发展。观察上图的明式椅可以发现,"明式椅在设计时显然考虑到了使用的舒适性,如靠背部分贴合人体脊柱曲线,但它所提供的舒适是有限度的,其特定的

①　王雅萌.人文的"物律":器物对人的塑造性影响[D].北京:中国艺术研究院,2019.
②　王雅萌.人文的"物律":器物对人的塑造性影响[D].北京:中国艺术研究院,2019.
③　郑也夫.人本:设计伦理之轴心[J].美术观察,2003(6):7-9.

结构形制即使搭配坐垫使用,对使用者的坐姿依然有所要求"①。因此,把握舒适的"度",是传统器物设计的要义之一。中国历史上也曾出现过类似于现代沙发的坐具,如图 5-5 中的"隐囊"。"魏晋时期曾经流行的'隐囊',一种让人坐得很舒服的'沙发式'器具,没有在中国发展演变成沙发,倒是坐得不是太舒服的'太师椅'主导了中国的座椅形制。"②这体现出在中国传统器物的设计中设计者的主观能动性和真正以人为本的设计思想。设计者合理借鉴和吸收传统器物教化中的"行为约束"设计思想,能够在满足人们对器物基本实用价值的基础上,以一种非强制性的约束性设计概念,潜在地提升人的自我约束和自我控制能力,在行走坐卧中处处进行修养提升。在现代器物设计中,虽不至于模仿传统社会中枷锁、脚镣等基于对人强制性控制的设计,但吸收借鉴其中关于"行为引导"的合理性因素是必要的。

"适当的约束能够引导人们走向更加健康的生活方式。以沙发为例,柔软的海绵和舒适的抱枕使人感到前所未有的舒适,得到充分的休息与放松。它的形制不会对使用者有任何的约束,使用者获得最大程度上的自由,坐、躺、倚、瘫皆可。但这种舒适只是短时效的,长期不良姿势会使人的骨骼变形,颈椎、腰椎和脊柱尤为明显,使得人在更长的一个时间段身体不适。"③马克思在《1844 年经济学哲学手稿》中曾说:"劳动创造了美,但是使工人变成畸形。"④将其引申,从较为具体易见的方面来说,即从现代产品设计的伦理性批判角度看,"设计师创造了器物之美,但却让器物使用者变成畸形"。这样说似乎有些极端和偏颇,但尖锐地指出是必要的。当今社会是以人为本的社会,是设计追求伦理的时代,因此在设计中只要求物美是不够的,当代造物不只是为了人们一时的欲望满足,更要为了人的长远发展,因此有必要做出改变。为了避免"丧己于物",追求"物物而不物于物",设计者要在造物和用物中充分体现人的能动性,在进行设计构思时,要追求一种"人—物""自律—他律"之间恰到好处的设计,在器物对人的约束性价值和器物使用功能价值之间找到一个平衡点,让人与物能够协

---

① 王雅萌. 人文的"物律":器物对人的塑造性影响[D]. 北京:中国艺术研究院,2019.
② 张晓玮."中和"思想与中国古代的器具设计[D]. 青岛:青岛大学,2008.
③ 王雅萌. 人文的"物律":器物对人的塑造性影响[D]. 北京:中国艺术研究院,2019.
④ 中共中央马克思恩格斯列宁斯大林著作编译局. 马克思恩格斯全集:第 42 卷[M]. 北京:人民出版社,1979:91.

同并进地发展。先秦哲学家墨子早在两千多年前便提出了其以人为本的器物设计思想，即"三便"和"三不"："'三便'是便于生、便于身、便于利；'三不'是'不为观乐而设计'、'不为纯粹的装饰美而设计'、'不为刺激消费而设计'。"①然而，由于消费主义的影响，当代的器物种类繁杂、形式多样，基于对人本身长久发展的观照进行的器物设计实在欠缺。设计需要以人文本，当代器物设计者只有平衡好器物功能发挥与行为约束之间的关系，才能够更好地服务于人的长远发展。

（三）"和谐天下"的整体圆融

中国传统器物在满足实用功能的前提下总是追求一种和谐之美，这种和谐之美对人也有一定的教化功能，且更具审美性和遍在性。"和谐"精神的传递在传统器物的各个方面均有所体现，可以说无处不和谐。从器物教化的作用范围来讲，主要涉及个人身心的和谐、人际秩序的和谐以及人与自然的和谐，而这三者共存则形成了一种更大的社会和谐，即"天下和谐"的整体圆融。当前中国正朝着构建和谐社会的方向而努力，传统器物教化中的和谐思想对当今中国社会建设目标，即建设更为文明和谐的现代社会，也有着不可或缺的重要作用。

1. 身心和谐

无论是个人的身心和谐、人际的和谐，还是人与自然的和谐，都是保证社会长治久安，持续进步和发展的基本条件，其中个人的身心和谐是最为基本的。中国传统器物有着引导和使人们保持身心整体和谐的作用。囿于篇幅限制，这里仅以传统礼乐教化中乐教的典型例子，即古琴对人的身心教化和性情陶冶作用，来阐明传统器物教化中对身心生命整体和谐的意义。明代徐上瀛在《溪山琴况》中说："稽古至圣心通造化，德协神、人、理一身之性情，以理天下人之性情，于是制之为琴。"②人的身心是一体的，身与心有矛盾冲撞的一面，也有相辅相成的一面，而通过古琴对人的身心调养，能够培养人的身心系统，促进两者的和谐。"弹琴初始，就要注重正确的坐姿、手势、呼吸，这不仅仅是为了服务于琴技的展示，更能纠正人的体形，刺激经络，调理气息，调节人的情绪，使得弹琴者自身能游刃有余地出入琴曲的意境，最终能够达到导养情绪的功效，从生理和

---

① 邱春林. 设计与文化[M]. 重庆：重庆大学出版，2009：9.
② 萧荒. 雅韵流芳：琴史卷[M]. 呼和浩特：内蒙古人民出版社，2006：100.

心理系统实现人体内在系统的身心合一。"①这是从弹奏古琴的心理准备和形体准备两方面,借由弹琴时的呼吸吐纳和经络刺激的物理功效,对人的身心进行协调,使身心运行和谐。而从历史实例来看,欧阳修对古琴的调心养身、促进生理和心理和谐的作用大加赞赏。"欧阳修认为古琴具有'道其堙郁,写其忧思'的作用。欧阳修认为自己早年的'幽忧之疾',就是通过学习一些宫调的琴曲,'久而乐之',以至于'不知疾在其体也',渐渐感觉不到身体上的疾病了。疾病生于忧虑,心平而和,也就忘记身体上的疾病了。"②以上体现了乐教中弹奏古琴和聆听琴乐对于身心和谐的调节作用。

2. 人际和谐

自从礼乐制度产生以后,中国传统器物教化体系就有着明显的社会伦理秩序倾向。社会伦理秩序相当于我们现在所说的"人际关系",正所谓"和实生物,同则不继",社会就是依靠人们在差异中的碰撞和合而进步的,过于"同"和过于"异"都不利于社会发展,唯有"和而不同"才是正道。中国传统器物教化体系追求的正是这样一种人际间的和谐,"和谐"并不是"相同",而是"差异中的同一"。从器物的造型设计、纹饰象征以及使用场域等,均能够看到传统器物对"人际和谐"的强调和构建。这里仅以八仙桌为例,"八仙桌就是一种让人不仅以身体而且以'良心'(如礼让)介入社会情境,强调并追求和谐'人际关系'的器具结构和形态"③。从八仙桌的形制方面来看,八仙桌桌面呈正方形,正方形由于其结构形态的特色,四边均等、绝对对称,因此存在一个绝对的中心,这一中心也统摄着四方,同时四边的均等产生了一种平均、中和的效果和状态。与西方传统的长方形餐桌相比,无论从哪种角度对八仙桌进行观察,都可以直观到桌面的中心,给人一种稳定、平衡、和合的秩序感。这是从八仙桌本身的形制来讲,而在八仙桌的使用场域上,也就是大家围坐在一起就餐时的场景和氛围之中,也能够时时体现和谐之感。在八仙桌上与他人共同进餐时,能够"启发、培养和造就以'和谐'为尚的人格品行。其取食空间距离的均化形式设计,预设着一种基本的平等意识以及基于利益共享的人性关怀理念,同时也为每个人的向善人格追求预设了一个在社会交往场合中学习、实践并表现的机会。在同一

---

① 戴昕萌.古琴文化中的和合思想研究[D].苏州:苏州科技大学,2017.
② 戴昕萌.古琴文化中的和合思想研究[D].苏州:苏州科技大学,2017.
③ 张晓玮."中和"思想与中国古代的器具设计[D].青岛大学,2008.

个菜碗里取食,以及某一种食物在桌面上摆放距离的相对远近,总是实际地涉及分享利益的人际关系和伦理道德,相互尊敬、彼此谦让或自我克制等社会化人性,会在八仙桌上得到学习、训练和培育,也会在八仙桌上得到表现和肯定。充满文化匠心的八仙桌设计,为中国人的社会人格塑造提供了一个最平常、最深刻也最富功效的教化空间。"①这样,八仙桌便在人们的一日三餐中,构造了"人际关系"的教化场域,在潜移默化中达到了"人际和谐"的教化目的。通过器物形制提示和器物使用的场域,在百姓日用实践中找到平衡的"中"点,运用自身智慧,在社会交往中始终维持一种相对和谐的稳定状态,这也是中国传统器物教化内涵的精髓所在,能够为现代器物教化体系的构建提供基本的民族精神内涵。

3.天人和谐

"传统器物的制造过程不仅仅是技术的使用过程,更是人和器物相互影响的过程。人对器物的形成产生了重要的影响,器物也影响了人们的生活。传统器物制造过程中蕴含的文化也彰显了现代人类对技术的过度依赖。在全球环境恶化的情况下,从古代传统造器过程中寻求智慧能使得人们认识到与自然和谐相处的理念。"②中国传统器物中也体现了丰富的人与自然万物和谐的设计理念,即"天人和谐",所谓的"天"就是自然万物。这里将"天""人"对举是为了方便言说,以凸显"天人和谐"之义。因为从根本上来说,人也是自然万物之一,天人本就是"和谐"的。《礼记·乐记》中有云:"乐者,天地之和也;礼者,天地之序也。和,故万物皆化;序,故群物皆别。乐由天作,礼以地制。过制则乱,过作则暴;明于天地,然后能兴礼乐也。大乐与天地同和,大礼与天地同节。"③《乐记》描绘了一幅礼乐制度运行下天地人伦皆和谐的和美景象。既然礼乐是根据天地自然运行的规律和法则而制定的,礼乐制度下的器物制作当然也不能违反自然。《考工记》开篇便说:"天有时,地有气,材有美,工有巧,合此四者,然后可以为良。然而不良,则不时,不得地气也。"④无论是"天时"还是"地气",都属于不以人的意志为转移的自然规律,"材美"是集人之判断选择与物之天然本

---

① 张晓玮."中和"思想与中国古代的器具设计[D].青岛大学,2008.

② 刘红娜.中国传统器物文化的德育功能研究[D].景德镇:景德镇陶瓷学院,2012.

③ 杨天宇.礼记译注[M].上海:上海古籍出版社,2004:476.

④ 张道一.考工记注译[M].西安:陕西人民美术出版社,2004:10.

性为一体,"工巧"则是造物的技术层面。因此,"良物"便是天人所共造,人的造物是"巧夺天工",即依据天时地气,在顺应天地万物自然规律的基础上,根据人的需要选择合适之材,遵循物性而造物,体现了合规律性与合目的性的统一,达到了人与造物、人与自然之间的整体性和谐。

二、深入挖掘现有器物的德育教育功能

中国传统器物是中华文化的载体,其中蕴含着丰富的教化功能,曾在中国历史和社会中发挥着重要作用。器物作为中国传统精神文化的积淀,能够承载丰富的思想文化和历史的记忆。然而随着近代工业文明的冲击和世界经济贸易全球化的大趋势,许多"西洋"器物逐渐占领了人们的日常生活领域,人民满怀欣喜地接受来自西方世界的新式器物,抛弃了中国许多传统的旧有器物。传统器物在人们生活中的消失,背后是中国人文化和精神的失落。然而传统器物中的教化经验和合理思想不能够被我们抛弃,在当代现有器物的设计与传播方面,发掘现有器物的教化功能,可以为我们社会主义新时代的精神文化建设提供一定的物质资料和思想资源。我们可以借由当今的科技手段和艺术知识,以当代现有器物为载体,通过对器物的新设计和再设计,对其中潜在的教化功能进行有效地创造与活化。

(一)文化认同功能

传统文化是一个国家和民族的精神根源所在,一个国家失去了传统文化就如同一个人失去了记忆。如果忘掉了自己是谁,一个民族就成了无源之水、无本之木,人们的心灵也会随之日渐飘零。习总书记在十九大报告中明确指出:"没有高度的文化自信,没有文化的繁荣兴盛,就没有中华民族伟大复兴。"[1]文化认同属于文化自信的范畴,以器物为载体大力传播和发扬中国文化,对于中国特色社会主义建设和中华民族的伟大复兴有着重要意义,也是加强文化自信和促进文化认同的有效途径。器物文化是中国传统文化的重要组成部分,是中国文化的物质形态体现和重要形象标识。"假如我们坚信自身文化,重视民族精神,不断发展创新器物,器物也会从落后走向发达。"[2]器物有着一定的文化

---

① 习近平.决胜全面建成小康社会　夺取新时代中国特色社会主义伟大胜利[M].北京:人民出版社,2017:41.

② 李海文.坚定文化自信:器物何以可能与可为[J].江西理工大学学报,2019,40(4):11－15.

传播的媒介功能,有着实用性较强、认知较为容易、传播较为方便、形式较为直观的诸多优点,在器物中融入民族性设计,能够发挥一定的文化认同与身份认同作用。因此,通过寻找和吸收器物中的历史文化记忆,在器物创新和设计中融入一定的民族性元素,对于增强我国国民的文化自信和民族认同感定有所助益。

由于"现代文化的发展存在着'趋同效应'。现代功能、技术的趋同和审美心理的民族距离的缩小以及信息流通的便捷,可能引发世界性设计文化的雷同化。我们既需要突破封闭,多方位吸收外来的先进文化,也要避免在'趋同效应'中丧失自己的文化特色"[1]。我国的文化面临着世界性文化对中国本土性文化的冲击和考验,如何能够在器物设计中融入我国的文化特色,是中国特色社会主义文化建设的题中之义。从中国近现代设计艺术史来看,在器物设计的民族化方面,"从 20 世纪初至今,中国的现代艺术设计发展历程有百余年,但是在很长一段时间内仍停留在对西方设计艺术的引进与模仿、对西方设计思想的照搬与套用上,这种做法虽然取得了一定成绩,但是还有很多亟待解决的问题。其中最关键的一点就是,我们的作品缺乏原创性,缺乏自己的民族特色,这就要求我们深入发掘传统文化与器物设计的内在关联,汲取精华,将其运用到设计实践中,形成具有民族特点的艺术设计风格"[2]。因此,我们要大力推动民族原创性器物设计,避免器物设计上的"拿来主义"。同时,我们也不能故步自封,陷入对自身器物文化的盲目自大之中,而是要兼容并蓄,在吸收外来文化的基础上为我国的民族性器物设计增砖添瓦。"如果说古代辉煌灿烂的器物代表了优秀传统文化,那么近现代器物创新与制造则代表了革命文化和社会主义先进文化。"[3]民族性文化的范围可以很广,并非只有优秀传统文化可以纳入民族性文化中,革命文化、社会主义先进文化以及中国现代优秀文化等,均可以成为民族性器物设计的素材。器物能够承载民族精神,推动器物文化的民族性设计发展,能够在日常生活中不断增强我国国民的文化自信和民族认同感。

---

① 张晓玮.“中和”思想与中国古代的器具设计[D].青岛:青岛大学,2008.

② 姚丹.中国传统器物设计的礼乐教化美育思想及当代意义[J].中国文化论衡,2019(2):88-96.

③ 李海文.坚定文化自信:器物何以可能与可为[J].江西理工大学学报,2019,40(4):11-15.

(二)习惯养成功能

器物不仅具有实用功能,还有着更为深层的教化功能,能够在潜移默化中影响使用者的行为习惯、生活方式以及思想观念,这三者之间的逻辑关系是由表及里、由浅入深的。现有器物有一定的正向教化功能,能够培养人的良好习惯,促进人的健康发展。现代器物的科技化程度大大增加,对其进行有效的利用可以规范人的行为,服务于当代文明社会的建设工作。"现代先进的电子信息技术能够很好地跟踪检测人的行为,进而发现问题进行正确地引导。如现代的很多路口都设有电子警察,一旦驾驶员有违章行为就会被精确无误地拍摄下来。这种新型设施使得驾驶员不敢存有任何会抓不到的侥幸心理,进而规范驾驶行为。"①电子警察的设置,能够培养驾驶者的社会公序意识,同时培养人们的生命安全意识。与此同时,当今环境问题不容小觑,而人在其中的影响力极大。现代社会在大力倡导构建资源节约、环境友好型社会。在现代器物设计方面,通过一定的绿色产品设计,提醒人们节约资源、保护环境,进而形成人们日常的环保习惯,也能够培养人们的绿色意识和生态意识。图5-6便体现了一种绿色设计,这是"华南理工大学设计的丝瓜瓤环保杯套,该设计首先选用了生

图5-6 华南理工大学设计的丝瓜瓤环保杯套

---

① 王方良. 设计的教化效应研究[J]. 艺术百家,2003(2):125-126.

态原材料,另外将无用的丝瓜瓤用到杯子的包装上,赋予干枯的丝瓜瓤新的使用生命"①。在目前已有的绿色包装设计上,也出现了一些可降解型包装和以废纸、木屑为原材料的包装等,虽然并不多见,但随着人们环保意识的觉醒,也将会是现代器物教化的大势所趋。同时,绿色设计也是新时代设计发展的必然要求。杨元在其《绿色设计理念中"人的因素"刍议》中提到,为"实现人—产品—环境的协调发展,需要将绿色意识教化信息融入产品"②。从中我们可以看出,器物绿色意识教化意识的信息植入是未来器物设计的一大方向。再比如随着垃圾分类政策的实行,垃圾桶的样式也进行了改变,分类垃圾桶也在各大城市普及开来。大多数分类垃圾桶会以明显的颜色进行区分,如蓝色为可回收垃圾,绿色为不可回收垃圾,红色为有害垃圾,灰色为其他垃圾;又或者将所对应的垃圾投放图标印在垃圾桶上,以提醒人们垃圾分类;再或者通过投放口的形状设计,引导人们进行垃圾分类,培养垃圾分类的环保意识和行为。无论是"电子警察""绿色包装设计",还是"分类垃圾桶",都是在日常生活的潜移默化中,给人们培养一种新习惯,进而改变其生活方式和思想观念的现代器物教化形式。诸如此类,还有许多现代器物以习惯养成的方式进行教化,囿于篇幅限制在此不赘述。

(三)审美教育功能

除以上两点以外,器物还有着审美教育功能。"审美教育随着时代的发展、应试教育的兴起逐渐淡化在人们的视线中。但在应试教育下存在的缺陷和问题很快显现,这种单一的教育模式是对人的一种戕害,使人的心、手、脑分离,与素质教育、与人的全面发展背道而驰。而审美教育的目的正是引导人们去追求人性的完满,使人得到全面的发展,有一个充满情趣和意味的人生。"③从器物本身来说,它本身就是美的,这在器物的各个方面均有所体现。"器物之美是多维度的:从实用功能看,解决实际生活、生产等问题,使用方便简单、价廉物美、耐用是美的东西;从欣赏角度看,材质精良、色彩协调、造型恰当、装饰合理、工

① 孟凡聪.绿色设计思潮在设计领域的综合分析与应用[J].新美域,2022,83(7):102 – 104.

② 杨元,黄婧.绿色设计理念中"人的因素"刍议[J].家具,2015,36(4):55 – 61.

③ 石玲玲.陶瓷艺术的审美教育功能研究[D].武汉:湖北美术学院,2020.

艺精湛的器物也是精美的良器。"①而在与器物的互动过程中,器物之美可以影响人对美的体会,达到审美教育的功能。"教育的目的是促进德智体美劳的全面发展,美育固然是教育的重要构成部分,但随着社会发展和人民生活水平的提高,人们对美的需求和认知已经不单是外在的教育形式,更需要从欣赏到实践的内在感悟,美育的多样性已经成为社会关注的热点。"②对器物之美的体验和欣赏,能够在潜移默化中塑造人对美的感受,达到"器美""物美"与"人美""心美"的统一。其中作为东方美学的代表和集大成者的陶瓷器物,不光具有实用价值,还有着极大的审美价值和艺术价值。器物之用与器物之美的兼具,使陶瓷得以经久不衰而流传至今。从陶瓷器物的形态来说,"陶瓷器物的形态或圆润、或端庄、或典雅、或含蓄,其中透出的美感正是今天形式美法则建立的基础"③。人们在对陶瓷器物进行审美欣赏时,自然而然地会被其中的形式之美所熏陶感染。美最初并不是通过知识思考性的理解而达到的,而是通过直觉体验性的领会而获得的。人们通过接触各种各样的陶瓷器物,获取对器物之美的直观体验,进而才能"近乎道也",上升到形而上的"什么是美"的审美反思。陶瓷的创造(而非制造)过程同样也具有审美教育的作用。如现代商业背景下街头愈来愈火的"体验式"手作陶艺工坊的出现,也是陶瓷美育功能的表现之一。"作为中华优秀文化的典型代表,陶瓷不仅在欣赏型美育阶段发挥着重要作用,在后续以手工主导下的体验式美育中仍然大有用武之地。街头巷尾随处可见的陶艺工坊再次证明陶瓷文化是现阶段美育的有效方式。"④在进行陶艺创作时,人的精神必须高度集中,手则根据脑中所想的创作目标活动。这样一来,在陶瓷器物的创作过程中,人们的心情逐渐变得愉悦,身体肌肉得到锻炼,身心压力得到释放,同时审美能力获得提升。"一件陶瓷艺术作品的诞生不单单只是

① 郑丽虹,许大海.道之"玄妙"与器物审美维度:兼论《道德经》中的设计美学意蕴[J].南京艺术学院学报(美术与设计),2022(4):142-146.
② 黄娟,赵利权.以陶瓷为媒:从视觉到体感的美育实践[J].咸阳师范学院学报,2022,37(3):117-120.
③ 黄娟,赵利权.以陶瓷为媒:从视觉到体感的美育实践[J].咸阳师范学院学报,2022,37(3):117-120.
④ 黄娟,赵利权.以陶瓷为媒:从视觉到体感的美育实践[J].咸阳师范学院学报,2022,37(3):117-120.

靠一双手就能做到的,而是需要制作者通过心、手、脑的协同合作。"①凝神一处,不动如山,人的心、手、脑便在学习和训练中融合为一,在身心和谐运转的同时,还能够获得审美的体验,促进人的内外、身心的全面发展。

三、中国传统器物德育教育体系现代性转化的意义和价值

(一)促进社会主义核心价值观实践层次的发展

中国传统器物中蕴藏着中国几千年的灿烂文明,当今中华民族的伟大复兴离不开对传统器物中教化智慧的吸收和对优秀文化的继承和发扬。器物作为历史与文化的物质性载体之一,具有民族性、隐含性、实践性与日常性的特点和优势,十分适合作为中国特色社会主义核心价值观的传播载体,促进中国器物教化体系现代性转化发展的同时,不断丰富新时代的精神文明建设与人文素养建设。"通过物律的方式进行社会教化不仅使人们对其的抵触情绪大大减弱,且传播效果更好,有利于人们广泛地践行社会主义核心价值观。"②因此,通过中国传统器物教化体系的现代性转化,能够发挥社会主义核心价值观的大众引领作用,切实保障并促进社会主义核心价值观实践层次的发展,实现社会主义核心价值观大众化的教化目标。

(二)拓展中国现代社会德育教育方式的有效渠道

"要将中华优秀传统文化由抽象的文化理论向具体化的生活化话语体系转变,以向具体的现实生活世界回归为旨归,分析大众生活之所需,使传统文化更容易走进民众生活。"③在实现创造性转化的过程中,为当代器物设计教化理念提供资源的同时,中华传统器物教化体系的现代性转化的创新发展,还能让优秀的传统器物及其教化方式以合理的方式回到人们的生活世界中,丰富并促进人们生活世界中人文精神的发展更新。"以往理论宣传的话语方式具有明显的政治化、抽象化、说教化倾向,难以适应不同理解水平、不同接受能力、不同认同感受的广大人民群众的精神需求和理论兴趣。"④而通过日常器物的教化,合理运用其教化功能,能够更加普遍且有效地促进宣传效果,服务于当今的思想教

---

① 石玲玲.陶瓷艺术的审美教育功能研究[D].武汉:湖北美术学院,2020.

② 王雅萌.人文的"物律":器物对人的塑造性影响[D].北京:中国艺术研究院,2019.

③ 周颜玲.我国主流意识形态建设视域下传承弘扬中华优秀传统文化研究[D].济南:山东大学,2019.

④ 高延春.人的需要:社会主义核心价值观大众化的关键[J].人民论坛,2016(8):220 - 222.

育与道德建设工作。因此,对中国传统器物教化体系的发掘认识以及对其进行现代性转化,不仅是继承和弘扬中华民族精神的有效方式,同样也是创新拓展现代社会教化方式的有效渠道。在系统化地把握中华传统器物教化体系的造物逻辑的内在和谐,以及教化思想的丰富性和教化体系的独特性的基础上,结合当代社会发展,通过对中国传统器物教化体系进行现代性转化,能够从各个方位和层次服务于现代人的全面发展、社会总体的文明进步发展和人与自然的和谐发展。

(三)推动建设中国本土特色的器物德育教育理论体系

通过对传统器物教化体系的现代性转化,能够推动建设中国本土特色的器物设计教化理论体系和实践视域下的中国现代教化话语体系。在全面认识中国传统器物体系的内涵特征和构成元素基础上,结合当代社会发展现状,对器物教化的历史价值与当代价值、器物设计与教化功能等之间的相互关系进行深入辨析,能够深入透析中国器物教化的精神内涵和认知思维习惯。在形成对传统器物教化体系的造物规律、教化内涵和体系特色的认识之上,将其中包含的丰富的造物智慧、设计观念和教化经验,通过道德物化的现代观念和设计形式进行符合现代的创造性转化,能够为建立健全中国特色社会主义器物文化体系提供思想文化资源和器物文化资源。同时,中华传统器物教化体系具有成体系的概念与方法,具有丰富的本土的造物特征和教化智慧,能够为构建更为和谐的现代社会提供强有力的器物文化支撑,同时为器物教化的理论创新和技术创新提供丰富的具有中国特色的教化思想理论和器物文化资源。通过对中国传统器物教化体系中积淀的文化符号、思维方式和精神内涵进行创造性转化,能够帮助塑造现代器物设计的人文价值。中国传统器物教化体系中蕴藏着丰富的器物教化思想和历史经验,经过现代性的转化,不但可以为中国当代器物教化体系的理论建设和设计创新提供文化思想资源,还能够为当代器物教化体系的创新转化提供丰富的历史经验。借由中国传统器物教化体系的现代性转化,能够提炼出具有中国特色的器物设计教化理念,推动建构有中国本土特色的器物教化理论体系。

四、中国传统器物德育教育体系现代性转化的有限性

传统器物教化体系的现代性转化也具有一定的有限性,大致可以体现在三个方面,即传统器物教化体系研究存在不足、器物教化本身固有的有限性以及器物教化所面临对象的不确定性,在实际进行转化的时候,仍会面临一些理论和实践上的困难。

(一)目前关于传统器物德育教育体系的研究存在不足

从传统器物教化体系本身来说,由于传统器物教化体系的梳理还不够系统,传统器物本身可读的信息也较少,因此通过器物本身携带的信息彻底穷尽其教化功能较为困难,需要依据当时的历史和时代背景、文化制度背景对其实际产生的教化作用和效果进行了解。仅凭目前对传统器物教化本身的相关研究,难以有充足的器物教化理论支撑传统器物教化体系的现代性转化,这也督促着研究者们进行更加深入的研究和探索。

(二)器物德育教育本身固有的有限性

从器物教化本身固有的有限性来说,大多数器物是作为一种非强制的媒介和载体对人进行引导和教化,本身的教化效果较为有限,许多观念性的教化信息实际无法直接通过器物进行传递,因此器物本身的教化功能较为单薄,仅使用器物进行教化的效果十分有限,需要与其他手段进行配合才能达到教化目的。同时,器物教化与其他教化形式相比具有滞后性。在面临新的文化道德观念时,与更为灵活和生动的言传身教相比,通过器物这种较为固着的教化形态对人们进行直接教化的效果不尽人意,与之相比,许多其他的教化形式则更加即时有效,因此器物教化只能作为现代教化的辅助手段发挥作用。此外,不是所有的观念都适合通过器物来承载和传达,器物教化要发挥作用,对人们的认知条件也有一定要求,在人们对某种观念普遍认可的基础上,器物的教化功能才能产生。"观念在外化于器物之前,已经为世人所认知甚至接受,毕竟器物是死的,它没有能力去强迫人们接受一个不为人们认可的观念"[1]。因此对于器物教化的现代性转化来讲,现代器物其实与传统器物一样,只能作为观念的外化来巩固人们固有的思想理念,无法通过器物凭空创造一个新理念出来。这是传统器物现代性转化所面临的困局。因此,无论是从器物教化观念的植入还是器物教化发挥实际作用的层面来说,器物教化在现代教化设计实施上和教化效果上也具有一定的有限性。

(三)器物德育教育所面临对象的不确定性

正是因为器物教化对客体的选择性、挑剔性,决定了它很难具有普适性,而

---

[1] 韩建磊.论"器物教化"[J].燕山大学学报(哲学社会科学版),2021,22(6):52-58.

只适合特定的场合、特定的人群。"从根本上来说,人始终是主体。在器物教化的过程中,物只能作为辅助发挥其作用。"①从器物教化所面对的对象来说,对教化对象的思想观念也有一定的要求。"只有当一个人的生活背景、文化素养或者人生经历等方面与器物产生了共鸣,才能更容易、更有效地感悟到器物中所蕴含的思想观念,否则教化效果无法保证。"②从根本上说,器物中的教化观念不是器物本身所固有的,而是人为赋予的,器物只是教化的中介和载体。因此进行器物教化体系的现代性转化,可以借助一定的技术手段,在对器物的使用受众进行研究总结的基础上,尽可能使器物的正向教化作用发挥出来。

---

① 张卫. 当代技术伦理中的"道德物化"思想研究[D]. 大连:大连理工大学,2013.
② 韩建磊. 论"器物教化"[J]. 燕山大学学报(哲学社会科学版),2021,22(6):52-58.

结　语

　　中国传统教化思想源远流长,早在商周时期就已经初步形成了完备的教化体系。《周礼》按照西周社会制度和儒家政治理想,从祭祀、朝觐、用鼎、车骑等诸多方面,以"六德""六艺"来教化民众,以"六瑞""六器"来规范礼仪,初步构建了敬天保民、民为邦本的教化核心思想。春秋战国时期,由于"礼崩乐坏"的社会现实,孔子提出以重建周礼为核心的儒家教化体系。在孔子思想影响下,孟子以"民心"为主导建构其自身的教化思想,认为民心向背是教化的核心。此外,春秋战国时期,以墨子为代表的墨家,以商鞅为发端的法家,以老子、庄子为代表的道家都从社会治理的角度提出了各自的教化思想和理想社会的目标。在中国传统社会剧烈变动的历史时期,各家从对社会认知的视角,提出了社会教化的主张,都希望能够对社会稳定提供有意义的借鉴。统一全国后的秦朝,继续采取法家思想维护统治、整肃民心,但崇尚严刑峻法进行社会教化的秦朝很快灭亡,为继起的汉朝留下了值得借鉴的经验教训。汉朝建立以后,起初对黄老之学情有独钟,但随着社会经济发展,具有保守性质的"无为而治"已经无法满足统一社会教化的需要。在此语境下,董仲舒提出"独尊儒术"的教化纲领,以满足汉武帝"大一统"的统治需要。"圣人之性,不可以名性,斗宵之性又不可以名性,名性者中民之性。""性三品"说为道德教化提供了理论基础和预设前提,为以德为主、以刑为辅的社会教化奠定了基础,也为整个中国传统社会教化确立了目标和定位。魏晋南北朝时期,道教和佛教盛行,在对以儒家思想为主导的教化体系冲击的同时,也重构融合了中国传统教化体系。唐朝建立以后,采取了开放包容的社会政策,来自周边地区和国家的文化传入中原,形成了更为开放、多元的社会教化体系,进一步促进了中华教化文化的交流与融合。宋朝建立以后,鉴于五代时期礼崩乐坏的社会现实,宋儒重新确立以儒家思想为主导的教化体系,出现了周敦颐、"二程"、朱熹等为代表的理学家,从天理、人性和社会教化辩证关系的视角对君臣、父子、乡里等关系进行系统阐释。明清时期是中国传统教化体系的全面强化时期,形成了以"尊孔"为核心的社会教化体系。近代以来,中国传统教化体系受到冲击并不断调适和重构,被以自由平等、个性独立和生命至上等为核心的新式教化体系所取代,但作为中华优秀传统文化组成部分的传统社会教化依旧有其历史意义和现实价值。

为了实现社会教化的功能,中国传统统治者主要通过礼仪教化、学校教化、家族礼仪、乡规民约、文学作品和通俗读物等形式或载体,构筑"立体化"的社会教化模式,通过国家主导的圣王之教、社会生活中的宗社之教以及家庭生活中的家长之教,保证社会教化的有效实施。礼仪教化是中国传统教化的核心,是彰显中国传统教化的价值目标、政治秩序、社会理想、人格追求和行为准则的综合。儒家认为礼是社会规范的核心。"道德仁义,非礼不成。教训正俗,非礼不备。分争辩诉,非礼不决。君臣、上下、父子、兄弟,非礼不定。宦学事师,非礼不亲。班朝治军,莅官行法,非礼威严不行。祷祠祭祀,供给鬼神,非礼不诚不庄。是以君子恭敬撙节,退让以明礼。"①礼制是彰显国家威望、联络民众的重要途径。"故礼行于郊,而百神受职焉;礼行于社,而百货可极焉;礼行于祖庙,而孝慈服焉;礼行于五祀,而正法则焉。故自郊社、祖庙、山川、五祀,义之修而礼之藏也。"②通过仪式的形式将礼制传播过去,是实现儒家提出的仁爱、恭敬、谦让目标的有效途径。学校教化是实现社会教化的重要途径,从汉朝开始以官学为代表的学校教育体系在承担国家礼仪教化和地方社会教化中扮演了重要角色,"四书五经"作为社会大众接受的经典理论,在传播儒家伦理规范、改善社会风俗过程中具有不可替代的作用。家族礼仪和乡规民约是社会教化有效深入传播的途径。作为中国社会关系的基础和核心,宗族和家族在社会教化中扮演了非常重要的角色,也成为社会教化的重要支撑。日常读书和文学作品是社会教化的载体,以更广泛的形式传播社会教化,在具体形式上,包括蒙学读物、家训读物、善书、乡规民约、话本以及其他丰富多样的文学作品等,在更广泛、更深的层面,形成社会教化的影响力。

器物作为文化的载体和重要组成部分,在道德教化、人文伦理等方面扮演了非常重要的角色。在器物制作、使用和流通过程中,都蕴含了丰富的哲理,体现了其在社会发展中的意义和价值。"圣人制器""器以藏礼""器以载道"等均证明了器物在中国传统社会教化中所扮演的重要角色。王夫之曾对道器关系

---

① 王文锦.礼记译解[M].北京:中华书局,2001:3.
② 王文锦.礼记译解[M].北京:中华书局,2001:303.

有精彩论述,认为道是器的根本,器是道的载体:"无其器则无其道,人鲜能言之,而因其诚然者也。洪荒无揖让之道,唐虞无吊伐之道,汉唐无今日之道,则今日无他年之道者多矣。未有弓矢而无射道,未有车马而无御道,未有牢醴璧币,钟磬管乐而无礼乐之道。则未有子而无父道,未有弟而无兄道,道之可有而且无者多矣。故无其器则无其道,诚然之言也,而人特未之察耳。"①总体而论,器物教化功能的实现可以从多个层面体现和反映。就历时性视角而言,在漫长的中华文明发展历程中,器物教化功能表现为不断叠加和日益丰富的功能。商周时期,器物的教化功能更多通过礼器的象征意义来体现。"一言九鼎""三分鼎立"等都赋予了器物独特的象征功能,将器物与个人诚信、国家命运等密切联系在一起。唐宋时期,随着社会规制的不断完善,器物从各个层面融入社会教化之中,彰显了器物的社会教化功能。宋朝时期,平淡恬静的美学追求,在器物层面折射出来。"在制瓷艺术领域,宋人对造型的审美追求不再是唐器雍容、博大、丰满、圆浑的印象,而是和同时代的其他艺术风格一致,倾向于挺拔、俏丽,而且逐步成为一种特有的美的程式。"②明清时期,在前期器物教化的基础上,构筑了更为完备的器物教化体系。就器物共时性而论,器物的材质、纹饰、形制等也从多个视角体现其教化功能。就器物材质而论,材质和色泽意蕴德行和教化。《周礼》中就将玉器和国家象征、个人修养有机融合起来:"以玉作六器,以礼天地四方:以苍璧礼天,以黄琮礼地,以青圭礼东方,以赤璋礼南方,以白琥礼西方,以玄璜礼北方。"正是因为玉器的神秘性和特殊象征意义,玉器也承载了追求君子之风的道德教化功能,"古之君子必佩玉,君子无故玉不能去身"。古人将玉器的色泽、纹饰、质地、硬度和韧性与仁、义、智、礼、洁五德结合起来,折射追求完美的道德品行的最高境界。就器物的纹饰而论,可以从谐音和寓意类、本身象征吉祥等视角展示教化功能。有象征平安吉祥的三阳开泰,也有葫芦、蝙蝠、鹿、佛手、鸡冠花、鲤鱼、石榴、喜鹊、龙凤、麒麟等,这些纹饰传递了中国吉祥安康的文化,体现了世代昌盛的追求。不同的纹饰、规制象征着不同的地位和文化,体现了君臣、父子、长幼有序的社会制度。就器物的形制和设计而论,不同数量和不同性质的器物承载了不同的象征意义。如"天子十二旒垂旒:侯伯九旒,用玉二百一十六;公卿(毳衣之冕),七旒,用玉百六十八;大夫(缔

---

① 王夫之.周易外传[M].北京:中华书局,1977:203.

② 王朝闻.中国美术史[M].济南:齐鲁书社,2000:229.

衣)五旒,用玉百二十;士大夫(玄衣之冕),三旒,用玉七十二。"①从器物的功能而论,主要体现为启发功能、引导功能、惩罚功能和象征功能等,并体现在社会生活中的方方面面。近代以来,由于社会教化内涵的变化,器物所承载的社会教化意义也随之转换和调整。

在过去几千年辉煌发展历程中,中国留存了丰厚的优秀文化。党的十八大以来,习近平总书记多次强调中华优秀传统文化的重要意义和价值,并在党的二十大报告中提出,坚持和发展马克思主义,必须同中华优秀传统文化相结合。"博大精深的中华文明是中华民族独特的精神标识,是当代中国文艺的根基,也是文艺创新的宝藏。中国文化历来推崇'收百世之阙文,采千载之遗韵'。要挖掘中华优秀传统文化的思想观念、人文精神、道德规范,把艺术创造力和中华文化价值融合起来,把中华美学精神和当代审美追求结合起来,激活中华文化生命力。故步自封、陈陈相因谈不上传承,割断血脉、凭空虚造不能算创新。要把握传承和创新的关系,学古不泥古、破法不悖法,让中华优秀传统文化成为文艺创新的重要源泉。"②器物文化是中华文化的载体和重要组成部分,在中国传统社会教化中起到了不可替代的作用,且具有潜移默化的功能。中国传统器物教化功能经过合理转换后,依旧对社会主义物质文明和精神文明建设有启发意义,依旧可以发挥其教化功能。为此,我们可以充分发挥器物的文化教育功能、习惯养成功能和审美教育功能,构建中国特色的新型器物德育教育体系。

---

① 杜佑.通典:上册[M].长沙:岳麓书社,1995:820.
② 习近平.习近平谈治国理政:第4卷[M].北京:外文出版社,2022:324.

参 考 文 献

一、经典著作类

1. 郭庆藩. 庄子集释[M]. 王孝鱼,点校. 北京:中华书局,1961.

2. 中共中央马克思恩格斯列宁斯大林著作编译局. 马克思恩格斯选集:第 1 卷[M]. 北京:人民出版社,1972.

3. 中共中央马克思恩格斯列宁斯大林著作编译局. 马克思恩格斯全集:第 20 卷[M]. 北京:人民出版社,1972.

4. 王国维. 观堂集林[M]. 北京:中华书局 1973.

5. 王充. 论衡[M]. 上海:上海人民出版社,1974.

6. 张廷玉. 明史[M]. 北京:中华书局,1974.

7. 木宫泰彦. 日中文化交流史[M]. 胡锡年,译. 北京:商务印书馆,1980.

8. 施昌东. 汉代美学思想述评[M]. 北京:中华书局,1981.

9. 黑格尔. 哲学史讲演录:第 4 卷[M]. 贺麟,王太庆,译. 北京:商务印书馆,1981.

10. 中国硅酸盐学会编. 中国陶瓷史[M]. 北京:文物出版社,1982.

11. 郭沫若著作编辑出版委员会. 郭沫若全集:考古编:第 2 卷[M]. 北京:科学出版社,1983.

12. 朱培初. 明清陶瓷和世界文化的交流[M]. 北京:轻工业出版社,1984.

13. 费尔巴哈. 费尔巴哈哲学史著作选:下卷[M]. 涂纪亮,译. 北京:商务印书馆,1984.

14. 维罗·加西亚. 华人在马尼拉链 马尼拉帆船[M]. 上海:上海译文出版社,1984.

15. M. H. 鲍特文尼克,M. A. 科甘,M. B. 帕宾诺维奇,等. 神话辞典[M]. 黄鸿森,温乃铮,译. 北京:商务印书馆,1985.

16. 戈岱司. 希腊拉丁作家远东古文献辑录[M]. 耿昇,译. 北京:中华书局,1987.

17. 刘昫. 旧唐书[M]. 北京：中华书局，1987.

18. 姜椿芳. 中国大百科全书：语言文字[M]. 北京：中国大百科全书出版社，1988.

19. 张道一. 造物的艺术论[M]. 福州：福建美术出版社，1989.

20. 王玉哲. 中国古代物质文化[M]. 北京：高等教育出版社，1990.

21. 博克舍. 十六世纪中国南部行纪[M]. 何高济，译. 北京：中华书局，1990.

22. 陈戍国. 先秦礼制研究[M]. 长沙：湖南教育出版社，1991.

23. 伍跃，赵令雯. 古瓷鉴定指南[M]. 北京：北京燕山出版社，1991.

24. 宋镇豪. 夏商社会生活史[M]. 北京：中国社会科学出版社，1994.

25. 列维 - 斯特劳斯. 结构人类学[M]. 俞宣梦，等，译. 上海：上海译文出版社，1995.

26. 朱承. 礼乐文明与生活政治[M]. 北京：人民出版社，1997.

27. 严文明. 史前考古论集[M]. 北京：科学出版社，1998.

28. 杨伯达. 古玉史论[M]. 北京：紫禁城出版社，1998.

29. 门多萨. 中华大帝国史[M]. 何高济，译. 北京：中华书局，1998.

30. 平托. 葡萄牙人在华见闻录[M]. 王锁英，译. 海口：海南出版社，1998.

31. 鲁道夫·阿恩海姆. 艺术与视知觉[M]. 滕守尧，朱疆源，译. 成都：四川人民出版社，1998.

32. 裴文中. 旧石器时代之艺术[M]. 北京：商务印书馆，1999.

33. 李仲钧. 李仲钧文集：中国古代地质科学史研究[M]. 西安：西安地图出版社，1999.

34. 苏秉琦. 中国文明起源新探[M]. 北京：生活·读书·新知三联书店，1999.

35. 卢卡奇. 历史与阶级意识：关于马克思主义辩证法的研究[M]. 杜章智，任立，燕宏远，译. 北京：商务印书馆，1999.

36. 郝大维，安乐哲. 汉哲学思维的文化探源[M]. 施忠连，译. 南京：江苏人民出版社，1999.

37. 王玉哲. 中华远古史[M]. 上海：上海人民出版社，1999.

38. 阎云祥. 礼物的流动：一个中国村庄中的互惠原则与社会网络[M]. 李

放春,刘瑜,译.上海:上海人民出版社,2000.

39. 冯友兰.中国哲学史(上)[M].上海:华东师范大学出版社,2000.

40. 卢嘉锡,唐锡仁,杨文衡.中国科学技术史:地学卷[M].北京:科学出版社,2000.

41. 邹昌林.中国礼文化[M].北京:社会科学文献出版社,2000.

42. 严文明.农业发生与文明起源[M].北京:科学出版社,2000.

43. 宋祚胤.周易[M].长沙:岳麓书社,2001.

44. 葛兆光.中国思想史[M].上海:复旦大学出版社,2001.

45. 高丰.中国器物艺术论[M].太原:山西教育出版社,2001.

46. 钱穆.论语新解[M].北京:生活·读书·新知三联书店,2002.

47. 张夫也.外国工艺美术史[M].北京:中央编译出版社,2003.

48. 胡玉康.战国秦汉漆器艺术[M].西安:陕西人民美术出版社,2003.

49. 梅珍生.晚周礼的文质论[M].武汉:湖北人民出版社,2004.

50. 杨天宇.周礼译注[M].上海:上海古籍出版社,2004.

51. 黄书光.中国社会教化的传统与变革[M].济南:山东教育出版社,2005.

52. 陈望衡.中国美学史[M].北京:人民出版社,2005.

53. 李士厚.影印原本郑和家谱校注[M].昆明:晨光出版社,2005.

54. 郑杰祥.新石器文化与夏代文明[M].南京:江苏教育出版社,2005.

55. 巫鸿.武梁祠:中国古代画像艺术的思想性[M].杨柳,岑河,译.上海:生活·读书·新知三联书店,2006.

56. 袁宣萍.十七至十八世纪欧洲的中国风设计[M].北京:文物出版社,2006.

57. 孔安国,孔颖达.尚书正义[M].黄怀信,整理.上海:上海古籍出版社,2007.

58. 班固.汉书[M].北京:中华书局,2007.

59. 范晔.后汉书[M].北京:中华书局,2007.

60. 白奚.先秦哲学沉思录[M].北京:中国社会科学出版社,2007.

61. 刘向.战国策[M].上海:上海古籍出版社,2008.

62. 朱光潜.西方美学史[M].北京:人民文学出版社,2008.

63. 徐飚. 成器之道:先秦工艺造物思想研究[M]. 南京:江苏美术出版社,2008.

64. 闻人军. 考工记译注[M]. 上海:上海古籍出版社,2008.

65. 吴文华. 中国思想政治教育史纲[M]. 北京:中央文献出版社,2008.

66. 孟悦,罗钢. 物质文化读本[M]. 北京:北京大学出版社,2008.

67. 郑玄,孔颖达. 礼记正义[M]. 吕友仁,整理. 上海:上海古籍出版社,2008.

68. 常乃惪. 中国思想小史[M]. 上海:上海世纪出版社,2009.

69. 李泽厚. 美的历程[M]. 北京:生活·读书·新知三联出版社,2009.

70. 陈致. 从礼仪化到世俗化:《诗经》的形成[M]. 吴仰湘,黄梓勇,许景昭,译. 上海:上海古籍出版社,2009.

71. 杨伯峻. 论语译注[M]. 北京:中华书局,2009.

72. 杨英. 祈望和谐:周秦两汉王朝祭礼的演进及其规律[M]. 北京:商务印书馆,2009.

73. 张惠芬. 中国古代教化史[M]. 太原:山西教育出版社,2009.

74. 本特利,齐格勒,斯特里兹. 新全球史[M]. 魏凤莲,张颖,白玉广,译. 北京:北京大学出版社,2009.

75. 杨美惠. 礼物、关系学与国家:中国人际关系与主体建构[M]. 赵旭东,孙珉,译. 南京:江苏人民出版社,2009.

76. 方滔. 山海经[M]. 北京:中华书局,2009.

77. 林家骊. 楚辞[M]. 北京:中华书局,2010.

78. 马克思·韦伯. 中国的宗教:儒教与道教[M]. 康乐,简惠美,译. 桂林:广西师范大学出版社,2010.

79. 西敏司. 甜与权力:糖在近代历史上的地位[M]. 王超,朱建刚,译. 北京:商务印书馆,2010.

80. 王光尧. 明代宫廷陶瓷史[M]. 北京:紫禁城出版社,2010.

81. 黄钊. 中国古代德育思想史论[M]. 北京:中国社会科学出版社,2011.

82. 费孝通. 乡土中国·生育制度·乡土重建[M]. 北京:商务印书馆,2011.

83. 王佐. 新增格古要论[M]. 杭州:浙江人民美术出版社,2011.

84. 方勇,李波. 荀子[M]. 北京:中华书局,2011.

85. 李学勤. 夏史与夏代文明[M]. 上海:上海科学技术文献出版社,2012.

86. 方李莉. 中国陶瓷史[M]. 济南:齐鲁书社,2013.

87. 沙海昂. 马可波罗行纪[M]. 冯承钧,译. 上海:上海古籍出版社,2014.

88. 李建国. 教化与超越:中国道德教育价值取向的历史嬗变[M]. 北京:中国社会科学出版社,2014.

89. 孙机. 中国古代物质文化[M]. 北京:中华书局,2014.

90. 冯梦龙. 三言·喻世明言[M]. 绿天馆主人,点评,陈熙中,校. 北京:中华书局,2015.

91. 芬雷. 青花瓷的故事:中国瓷的时代[M]. 郑明萱,译. 海口:海南出版社,2015.

92. 刘兆伟. 论语[M]. 北京:人民教育出版社,2015.

93. 谢华. 文震亨造物思想研究:以《长物志》造园为例[M]. 武汉:武汉大学出版社,2016.

94. 王新山,王玉婷,纪武昌. 中国古代思想政治教育史论[M]. 武汉:武汉大学出版社,2016.

95. 邹雅艳. 13—18 世纪西方中国形象演变[M]. 天津:南开大学出版社,2016.

96. 吕少民. 中国器物简史:下[M]. 北京:人民出版社,2017.

97. 陈来. 古代思想文化的世界:春秋时代的宗教、伦理与社会思想[M]. 北京:北京大学出版社,2017.

98. 黑格尔. 美学:第一卷[M]. 朱光潜,译. 北京:商务印书馆,2017.

99. 鲍永玲. 德国早期教化观念史研究[M]. 上海:上海人民出版社,2018.

100. 杭间. 中国工艺美学史[M]. 北京:人民美术出版社,2018.

二、期刊类

1. 叶文程. 宋元时期我国陶瓷器的对外贸易[J]. 中国社会经济史研究,1984(2):46-52.

2. 赵超. 汉代画像石墓中的画像布局及其意义[J]. 中原文物,1991(3):20-26.

3. 张月中,周月亮. 传统教化的秘密与魅力[J]. 东岳论丛,1992(1):

85 – 90.

4. 何平. 论圣人与圣王神话:古代政治神话论纲之二[J]. 天津社会科学,1993(1):58 – 63.

5. 陈绶祥. 论器[J]. 民族艺术,1993(3):45 – 62.

6. 朱克良. 试论中国教化思想的萌芽[J]. 琼州大学学报(哲社版),1994(2):106 – 115.

7. 陈健. 古代玉器的装饰纹样[J]. 南方文物,1997(4):117 – 121.

8. 詹世友. 论教化的三大原理[J]. 南昌大学学报(社会科学版),2000(3):29 – 36.

9. 张辛. 礼与礼器:中国古代礼器研究札记之一[J]. 考古学研究,2003:851 – 906.

10. 杨宝成. 古文化与古器物研究[J]. 武汉大学学报(人文科学版),2004(6):691 – 695.

11. 李胜,张德云.《三言》中"物"的场域功能及类型[J]. 楚雄师范学院学报,2004,19(5):16 – 19.

12. 刘铁芳. 从独白到对话:传统道德教化的现代性转向[J]. 北京大学教育评论,2004,2(1):77 – 83.

13. 龙佳解. 历史上儒家关于民众道德教化方式的省察[J]. 湖南大学学报(社会科学版),2004(1):14 – 17.

14. 马和民. 论传统中国的社会教化实践与社会化榜样[J]. 浙江大学学报(人文社会科学版),2004,34(5):26 – 35.

15. 胡静. 儒家道德教化现象之分析[J]. 江汉论坛,2004(5):57 – 60.

16. 马敏. 中国近代博览会事业与科技、文化传播[J]. 历史研究,2004(2):98 – 117.

17. 陈少明. 说器[J]. 哲学研究,2005(7):45 – 51.

18. 伍国. 郑观应思想中的"体用"与"道器"[J]. 贵州文史丛刊,2005(1):24 – 27.

19. 李景林. 哲学的教化与教化的哲学:论儒学精神的根本特质[J]. 天津社会科学,2005(6):19 – 26.

20. 汤一介. 论"天人合一"[J]. 中国哲学史,2005(1):24 – 27.

21. 梅珍生.论礼器的文化意义与哲学意义[J].湖南大学学报(社会科学版),2005(5):45－49.

22. 森文.道·形·器:论中国古代器物设计思想的起源[J].民族艺术研究,2005(6):11－16.

23. 田张霞.汉代社会教化模式探析[J].江苏教育学院学报(社会科学版),2006,22(2):33－35.

24. 刘康德.论中国哲学中的"器物"与"道理"[J].复旦学报(社会科学版),2006(6):100－104.

25. 李建.论孔孟的教化思想及其意义[J].齐鲁学刊,2006(4):11－15.

26. 曹影.教化的缘起及其意蕴[J].东北师范大学学报(哲学社会科学版),2006(3):31－34.

27. 王琴.中国器物:传统伦理及礼制的投影[J].艺术百家,2007(5):146－148,151.

28. 唐国军.修身与"教化":儒家思想政治教育体系论:儒家传统思想政治教育理论模式研究之一[J].广西社会科学,2007(11):174－178.

29. 赵旭东.礼物与商品:以中国乡村土地集体占有为例[J].安徽师范大学学报(人文社会科学版),2007(4):395－404.

30. 杨朝明.刍议儒家的教化文化[J].孔子研究,2008(6):8－12.

31. 詹世友.先秦儒家道德教化的不同范型之分析[J].哲学研究,2008(2):42－47,105.

32. 刘东超.器物上的国人观念[J].中国图书评论,2008(11):9－11.

33. 黄书光.论儒家教化思想的理论特征[J].社会科学战线,2008(5):204－210.

34. 付小平.藏礼于器:中国餐具的礼仪教化功能研究[J].西南民族大学学报(人文社会科学版),2009(9):224－230.

35. 李景林.教化观念与儒学的未来发展[J].人文杂志,2009(1):18－25.

36. 晏昌贵.西周陶簋所见筮数、图象考释[J].周易研究,2009(2):12－18.

37. 彭正梅.德国教化思想研究[J].教育学报,2010,6(2):8－15,24.

38. 陈延斌,孟凡拼.儒家传统家训中的生态伦理教化研究[J].东南大学学报(哲学社会科学版),2010(2):14－18.

39. 徐淑霞. 儒学催化的牌坊文化解析[J]. 河北师范大学学报(哲学社会科学版),2010(1):134-138.

40. 何卫平. 伽达默尔的教化解释学论纲[J]. 武汉大学学报(人文科学版),2011,64(2):44-54.

41. 陈宗章. 现代性之维与"道德教化"之思[J]. 齐鲁学刊,2011(3):67-71.

42. 叶舒宪. 物的叙事:中华文明探源的四重证据法[J]. 兰州大学学报(社会科学版),2011,38(6):1-8.

43. 洪振强. 国际博览会与晚清中国"国家"之形塑[J]. 历史研究,2011(6):6-20,190.

44. 陈明远,金岷彬. 陶器时代:"礼"的起源和发展[J]. 社会科学论坛,2012(5):4-19.

45. 吾淳. 中国古代"天"观念与知识的关系[J]. 上海师范大学学报(哲学社会科学版),2012(4):17-26.

46. 代凯飞. 黑格尔教化思想简析[J]. 文史研究,2012(1):100.

47. 黄小洲. 黑格尔教化思想的方法论特征[J]. 广西师范大学学报(哲学社会科学版),2013(4):22-27.

48. 张卫,王前. 道德可以被物化吗?:维贝克"道德物化"思想评介[J]. 哲学动态,2013(3):70-75.

49. 于伟. 先秦儒家之"礼"与我国教育的教化功能[J]. 教育研究,2013(4):118-126.

50. 闫月珍. 器物之喻与中国文学批评:以《文心雕龙》为中心[J]. 中国社会科学,2013(6):167-185.

51. 肖清风. 制器尚象:中国古代的造物方式[J]. 湖北美术学院学报,2013(4):93-95.

52. 李兴华,韩建磊. 论传统器物的教化功能[J]. 南昌大学学报(人文社会科学版),2014(5):44-49.

53. 李长莉. 晚清"洋货流行"与消费风气演变[J]. 历史教学,2014(1):3-11.

54. 李宜蓬. 从礼器到礼教:礼乐文化推衍的内在逻辑[J]. 孔子研究,2014

(4):91 –97.

55. 翟睿. 以礼而序:中国古代席坐方式与礼仪[J]. 南京艺术学院学报(美术与设计),2015(1):17 –21.

56. 韩启群. 物质文化研究:当代西方文化研究的"物质转向"[J]. 江苏社会科学,2015(3):73 –81.

57. 康加恩,刘黎. 马克思与海德格尔思想中的"物"、"事物"和"物化"[J]. 南京社会科学,2015(9):52 –58.

58. 叶舒宪. 白玉崇拜及其神话历史初探[J]. 安徽大学学报(哲学社会科学版),2015(2):74 –83.

59. 陈德明. "离物无心,离心无物":方以智心物论研究[J]. 理论界,2016(4):43 –48.

60. 刘成纪. 中国上古器具观念的哲学发生[J]. 暨南学报(哲学社会科学版),2017,39(8):90 –96.

61. 马永庆,韩云忠. 儒家礼乐教化对核心价值观培育的价值[J]. 理论学刊,2018(3):98 –106.

62. 刘婧,郭凤志,刘景辉. 中国古代教化思想的现代价值转换问题探析[J]. 思想教育研究,2018(1):110 –113.

63. 李曦珍,李金桃. 陶器:华夏史前文明的载道之器[J]. 青海社会科学,2018(6):191 –202.

64. 李龙生. 道器之辨:兼论中国古代器物美学思想[J]. 中国文学批评,2018(3):55 –66,158.

65. 徐琳. "乾隆工"玉器的工艺特征[J]. 故宫博物院院刊,2019(6):22 –23.

66. 谢贵安,谢胜. 吹皱春水:明清笔记对西器东传的关注与书写[J]. 史学集刊,2019(2):4 –14.

67. 彭圣芳. 恭造之式与外造之气:清代器物审美中的权力运作[J]. 中国美术学院学报,2019,40(12):31 –40.

68. 胡译文. 君子之器:陕西蓝田吕氏家族墓出土仿古敦研究[J]. 艺术学研究,2020(5):70 –80.

69. 韩建磊,周文清. 传统社会"器物教化"的条件分析[J]. 文化学刊,2021

(6):36-38.

70. 韩建磊. 论"器物教化"[J]. 燕山大学学报(哲学社会科学版),2021,22
(6):52-58.

71. 荆雷,许大海. 礼乐之道中的传统器物设计规范[J]. 齐鲁艺苑,2022
(1):54-62.

72. 李钧. 器物"陈设"美育功能的中西方思想述论[J]. 社会科学辑刊,2022
(6):162-169.

73. 闫月珍. 器物比德与中国文学批评:以《文心雕龙》为中心的考察[J]. 四
川大学学报(哲学社会科学版),2022(3):114-124.

74. 武夏. 器以藏礼:蓝田吕氏家族墓地出土石质器物研究[J]. 考古研究,
2022(11):28-43.

75. 王娜娜,宗立陈. 先秦器物设计文化基因谱系研究[J]. 艺术研究,2022
(5):56-59.

三、博士论文

1. 熊瑜. 朱熹伦理教化研究[D]. 成都:四川大学,2003.

2. 刘静. 走向民间生活的明代儒学教化研究[D]. 上海:华东师范大
学,2004.

3. 王有英. 清前期社会教化研究[D]. 上海:华东师范大学,2005.

4. 熊嬺. 器以藏礼:中国设计制度研究[D]. 北京:中央美术学院,2007.

5. 吴志国. 近代中国抵制洋货运动研究(1905—1937)[D]. 武汉:华中师范
大学,2009.

6. 李学娟. 两汉教化研究[D]. 济南:山东大学,2009.

7. 傅琳凯. 中国古代思想政治教育史研究[D]. 长春:东北师范大学,2011.

8. 高纪洋. 中国古代器皿造型样式研究[D]. 苏州:苏州大学,2012.

9. 王司瑜. 中国古代教化思想及方式研究[D]. 哈尔滨:黑龙江大学,2013.

10. 康喆清. 董仲舒教化思想研究[D]. 南京:南京理工大学,2013.

11. 李青阳. 瓷语盛世:康熙年景德镇瓷器绘画研究[D]. 南京:南京师范大
学,2013.

12. 刘华荣. 儒家教化研究[D]. 兰州:兰州大学,2013.

13. 何佳. 中国古代的造物人文观[D]. 苏州:苏州大学,2013.

14. 邢丽芳. 儒家教化及其有效性研究：先秦至西汉时期［D］. 天津：南开大学,2014.

15. 毕立群. 教化之道：《论语》的礼乐思想研究［D］. 上海：上海大学,2014.

16. 兰娟. 先秦制器思想研究［D］. 天津：南开大学,2014.

17. 韩云忠. 先秦儒家礼乐文化的德育价值研究［D］. 济南：山东师范大学,2015.

18. 张志千. 中国传统文化对企业人的道德教化功能研究［D］. 长春：东北师范大学,2015.

19. 宋新雅. 圣人之教：先秦儒家道德教化范式及其现代价值［D］. 西安：陕西师范大学,2016.

20. 蒋茜. 1700—1840 年中英贸易背景下的设计交流研究［D］. 南京：南京艺术学院,2017.

21. 姜竹青. 中国汉代思想政治教育的教化形态研究［D］. 长春：东北师范大学,2019.

22. 刘婧. 中国古代教化思想现代价值转换研究［D］. 长春：东北师范大学,2020.

23. 刘志敏.《礼记》"教化的政治"思想研究［D］. 长春：东北师范大学,2022.

四、硕士论文

1. 陈布瑾. 由"制器尚象"谈中国传统文化对器物造型的影响［D］. 长沙：湖南大学,2004.

2. 褚潇. 器以载道：试论清代玉器与清代文化［D］. 北京：中国地质大学,2005.

3. 王赛艳. 董仲舒教化思想研究［D］. 广州：华南师范大学,2007.

4. 焦成举. 论我国古代思想道德教化方法及其现代启示［D］. 重庆：西南大学,2007.

5. 赵珊珊. 明代掐丝珐琅中的器物观念［D］. 长春：东北师范大学,2009.

6. 王晴. 从"教化"到"培育"：中国重教传统的演变及当代困境［D］. 上海：华东师范大学,2011.

7. 刘红娜. 中国传统器物文化的德育功能研究［D］. 景德镇：景德镇陶瓷学

院,2012.

8. 钟建珊.《良友》画报洋货广告与上海市民文化变迁(1926—1945)[D].南宁:广西大学,2014.

9. 李妍静.论明代宾礼制度下的礼乐[D].南京:南京师范大学,2014.

10. 田晓冬.从器物之美论设计形态学中的造物与造形[D].天津:天津美术学院,2015.

11. 金虎.中国传统器物造型要素:比例在设计中的应用[D].西安:西安美术学院,2017.

12. 郑志伟.西汉儒家思想教化及其启示[D].哈尔滨:哈尔滨工程大学,2018.

13. 孙瑞璐.明代嘉礼用乐研究[D].温州:温州大学,2018.

14. 雅萌.人文的"物律":器物对人的塑造性影响[D].北京:中国艺术研究院,2019.

15. 胡嫚."三言"中的器物功能研究[D].黄石:湖北师范学院,2020.

16. 潘静雅.《长物志》器物审美研究[D].扬州:扬州大学,2021.

17. 陈艳波.赫尔德"教化"概念研究[D].贵阳:贵州大学,2022.

18. 杨淼.黑格尔"教化"思想研究[D].兰州:西北师范大学,2022.

后　记

我对物质文化和器物文化感兴趣发端于硕士期间,并在导师李兴华教授的指导下,完成了自己关于中国传统器物思想政治功能的论文。毕业以后,由于在高校从事学生工作,也需要相关理论支持和指导,因此自己也断断续续地关注学术界的相关研究。在此过程中,我也申请了一些相关的课题研究,保持着对相关领域的关注。2017年,我的课题获批教育部高校人文社科项目,我才重新开始了系统的研究。

器物是文化的载体和重要组成部分,也是中华民族展示高超造物技艺的重要形式。在中华民族的历史长河中,器物不仅具有实用功能,还承载了社会教化的作用,形成了与人最为亲密的关系。先民正是通过这种潜移默化的方式,传递自身的价值观和生存方式。也正因为如此,我坚信通过器物的视角,能够折射和体现中华文明的生活方式和价值观念。在新的历史机遇期,中华优秀传统文化的时代价值和历史意义进一步凸显,弘扬中华优秀文化是时代的责任。习近平总书记做出重要指示精神:"中华文化源远流长,中华文明博大精深。只有全面深入了解中华文明的历史,才能更有效地推动中华优秀传统文化创造性转化、创新性发展,更有力地推进中国特色社会主义文化建设,建设中华民族现代文明。"①这对我的相关研究也是极大的鼓舞和支持,也坚定了我持续进行研究的信心。但在具体的研究中,对研究概念的界定、对研究体系的分析、对不同器物的梳理等问题,非常复杂,如何进行条理化的分析,成为了我研究中面临的重要问题。为此,基于历时性的思路,我简要分析了中国传统器物德育教育系统的形成与演变,概括出不同朝代、不同时期器物德育教化的特征;从共时性的视角,分析了中国传统器物德育教化的形式与特征、中国传统器物德育教育的功能与内涵、中国传统器物德育教育的实现途径与方式等。在此基础上,结合

---

① 习近平在文化传承发展座谈会上强调　担负起新的文化使命　努力建设中华民族现代文明　蔡奇主持[N].人民日报,2023-06-03(1).

……征,我提出了从文化认同功能、习惯养成功能、审美教育功能等视角

……物德育教育的功能,发挥中华优秀传统文化的作用。当然,在研究中,我

……过有困惑。尤其是课题研究中关键词的界定和分析,包括"教化""德育""德

育教育""德育教化"等。从广义上来讲,上述的几个关键词都是道德观念和社

会规范的形成和传播;从狭义上来讲,不同的关键词又有独特的含义。限于自

身知识有限,加之诸多复杂的原因,在论著写作中,笔者采取了更广义的理解,

将几个词语在不同语境下使用,表达和传递同样的意思,以期实现在漫长历史

发展演变中的统一。当然,这也可能会对读者带来困惑,在此做一解释。

在研究过程中,诸多师友的鼓励和支持是我一直坚持的动力。我的导师李

兴华教授长期关心我的成长,无论在学业还是生活方面李老师都对我进行了指

导,这让我非常感激。在课题研究中,李老师也从课题框架、研究思路等方面给

予了全方位的指导。感谢景德镇陶瓷大学马克思主义学院院长王文华教授对

课题研究的支持,感谢邢鹏副教授在书稿写作中给予的帮助,感谢景德镇陶瓷

大学研究生时渝璐、邵晨、刘嘉玲和王梦思在课题写作、文字校对过程中的辛苦

付出。正是各位师友的关心,才保证了课题研究的顺利进行。